DELIUS KLASING

Von:	Dirk.Mennewisch@ ██████████
Betreff:	**Dirk Mennewisch is out of the office.**
Datum:	3. August 2009 22:02:11 MESZ
An:	mail@meinesee.com

I will be out of the office starting 03.08.2009 and will not return until 31.05.2010.

I will not have access to my emails. Please contact ██████████ (+49 40 ██████████ or ██████████).

DIRK W. MENNEWISCH

OUT OF OFFICE

FREIHEIT UNTER SEGELN

DELIUS KLASING VERLAG

Bibliografische Information der Deutschen Nationalbibliothek
Die Deutsche Nationalbibliothek verzeichnet diese Publikation
in der Deutschen Nationalbibliografie; detaillierte bibliografische
Daten sind im Internet über http://dnb.dnb.de abrufbar.

5. Auflage
ISBN 978-3-667-11675-8
© Delius Klasing & Co. KG, Bielefeld

Vier Auflagen sind bereits unter der
ISBN 978-3-7688-3544-2 erschienen.

Lektorat: Birgit Radebold, Monika Hoheneck
Fotos: Dirk Mennewisch
Karte: inch3, Bielefeld
Umschlaggestaltung: Felix Kempf, www.fx68.de
Satz: Fotosatz Habeck, Hiddenhausen
Druck: GGP Media GmbH, Pößneck
Printed in Germany 2019

Delius Klasing Verlag, Siekerwall 21, D-33602 Bielefeld
Tel.: 0521/559-0, Fax: 0521/559-115
E-Mail: info@delius-klasing.de
www.delius-klasing.de

Inhalt

Vorwort

Dirk Mennewisch muss einen guten Chef gehabt haben. Denn der gab ihm die Weisheit mit auf den Weg: »Wenn Sie in Ihrem Leben noch Wünsche und Träume haben, versuchen Sie, diese umzusetzen, bevor Sie beruflich und privat Verantwortung übernehmen müssen.«

Der Mann hat recht. Als ich mit Anfang 30 einhand via Kap Hoorn um die Welt gesegelt bin, war ich ungebunden, risikobereit und neugierig auf die Welt. Jetzt, da ich Familie habe, könnte ich diese Reise unter den genannten Vorzeichen nicht mehr machen. Ich habe Freiheit gegen Verantwortung getauscht. Ein Tausch, den ich nur deshalb nicht bereue, weil ich mir mit meiner Weltumsegelung eine Freiheit genommen habe, von der ich den Rest meines Lebens zehren kann.

Dass es nicht gleich um die Welt gehen muss, zeigt die Reise von Dirk Mennewisch. Mit vergleichsweise einfachen Mitteln, Mut und der Unbekümmertheit eines Hochsee-Novizen hat er das in diesem Buch beschriebene »Abenteuer seines Lebens« gemeistert. Es ist zu hoffen, dass Dirks Reise vor allem jungen Leuten Ansporn ist, die Welt unter Segeln für sich zu entdecken. Es lohnt sich.

Uwe Röttgering

Vorwort

Viele Menschen tragen den Traum in sich, einmal im Leben etwas Ungewöhnliches zu machen. Wer dann die Freiheit unter Segeln kennenlernt, weiß, dass das beste Mittel dafür ein Segelboot darstellt. Doch der Absprung ist nicht einfach. Viele Bedenken treten auf: Ist man noch jung, so ist die fehlende Erfahrung das Argument. Ist man hingegen alt, mangelt es oft an Gesundheit und Kraft. Wer in mittlerem Alter ist, setzt womöglich die Karriere aufs Spiel.

Deshalb liegen in vielen Häfen top ausgestattete Yachten, die nie die Küstengewässer verlassen. Wer den Absprung dennoch schafft, kann sich glücklich schätzen. Manche jedoch lassen sich unterwegs durch »Sirenen« vom Kurs abbringen. Nur einem kleinen Prozentsatz gelingt es, tatsächlich alle Klippen zu umschiffen und auf den freien, tiefen Ozean zu gelangen. Sie lernen die Freiheit unter Segeln in ihrer gewaltigen Form kennen. Nach der Rückkehr können sie denen, die davon träumen, dann nur denselben Rat geben wie einst Joshua Slocum: »To young man contemplating a voyage I would say go.«

Dirk Mennewisch hat seinen Traum in die Tat umgesetzt, trotz aller Bedenken. Die Segelerfahrung ersetzten ein unbeugsamer Wille, eine tolle, unterstützende Familie und ein verständnisvoller Chef. Vielleicht waren diese ja sogar wichtiger als die nötige Erfahrung – denn die bekam er unterwegs. Solche Vorbilder von Menschen, die einfach ihre Träume realisieren, anstatt nur darüber nachzudenken, braucht es. Regelmäßig.

Johannes Erdmann

Wasser überall

15. August 2009 bis 23. August 2009

8 Tage | Std 59 Min

4,2 %

612 sm

5,2 %

Seemeilen: 0–612

Für die Seefahrt wurden immer schon vorzugsweise Nicht-schwimmer rekrutiert. Sie kämpfen länger für das Schiff.

Seemannsweisheit

Ein schönes Segelboot. Nach der langen Zeit der Vorbereitung liegt M – meine neuneinhalb Meter lange Stahlyacht – nun seeklar, reiseklar, wunderbar im Hafen von Bensersiel. Die Wellen spiegeln sich am dunkelblauen Rumpf, die Flagge weht leise im sommerlichen Wind.

Viele Ferien haben meine Familie und ich in diesem kleinen Ort an der ostfriesischen Nordseeküste verbracht. Häufig sind wir für einen Tagesausflug nach Langeoog gefahren, knietief im Watt versunken und haben die eine oder andere Sandburg gebaut. Angeblich bestand ich als Dreikäsehoch auf einem täglichen Besuch im Hafen, um Schiffe zu gucken. Gerüchte. Fasziniert haben mich immer die Schiffe und Boote, die sich langsam durch das Fahrwasser schoben und in meiner Fantasie von weither kamen. Eines Tages fahre ich mit einem eigenen Boot hinaus, dachte ich.

Dieser Moment ist nun gekommen. Seit mehr als einem halben Jahr verwende ich fast jede Minute für dieses Segelvorhaben: Routenplanung, Sponsorensuche, Landverbindung trennen. Insbesondere Letzteres verursachte mehr Aufwand, als ich gedacht hatte. Millionen Fragen flogen in meinem Kopf herum, Adressaten dafür musste ich erst suchen und habe sie gefunden. Die Wohnung brauchte einen Untermieter, das Auto musste abgemeldet werden, Versicherungen und Sparverträge wurden auf das Notwendigste reduziert, um meinen finanziellen Handlungsspielraum nach Möglichkeit nicht allzu sehr einzuschränken.

Langsam wird Bensersiel immer kleiner. Familie und Freunde werden zu Strichen auf dem Steg. Zu verschwommenen Strichen, denn Tränen in den Augen machen mir das Sehen schwer. Mit dem Nebelhorn rufe ich zum Abschied und setze die Fock nur für die Optik; Lust zum Segeln habe ich noch keine, stolpere die drei Stufen unter Deck und ziehe mir dabei eine fiese Schnittwunde an der Hand zu. Die Fahrwassertonnen kommen bedrohlich nahe, und viel Wasser ist auch nicht unter dem Kiel. M hat eigentlich zu viel Tiefgang für Bensersiel, sodass ich das Hochwasserfenster abpassen musste.

Mit dem rund 20 Knoten stark pustenden Westwind können M und ich die Shetlandinseln – unser erstes Ziel nördlich von Schottland – anliegen lassen. Laut Wetterbericht soll er noch auf bis zu sechs

Windstärken aufdrehen, in Böen acht. Zwischen uns und Lerwick liegen sechs Segeltage, einige Bohrinseln und sonst nur freier Seeraum. Mir geht es hundsmiserabel, denn der Abschied hängt mir nach, die Seebeine müssen erst wiederkommen, und diese Einschätzung halte ich für realistisch: Ich wage mich mit meinen knapp 600 Seemeilen Segelerfahrung an ein ziemlich anspruchsvolles Projekt.

Langeoog liegt querab, Motor aus. Wir sind auf See, aller Anfang ist schwer. Ich lasse meine Windselbststeueranlage ihren Dienst aufnehmen und bin beeindruckt, dass alles sofort tadellos klappt. Leider hatte ich nie Zeit, sie auch nur ein einziges Mal zu testen. Unter Deck liege ich in der Koje und lese die Seiten mit ein paar guten Wünschen, die mir in Bensersiel in die Hand gedrückt worden sind, höre Musik und schreibe mit der Restenergie des Handy-Akkus noch eine SMS; lasse den Tag an mir vorbeiziehen. Wie versprochen dreht der Wind ein wenig auf, und als sich der Verklicker in einer Bö in das salzige Nass verabschiedet, wird es Zeit, die Genua gegen die Arbeitsfock zu tauschen. Nach einigen Salzwasserduschen gelingt das Werk, und ich kehre klitschnass und durchgeschwitzt wieder ins Cockpit zurück, wechsle unter Deck den kompletten Satz Unterwäsche und haue mich wieder in die Koje.

Nachts klingelt alle 30 Minuten der Wecker. »Schichtwechsel«, sage ich zu mir selbst, denn ich brauche hin und wieder noch eine Minute, um mich daran zu erinnern, dass ich allein an Bord bin und der sich bewegende Stofffetzen in meinem Blickwinkel kein Mensch, sondern nur ein Handtuch ist. Gegen Mitternacht haben M und ich fast 80 Seemeilen auf die Logge gespult, das Meeresleuchten lässt die Bug- und Heckwellen meiner Gefährtin glitzern, und die sternenklare Nacht gibt mir zum ersten Mal das Gefühl, hier gerade den Beginn einer schönen Reise zu erleben. Spät am Nachmittag des zweiten Seetages schwappt Wasser in der Bilge. Wo kommt das denn her? Alle Seeventile sind zu, und die Bereiche neben den Ventilen sind trocken. Doch es gluckert und schwappt unter den Bodenbrettern – das Wasser wird langsam mehr. Wegen des Rostschutzöls, welches sich in der Bilge befindet, ist diese Brühe schmierig und stinkt abartig. Auf allen vieren an Deck zum Vorschiff kriechend, bin ich mir ziemlich sicher, im Ankerkasten die Ursache gefunden zu haben. Als ich das Vorhängeschloss öffne und einen Blick unter den Deckel riskiere, kommt mir der erste Schwall Wasser schon entgegen. Der Ankerkasten ist bis oben hin voll mit Wasser. Durch eine undichte Stelle wird das Nass von dort aus in die Kabine fließen. Die Dichtung im Deckel hatte ich noch vor der Abreise erneuern wollen, es dann aber vergessen.

Wütend auf mich selbst schreie ich den Ankerkasten an und feuere das Vorhängeschloss in die Nordsee. Das ist alles etwas viel für den Anfang. Einmal mehr durchnässt bis auf die Unterwäsche, verziehe ich mich wieder unter Deck. Auf die Idee, während der Vorschiffsturnereien stets die komplette Montur Ölzeug anzulegen, komme ich erst wesentlich später. Manche Leute brauchen halt ein wenig länger ... In einem Anfall von Aktionismus schmiere ich Sikaflex auf den nassen Ankerkastendeckel und stopfe noch ein altes T-Shirt als Dichtung zwischen Deckel und Kasten. Die Hälfte der schwarzen Dichtmasse landet auf dem weißen Deck, auf meiner Hose, auf meinem T-Shirt und an meinen Händen. Elendig klebriges Zeug. Meine Bemühungen scheinen zunächst aussichtslos. Wellen waschen übers Deck, Wasser schwappt aus dem Ankerkasten heraus.

Plötzlich Flaute. Ich genieße die Ruhe auf dem treibenden Boot und beobachte gespannt das auf uns zu laufende Regengebiet. Weltuntergangsstimmung. In der Koje liegend spiele ich auf meiner Mundharmonika, bringe erste Töne heraus. Vor meiner Abreise scherzte ich zu Hause, dass ich gern ein Klavier mit auf die Reise nähme, wenn ich nur genügend Platz hätte. Denn obgleich musikalisch gänzlich talentfrei, hätte ich gern die Zeit genutzt, mir das Klimpern beizubringen. Dies war für meine Eltern Anlass, mir eine Mundharmonika mit auf den Weg zu geben.

Trotz des Wassers im Schiff fühle ich mich in meinem Schlafsack rundum wohl. »Wo fängt dein Himmel an« von Philipp Poisel tönt aus dem Lautsprecher meiner Stereoanlage, und schon wenig später dreht der Wind wieder auf. Hoch am Wind bolzen M und ich unserem Ziel entgegen und werfen dabei viel Wasser über den Bug, was angesichts des Lecks im Wasserkasten alles andere als vernünftig ist. Um zehn Uhr abends befördere ich 50 Liter Wasser über Bord und dahin, wo es hingehört: in die See. Weitere 30 Liter folgen nachts um zwei.

Welche Möglichkeiten habe ich? Weitere zwei bis drei Tage lenzend und hoch am Wind weiter nach Schottland eilen oder abdrehen und einen Reparaturstopp in Norwegen oder Dänemark einlegen? Für keines der beiden Länder habe ich eine Gastlandflagge an Bord, nicht einmal Papierseekarten. Bis nach Dänemark sind es 120 Seemeilen und bis nach Norwegen 90. Meine Entscheidung fällt morgens um vier für Norwegen. Für die gesamte Route habe ich digitale Seekarten an Bord – bis genau fünf Seemeilen vor meinem neuen Ziel Farsund an der Südspitze Norwegens. Glücklicherweise kann ich mir im Revierführer Nordsee Mut anlesen, denn dort heißt es, dass Farsund durch eine gute Betonnung bei Tag und Nacht einfach angesteuert werden könne. Gegen 4 Uhr 30 lenze ich weitere 30 Liter, abends um fünf nochmals zehn. Zu allem Überfluss dreht der Wind auf Nordnordost und bläst M nun mit fünf bis sechs Beaufort direkt auf die Nase. Wasser, Wind und das vorausliegende Verkehrstrennungsgebiet rechtfertigen den Einsatz des Motors. Der gesamte Verkehr, der in die Ostsee möchte und damit Kurs Dänemark, Schweden, Finnland und weiter nach Osteuropa nimmt, läuft hier dicht an dicht in den Skagerrak. Den Kampf gegen das Wasser gebe ich nach inzwischen 200 geschöpften Litern auf, die ersten kleinen Bläschen schieben sich bereits durch die Fugen der Bodenbretter. In Ölzeug eingepackt und in nassen Stiefeln steckend, versinke ich im Zehn-Minuten-Takt mit dem Kopf auf dem Kartentisch in den Schlaf. Vor mir flimmert das Radarbild des Kartenplotters. Durchschnittlich 15 Echos sehe um M herum, dazu nerven mich das Dröhnen des Dieselmotors und die Lecks in den Fensterdichtungen. Ich bin fix und fertig, meine Augen tränen und brennen.

Als es langsam Tag wird, habe ich das Verkehrstrennungsgebiet durchquert, und irgendwo voraus muss dieses angeblich so großartig betonnte Fahrwasser liegen. Leider ist davon nichts zu sehen. M schlängelt sich zwischen hohen Felsen und kleinen Tonnen durch den Fjord, der nach Farsund führen soll. Während die ersten Sonnenstrahlen über die Berge schielen, machen M und ich nach 304 Seemeilen in unserem ersten Hafen fest. Sofort sind die Sorgen des Wassereinbruchs vergessen, denn eines ist augenblicklich klar: Hier fühlen wir uns wohl.

M versteckt sich unter einer Schicht von Handtüchern und Laken, Schlafsack und Ölzeug. Schuhe stehen zum Trocknen an Deck. Es sieht aus wie bei Hempels unterm Sofa. Farsund schläft noch, auch der Supermarkt direkt neben dem Steg hat noch geschlossen, und nur vereinzelt fährt ein Auto die Straße entlang. Von einem deutschen Gastlieger erfahre ich, dass die Liegeplätze hier kostenlos sind, ebenso Wasser, Strom und Internet. Das Ganze refinanziert sich über den Tarif für die Duschen, die drei Euro pro Einsatz kosten, insgesamt ein sehr fairer Deal für einen Einhandsegler. Auch im Laufe des Tages sprudelt in Farsund das Leben nicht über. Im Internet steht, dass der Ort weniger als 10 000 Einwohner hat und im Wesentlichen von Fischfang und Tourismus lebt.

Den ersten Tag verbringe ich damit, mich mit norwegischem Geld zu versorgen, eine Gastlandflagge zu organisieren und eine elektrische Bilgenpumpe zu kaufen. Sollte sich noch einmal Wasser in das Boot schleichen: Von Hand werde ich es sicherlich nicht wieder hinausbefördern. Das nächtliche Intervallschlafen scheint mich nicht wirklich belastet zu haben, und ich freue mich, dass ich so fit bin. Das glaube ich jedenfalls bis ich abends in weniger als einer Sekunde einschlafe.

Das Organisieren einer Dichtung für den Ankerkasten wird zum großen Abenteuer. In Farsund gibt es nur einen kleinen Yachtausrüster, der eigentlich gar nichts hat, und auch die kleinen Baumärkte haben wenig, was sich als Dichtung eignen könnte. Glücklicherweise sprechen die Menschen hier alle ziemlich gutes Englisch, was mein Problem etwas einfacher macht. Auf meinem Fahrrad, welches den Namen »Rosalie Klapprad aus der Backskiste« bekommt, radle ich bergauf und bergab, irre von einem Eisenwarenladen zum anderen. In meiner Ratlosigkeit stoppe ich bei einer Großschlosserei, wo man für mich das ganze Lager auf den Kopf stellt und am Ende eine Gummimatte findet, diese in Stücke schneidet und mir zum Preis von »that's okay« verkauft. Den Inhalt einer Tube Sikaflex verwende ich für die Abdichtung der Fenster, eine weitere Tube benötige ich, um den Ankerkasten mit dem Deckel zu sichern, und eine ordentliche Portion Klebeband soll die Dichtung noch dichter machen. Die mir hier gebotenen Möglichkeiten reichen meines Erachtens nicht aus, um das Problem mit dem Wassereinbruch zu lösen – durch das Verkleben des Ankerkastens sollten wir jedoch provisorisch erst einmal bis zum nächsten Yachtausrüster auf der trockenen Seite sein. Später bin ich auf einen kleinen Umtrunk auf einer deutschen Charteryacht eingeladen. Ich lerne allerlei Nützliches und Skurriles für die Weiterfahrt. Eine wahre Flut von Informationen.

Seemeilen 305 bis 611, 20. bis 23. August 2009

Nach zweieinhalb Tagen habe ich genug von Norwegen und will weiter. Die in der Zwischenzeit etwas dezimierten Lebensmittel- und
insbesondere Süßigkeitenvorräte sind wieder aufgefüllt, der Windgenerator, der sich auf dem ersten Seestück etwas losgewackelt hatte,
ist wieder festgeschraubt und die Bilge trocken. Vor allem das Tro-
ckenlegen des Bootes war mühsam, schmierig und schmerzhaft. Fast
alle Bodenbretter musste ich abschrauben und habe mir dann mit
schmutzigen und öligen Fingern drei große Blasen in die Handflä-
chen geschraubt. Am Nachmittag tuckert M langsam aus dem großen Hafenbecken von Farsund und durch die Schären zurück auf die
Nordsee. Eine Gewitterfront begrüßt uns mit tonnenweise Regen, den
Donner kann ich fast im Magen spüren. Beeindruckend, wie Regen
die Wellen glättet. Nach ein paar Minuten ist der Spuk vorbei, und ich
breche mir beim Ausbaumen der Genua fast sämtliche Knochen, elegant ist anders. Auf den vor uns liegenden Tausenden Seemeilen wird
sich hoffentlich noch ein wenig Routine einstellen. Als die Logge auf
sieben Knoten steht, fliegt den blöd grinsenden Möwen ein sichtlich
stolzes »Siehste!« von Bord der M entgegen. Das uns bereits bekannte
Verkehrstrennungsgebiet liegt wie verwaist vor uns, und ich steuere
M gegen alle Vorschriften diagonal über die Schifffahrtsautobahn in
der Hoffnung, dass niemand dieses Gebiet überwacht.

Gut gelaunt sitze ich auf dem Vorschiff und beobachte einen kleinen Schmetterling, der um die Genua flattert und in Lee des Segels
ein wenig rastet. Was macht der hier 20 Seemeilen vor der Küste? Mit
der einsetzenden Dunkelheit ist er verschwunden, und von der Küste
Norwegens, die hier an der Südspitze nicht stark besiedelt ist, ist nur
noch der Schein der Leuchttürme zu sehen. Das Drehen der Lichtkegel ist im leicht diesigen Wetter gut zu erkennen. Auf mich haben
Leuchttürme eine beruhigende Wirkung, als wollten sie sagen: Fahr
du ruhig, ich bin da, ich pass' auf. Ich kann die Feuer der Türme Lista
und Lindesnes zwar sehen – die Türme selbst leider nicht.

Die tägliche Portion Wissen gibt es heute aus dem Leuchtturm-
atlas. Es ist kaum zu glauben, dass der Versuch, einen Leuchtturm
in Lindesnes zu errichten, in den Jahren 1656, 1725 und 1822 wegen
der schlechten Versorgungsmöglichkeit (mit Brennkram für die

Leuchte) scheiterte. Erst 1915 konnten die Versorgung und damit der Betrieb des Feuers durch ein paar Bauarbeiter in Eigenregie erreicht werden.

Die Tage auf See vergehen schnell. In den ersten 24 Stunden des zweiten Seestücks lassen wir 124 Seemeilen zwischen uns und Norwegen. Eine halbe Packung Frischeiwaffeln aus dem deutschen Lebensmitteldiscounter fliegt im hohen Bogen über Bord. Es ist schwer zu glauben, dass dieses Gebäck einen natürlichen Ursprung hat, denn es riecht und schmeckt eher nach Chemie. An Land kann ich davon eine ganze Packung wegfuttern, hier auf See wird mir davon übel. Als Ersatz gibt es eine Dose feurigen Zigeunertopf – ebenfalls vom Discounter. Schmeckt eigentlich ganz gut, aber etwas viele Bohnen schwimmen zwischen den scheinbar handverlesenen drei bis sieben Stückchen Fleisch. Was wäre das Leben langweilig, wenn man nichts zu meckern hätte! Da ich erst seit ein paar Tagen unterwegs bin, gibt es noch jede Menge Leckereien an Bord. Und das Beste ist, ich weiß noch grob, wo sich was befindet. Im weiteren Verlauf der Reise wird sich in den hinteren Ecken immer wieder einmal eine Überraschung finden.

In der Nacht begleitet funkelndes Meeresleuchten unsere Reise. Die Bug- und Heckwellen glitzern silbrig unter dem Sternenhimmel. Mit einer Tasse Kakao sitze ich an Deck und beobachte das Schauspiel. Glücklicherweise scheitern alle Versuche, dieses Naturphänomen mit der Kamera einzufangen – eine Erinnerung nur für mich. Laut Wettervorhersage sollen uns südwestliche Winde um vier bis fünf Windstärken auf dem Weg durch die Seegebiete Utsira-Süd und Viking bis zu den Shetlandinseln begleiten. Wir segeln durch ein Bohrinselfeld, haben aber das Glück, keinem der riesigen Stahldinger zu nahe zu kommen. Besonders im Dunkeln sind die Fackeln der Bohrinseln überall zu erkennen.

Kurz vor Mitternacht am Ende des zweiten Seetages dümpeln wir in der Flaute, kein Lüftchen weht – Grund genug, das Schlafintervall auf 45 Minuten zu verlängern. Einige Zeit später sitze ich gespannt vor dem GPS und beobachte die Positionsanzeige. Die zum Längengrad gehörende Zahl wird immer kleiner, und schließlich weicht das E (Ost) einem W (West), die Zahlen steigen wieder. Zum ersten Mal in meinem Leben habe ich segelnd den Greenwich-Meridian überquert. Willkommen auf der Westhalbkugel.

An Bord wird inzwischen alles einfacher. Die Bewegungsabläufe spielen sich ein. Auch kopfüber im Vorschiff über den Vorräten zu hängen ist inzwischen zur Routine geworden, und der im Morgengrauen einsetzende Südwind kommt wie bestellt. Direkt voraus liegt unser nächstes Ziel. Der Wind dreht weiter und weiter auf. Ich berge die Genua und lasse M direkt vor dem Wind fahren. Eine dumme Idee, denn durch den Druck im Groß läuft sie mehrfach aus dem Kurs. Die Windselbststeueranlage ist mit dem Kurshalten ein wenig überfordert, bei einer Patenthalse kann ich dem Baum gerade noch ausweichen, wenngleich mich die Großschot am Arm erwischt. Das gibt einen ordentlichen blauen Fleck. Stück für Stück tasten wir uns vor, laufen in den Hafen ein, drehen eine Runde im Becken und finden keinen Liegeplatz. Drei Boote liegen bereits an dem einzigen Schwimmsteg und haben sich so viel Platz gegönnt, dass ich mich nicht traue, mich dazuzugesellen. Hinter der nächsten Kaimauer befindet sich ein verwaister Ponton, der eher aussieht wie ein Fähranleger. Ich weiß nicht genau, ob ich hier anlegen darf, versuche mein Glück daher noch einmal im ersten Hafenbecken. Vielleicht kann ich mich neben einem anderen Boot ins Päckchen legen? Auf dem Steg ruft mir jemand zu, dass ich natürlich auch im anderen Becken anlegen darf, und bietet an, meine Leinen anzunehmen. Um zehn Uhr machen wir am Albert-Wharf-Ponton fest.

Nein, du nicht!

»... Viele derjenigen Experten, die mit der Zunge Maßstäbe zu setzen versuchen, [...] verunglimpfen nach dem Motto: Was jenseits meiner Möglichkeiten und Fähigkeiten liegt, ist sowieso Wahnsinn, Hasardeurtum, einfach unseemännisch!«

Reimer Böttger, 1988, Trans-Ocean Magazin

Wenn das Wörtchen »wenn« nicht wär' ... Dann wäre alles ganz anders gekommen. Dann hätte es diese Reise vielleicht gar nicht gegeben. Oder erst ein paar Jahre später. Oder erst im Rentenalter. Zumindest hätte ich den Sommer nicht in Norwegen und Schottland, Irland und auf der Isle of Man verbracht, sondern vergraben zwischen Steuerrichtlinien, -gesetzen und -erlassen. Ich hätte Paragrafen gewälzt und auswendig gelernt und den Oktober nicht in Portugal, sondern bei drei sechsstündigen Klausuren in geschlossenen Räumen verbracht.

Im Januar 2009 bin ich beruflich in Hannover. Irgendwo in den Posteingangskörben der Steuerberaterkammer liegt ein Schreiben von mir, in dem ich meine praktische Tätigkeit auf dem Gebiet der Steuern nachweise. Über zwei Jahre – so die gesetzlichen Bestimmungen – muss dies genau dargelegt werden, um am Examen teilnehmen zu können, dessen Bestehen in die Ernennung zum Steuerberater mündet. Inwieweit dieser Titel sexy ist, lässt sich sicher kontrovers diskutieren, dass er bei meinem Arbeitgeber eine Voraussetzung ist, um »weiterzukommen«, steht außer Frage. Seit meinem ersten Tag in dieser Firma wollte ich die Prüfung machen und habe keinen Grund gefunden, sie nicht so zeitnah wie möglich abzulegen. Sie findet einmal im Jahr statt, und zum Prüfungstag muss man die erforderliche Berufspraxis nachweisen können. Mir war klar, dass es eine knappe Kiste werden würde. Telefonisch gab mir die Behörde dann jedoch bekannt, dass es in diesem Jahr noch nichts werden könne, meine Berufspraxis reiche nicht aus. Meinen eigenen Nachrechnungen zufolge belief sich das Zeitdefizit auf drei bis fünf Tage. Aber zwei Jahre sind eben zwei Jahre und nicht ein Jahr und 362 Tage. Das Steuerberaterexamen konnte in diesem Jahr für mich also nicht stattfinden. Plötzlich tat sich ein riesiger Raum freier Zeit auf, den ich nun arbeitend und nicht lernend verbringen sollte.

Zum Glück gab es noch diesen Traum irgendwo in den Abgründen meiner Langzeit-Lebensagenda. Seit meinem 14. Lebensjahr träumte ich von einer Weltumsegelung. Die Lektüre zahlreicher Einhandsegelbuch-Klassiker, die ich meist mit dem Laptop neben mir förmlich verschlang, folgte. Den Laptop brauchte ich, um meinen Wissensdurst zu stillen: Wo ist der Autor da genau? Wo segelt der nun lang? Was

hat der da gerade erzählt? Ständig verlor ich mich auf den Internet-
seiten von Google Maps und Wikipedia. Es war einfach zu interessant
zu sehen, zu lesen und mitzufühlen, wie die Kollegen in spe so durch
die Welt segeln. Das wollte ich auch. Wollte ich ja schon lange. Aber
nun schlich sich ein »zeitnah« in meine Wunschwelt. Nach dem Examen schien mir ein guter Zeitpunkt zu sein. Statt der Weltumsegelung
sollte es erst mal nur eine Atlantikrunde werden. Mein Lieblingsozean
hat auch so seine Reize.

Im Dezember 2008 hatte sich deshalb unter dem Weihnachtsbaum
ein kleines, dünnes Päckchen befunden, welches ich mir selbst dorthin gelegt hatte. Die versammelte Mannschaft – meine Eltern, mein
Bruder und Oma – staunten damals nicht schlecht, als sich darin eine
IMRAY-100-Seekarte mit dem faszinierenden Titel »Atlantic Ocean
Passage Chart« befand. Ich habe irgendwo mal gelesen, dass es in
jeder Familie einen Verrückten gibt, und schien auf einem guten Weg
zu sein, diesen Titel für mich beanspruchen zu können. Könnte ich die
Weltumsegelung vorziehen und das Examen danach machen, fragte
ich mich. Oder nicht? Konnte ich einfach den Job ruhen lassen? Ich
fing an, im Internet nach einem Boot zu suchen, klickte mich hier und
da durch und versuchte, dem ganzen Vorhaben eine Struktur zu geben.

Wie lange will ich unterwegs sein? Wie lange kann ich mir so etwas
leisten? Wie viel muss ich für ein geeignetes Boot ausgeben? Auf eBay
versteigert ein Engländer ein Boot, welches ihn schon über den Atlantik getragen hat. Ich nehme Kontakt zu Matt auf und löchere ihn mit
tausend Fragen. Zu seinem Boot, zu einem guten Zeitpunkt für einen
solchen Trip. Und so wächst und konkretisiert sich in meiner Vorstellung ein Bild dieser Reise.

In der darauffolgenden Woche sitze ich wieder in Hannover, den
Blick über einen Schrottplatz gerichtet – die Sonnenuntergänge sind
ein Traum für jeden Industrieromantiker. Damit mein Bedürfnis für
Romantik nicht zu kurz kommt, breite ich allabendlich die große
Atlantiküberseglerkarte aus und fahre mit dem Finger den zukünfti-
gen Kurs ab. Auf der Rückseite der Karte befinden sich Informatio-
nen zu Wind- und Wetterlagen auf dem Atlantik, welche mir bei der
Auswahl eines geeigneten Zeitfensters für meine Reise helfen sollen.
Routenplanung ist für mich ein neues Terrain. Bisher gab es nur rund

30 Seemeilen lange Schläge auf der Ostsee zu planen, bei denen ich selten das Land aus den Augen verlor. Beim Versuch eines pragmatischen Ansatzes entnehme ich meinen Segelbüchern eine durchschnittlich pro Tag segelbare Distanz und runde sie auf 100 Seemeilen zurecht, um besser rechnen zu können. Mit dem Zirkel und dem Einmalhundert wird die Routenplanung ganz simpel. Aber kann ich mir das so einfach machen? Ich plane die gesamte Reise um meine erste Atlantiküberquerung herum, denn ein stabiler Passatwind sei für eine Ozeanpassage durchaus förderlich – habe ich gelesen.

Über die eigentliche Route muss ich nicht nachdenken, sie ist von Anfang an klar: Von Deutschland zu den Shetlandinseln, denn dort will ich schon seit Jahren hin. Weiter geht es nördlich um die Britischen Inseln herum, durch die Irische See zur Isle of Man (ein weiteres »must see« in meiner Welt). Es sollen Madeira und die Kanaren folgen. Der Landfall nach der Atlantiküberquerung muss aus Gründen, die ich selber nicht kenne und auch nicht erklären kann, auf Antigua erfolgen. Auf den Cayman Islands möchte ich vorbeigucken und auf Kuba ein paar Zigarren kaufen, weiter soll es unter Segeln nach New York gehen. Dann will ich über die Bermudas und Azoren und die Kanalinseln wieder nach Hause. Was wohl mein Arbeitgeber dazu sagen wird? Ob er mich für die Zeit beurlauben wird? Oder muss ich kündigen?

Aufmunternde Worte kommen von Matt: »Hearing from you has awakened the excitement and anticipation that I remember when I bought Milko myself and planned and prepared her for the adventure of a lifetime. In short, you remind me of myself! [...] Milko was my home for nearly three years. She is the only boat I have ever sailed and I learnt to sail on her (mostly on my trip). We have been through many experiences together, good and bad, and she has always got me through. It may sound ridiculous when I say it but she is more than just a boat to me. [...] People will tell you that you are crazy, and maybe they are right, but I know what that ambition is like. Whatever you end up doing I wish you well.« (»Von dir zu hören, hat in mir wieder die Gefühle der Aufregung und Begeisterung geweckt, die ich damals empfand, als ich Milko kaufte und mit ihr das Abenteuer meines Lebens plante und vorbereitete. Kurzum, du erinnerst mich an mich selbst (...) Milko war für fast drei Jahre mein Zuhause. Sie ist das einzige Boot, das ich je segelte, und ich lernte das Segeln auf ihr überwiegend während der Reise. Wir haben viel miteinander erlebt, Gutes und Schlechtes, und sie hat mich immer durchgebracht. Es mag sich vielleicht lächerlich anhören, wenn ich sage, dass sie für mich mehr ist als nur ein Boot. (...) Die Leute werden dir sagen, dass du verrückt bist. Und vielleicht haben sie recht, aber ich weiß, wie sich diese Begierde anfühlt. Wie auch immer es bei dir weitergehen wird, ich wünsche dir alles Gute.)

Als ich die E-Mail an einem Nachmittag erhalte, kann ich mich den Rest des Tages nicht mehr wirklich auf die Arbeit konzentrieren, schiebe Unterlagen von links nach rechts, klicke im Computer etwas hier und da an, öffne mal einen Ordner, lese wieder und wieder Matts Brief. Am Abend steht für mich fest: Jetzt segeln! Zwar habe ich kein Boot. Ich habe auch nicht viel Segelerfahrung. Erst vor zwei Jahren habe ich meinen Segelschein gemacht. Die Theorie von Seezeichen und Lichterführung aber kannte ich schon als Grundschüler. Häufig hatte ich als Junge an den Molenköpfen irgendwelcher Häfen gestanden und die Yachten beobachtet, die ein- oder ausliefen, und nach dem Studium hatte ich zur Theorie auch die Praxis beherrschen wollen und mich für einen SKS-Praxiskurs (SKS ist der Sportküstenschifferschein, ein Segelschein, der auf den Kenntnissen des Sportbootführerschein-See (SBF) aufbaut), dem die Prüfung zum SBF-See vorangegangen war. Es ging Rund Rügen, und nach einer Woche und meinen ersten 300 Seemeilen hatte ich den SKS in der Tasche. Es folgten kleinere Chartertouren – stets als unerfahrener Skipper einer meist noch unerfahreneren Crew. Glücklicherweise ist immer alles gut gegangen.

Bewaffnet mit der Bereitschaft, im Zweifel die allerletzte Konsequenz zu ziehen, betrat ich also das Büro meines Chefs und zitierte ihn mit seinen Worten: »Wenn Sie in Ihrem Leben noch Wünsche und Träume haben, versuchen Sie, diese umzusetzen, bevor Sie beruflich und privat Verantwortung übernehmen müssen‹, und genau deswegen bin ich hier, um Sie um Zeit zu bitten.« Nach einem kurzen »Wofür?« und »Wie lange?« erhielt ich seine Zustimmung innerhalb von zehn Minuten, die Formalitäten würde die Personalabteilung klären. Ich sollte zunächst meinen angesparten Urlaub und in Zeit umgewandelte variable Gehaltskomponenten abbauen und meinen Arbeitsvertrag nach Aufbrauchen dieser Reserven ruhen lassen.

Insgesamt verfüge ich zum Zeitpunkt des Reisebeginns über rund 600 Seemeilen Erfahrung. Und diese fast ausschließlich auf der Ostsee. Den Titel »alter Seebär« werde ich so nicht gewinnen können, aber ich rede mir ein, die Hälfte der nötigen Fertigkeiten und Fähigkeiten zu haben, 20 Prozent unterwegs lernen und weitere 20 Prozent durch einen großzügigen Schuss jugendlicher Unbekümmertheit kompensieren zu können. Um die letzten zehn Prozent mache ich mir keine Gedanken. So geht die Rechnung auf, Haken dran.

Der nördlichste Punkt

23. August 2009 bis 29. August 2009

6 Tage   4 Std   0 Min

3,2 %

0 sm

0 %

Seemeilen: 612–612

Wenn Schotten glauben, dass sie nicht richtig verstanden werden, wiederholen sie alles ein wenig lauter. Und wenn sie immer noch nicht verstanden werden, noch lauter. Also seien Sie nicht beleidigt, wenn Sie einen schreienden Schotten vor sich haben. Sagen Sie nur: »Rephrase.«

British Waterways Scotland – Der Schifferguide für den Kaledonischen Kanal

Acht Tage und 611 Seemeilen liegen seit dem Auslaufen in Bensersiel in unserem, Ms und meinem, Kielwasser. In Lerwick haben wir auf 60 Grad Nord einen wichtigen Punkt erreicht: den nördlichsten auf der gesamten Reise. Lerwick ist die Hauptstadt der Shetlandinseln, einer kleinen Inselgruppe im äußersten Norden Großbritanniens. Weiter nördlich geht es in diesem Land eigentlich nicht. Seit Jahren wollte ich einmal zu den Shetlandinseln, mich hier einfach nur mal umschauen, die rauen Felsen sehen, an denen der Zahn der Nordsee auf der einen Seite und der Atlantik auf der anderen Seite nagt.

Die Shetlands bestehen aus mehr als 100 eher kleinen Inseln. Die größte ist Mainland, auf der sich auch die Hauptstadt Lerwick befindet. Der erste Gang führt mich zur Port Control, dem Hafenbüro, wo ich mich anmelden möchte. Neben einem Formular für die Hafengebühren erhalte ich auch ein Einwanderungsformular.

»Wofür ist das denn?«, frage ich den Hafenmeister, der mir erklärt, dass ich einklarieren muss, wenn ich aus Norwegen kommend wieder in die Europäische Union zurückkreise. Huch, Norwegen ist gar nicht in der EU? Da hat sich bei mir eine Bildungslücke aufgetan. Wenn ich das richtig sehe, dann hätte ich nicht nur in Deutschland aus-, sondern auch in Norwegen einklarieren müssen. Farsund ist kein Einreisehafen, und ich hätte dort gar nicht an Land gehen dürfen ...

Es regnet an diesem windigen Sonntagmorgen, als ich vom Hafenbüro wieder zurück zu M gehe. Neben meinem Boot steht ein Mann und betrachtet den neuen Hafenlieger. Er stellt sich als Lotse vor, und wir kommen ins Gespräch. Als ich ihn nach einem McDonald's frage, lacht er mich aus und weist mich an, mich doch an lokalen Köstlichkeiten zu erfreuen. Während meiner ganzen Zeit auf den Shetlands wird es leider nie dazu kommen, dass ich eine solche Gelegenheit entdecke. Ausgerüstet mit meiner Kamera und einer Socke erkunde ich den Ort, der sich mir als eine Mischung aus Mittelalter und Moderne präsentiert. Ein Fort, eine Burg, ein neues Museum aus Glas. Viele enge und verschlungene Straßen. Wenn die Einwohner auf ihre mausgrauen Fassaden verzichten würden und ein wenig Mut zur Farbe offenbarten, könnte dieser Ort eine Vielzahl von Touristen anziehen. Stellt sich nur die Frage, ob sie das wollen.

In der Touristeninformation kaufe ich Postkarten und nehme

einige Inselprospekte mit. Die Shetlands haben ihre eigene Flagge, die jedoch erst 1984 kreiert und vor vier Jahren offiziell anerkannt wurde. Als der schottische König vor einigen Hundert Jahren eine dänische Prinzessin heiratete, konnte der Brautvater wegen Ebbe in den königlichen Schatzkammern keine Mitgift nach Übersee schicken. Als Ersatz mussten die damals noch dänischen Shetlandinseln herhalten. Deshalb sieht die Flagge auch sehr ähnlich aus wie die dänische: Lediglich das Rot ist durch das schottische Blau ersetzt.

Fünf Tage habe ich für den Aufenthalt auf der Insel eingeplant, und allmorgendlich führt mich mein Weg in den Keller des knapp 200 Meter entfernten Lerwick Boating Club, wo sich die sanitären Einrichtungen befinden. Es ist jedes Mal wieder eine Freude, die muffigen Duschen im Keller zu verlassen. Zu meiner Überraschung klettert am dritten Tag in Lerwick eine nette Dame von der Einwanderungsbehörde an Bord der M und fragt nach den ausgefüllten Formularen. Ich habe das weiße mit dem rosa Durchschlag und das blaue ohne Durchschlag ausgefüllt, weswegen sie ankündigt, mir später noch das wichtige weiße Formular mit dem weißen Durchschlag vorbeizubringen. Das erinnert mich stark an die Erlebnisse der weltberühmten Gallier Asterix und Obelix auf der Suche nach dem Passierschein A38 in dem Bestsellercomic »Asterix erobert Rom«. Kurz nach diesem Besuch schaut schon der nächste vorbei. Der Lotse hält einen Brief in der Hand. Meine Eltern haben mir den Objektivdeckel meiner Kamera nachgeschickt, welchen ich zu Hause vergessen habe. Jetzt kann ich für weitere Landexkursionen den provisorischen Objektivschutz in Form der – noch sauberen – Socke an Bord lassen. Da der Lotse schon einmal da ist, nutze ich die Gelegenheit und frage, ob ich einmal mit dem Lotsenschlepper mitfahren darf. Das sei gar kein Problem, versichert er mir, und schon ein paar Minuten später sind wir auf dem Weg in den nördlichen Teil des Hafens. Während der Lotse an Bord des Ölplattformversorgers klettert, erkläre ich der Besatzung des Schleppers meine Routenplanung. Nach knapp 20 Minuten nehmen wir den Lotsen wieder an Bord.

»Wofür braucht man für eine so kurze Strecke einen Lotsen?«, frage ich.

»Es ernährt meine Familie – das ist Grund genug«, so die prompte Antwort.

M braucht viel Pflege. Die Vorschiffsluke erhält ein wenig Silikon, die Vorsegel werden getrocknet, die Wassertanks für unsere baldige Abreise wieder gefüllt. Als ich den Spibaum etwas zur Seite schiebe, finde ich darunter eine unabgefeuerte Patrone für eine Magnum .357 (steht drauf). Wie kommt die bloß an Bord? Und vor allem: Was soll ich damit machen? Ich beschließe, das knapp streichholzlange Ding zu fotografieren, wische anschließend meine Fingerabdrücke mithilfe von Spülmittel ab und werfe es ins Hafenbecken. Mir ist etwas mulmig. Ich will weiter. Vorher muss ich mich jedoch noch mit Seenotsignalmitteln versorgen, denn in der Heimat hätte ich für den Erwerb den Nachweis über eine absolvierte pyrotechnische Ausbildung vorlegen müssen, den ich nicht habe. Von Segelfreunden hatte ich erfahren, dass man Signalraketen und -fackeln in Schottland nicht nur ohne Nachweis, sondern auch noch wesentlich billiger erwerben kann. Also lasse ich mir jetzt ein Paket zusammenschnüren, das auch für internationale Hochseeregatten taugt, und bekomme vom Verkäufer einen 50-Prozent-Einhandseglerrabatt, denn er scannt an der Kasse nur jedes zweite Teil und nickt mir dabei zu.

Später am Tag besteige ich den Bus, um die Südspitze der Insel zu erkunden. Dort gibt es nämlich einen Leuchtturm zu betrachten. Die Steilklippen der Insel gelten zudem als Brutstätte von Millionen Vögeln, und Walsichtungen sollen auch nicht selten sein. Fernab der »Touristenhochburg« Lerwick offenbaren die Shetlands ihr wahres Gesicht: verschlafen, ruhig und ein wenig glanzlos. Mit meinem – das Wetter ist ganz ausgezeichnet – knallblauen T-Shirt bin ich ein wahrer Farbklecks inmitten der grau bis dunkelbraun gekleideten Einwohner. Der Sumburgh-Head-Leuchtturm ist der älteste Leuchttum der Shetlands, 1821 gebaut und nur 17 Meter hoch, jedoch 91 Meter über dem Meeresspiegel. Die Hochphase der Vogelbrut habe ich leider verpasst, und die berühmten Papageientaucher, Puffins genannt, sind leider nirgendwo zu sehen. Ich werde noch einmal wiederkommen müssen, denke ich und blicke hinaus aufs Meer. Von sechs Windstärken leicht aufgewühlt liegt es vor mir und flößt mir riesigen Respekt ein. Es ist einer dieser Momente, in denen mir wieder einmal klar wird, dass die See einen Menschen in seinem kleinen Boot nur duldet. Wenn sie wollte, dann wäre es ziemlich schnell vorbei mit deren Leben, Technik hin oder her.

Auf dem Rückweg genieße ich die Natur. Saftig grüne Wiesen brechen an den steilen Klippen ab, Wellen zerschlagen am Stein der Insel. Ein kleines Auto hält neben mir. Ob ich mitfahren möchte, werde ich gefragt. Na gut, Natur kann man ja auch aus dem Auto heraus genießen. Und draußen bin ich sonst eh die meiste Zeit. Also steige ich ein und lasse mich komfortabel zurückchauffieren.

Unter Deck meiner M brummt der Heizlüfter und wärmt den Innenraum auf angenehme 22 °C. Ich zwänge mich in meinen neu erworbenen Neoprenanzug. Den habe ich im Geschäft um die Ecke gekauft, als ich feststellte, dass ein Bad im Hafenbecken ohne einen solchen Anzug unmöglich ist. Das Wasser ist einfach viel zu kalt. Der Grund für diesen Tauchausflug hat sich um die Welle von Ms Propeller gewickelt. Die blaue Schnur muss weg. Gott sei Dank erleide ich nicht den gefühlten Erfrierungstod und kann die 40 Zentimeter in die Mülltonne befördern. Morgen geht's weiter.

Eine Holländerin wird deutsch

Die Bundesflagge ist in der im Seeverkehr für Seeschiffe der betreffenden Gattung üblichen Art und Weise zu führen. An der Stelle, wo die Bundesflagge gesetzt ist oder regelmäßig gesetzt wird, dürfen andere Flaggen nur zum Signalgeben gesetzt werden. Die Bundesflagge ist beim Einlaufen in einen Hafen und beim Auslaufen zu zeigen.

§8 Abs. 2 und 3 Gesetz über das Flaggenrecht der Seeschiffe und die Flaggenführung der Binnenschiffe – Flaggenrechtsgesetz (FlaggenRG)

Mit der Entscheidung, diese Reise anzutreten, hatte ich mich den damit zwangsläufig verbundenen Vorbereitungsmaßnahmen stellen müssen. Vor allem: Wie organisiert man so eine Reise, während man einer beruflichen Tätigkeit nachgeht, die auch schon mal am Mittwochabend die Wochenarbeitszeit von 40 Stunden erreicht hat? Was kauft man sich für ein Segelboot, wenn man noch nie eines hatte? Auf was muss man achten? Ich würde mich ex post zu der Aussage hinreißen lassen, dass eher ein Boot als die Crew hochseetauglich sein muss, und dazu, dass fast jedes moderne Segelboot einen Atlantiktörn meistern kann, falls es so gebaut ist, dass man darauf wohnen kann.

Ich wälzte also die Blauwassersegelbibeln von Erdmann, Schenk und wie sie alle heißen. Ein Boot aus Metall wäre genial, gern aus Aluminium, aber das wird wahrscheinlich nicht zu finanzieren sein, dachte ich. Meine Suche fand auch schnell ein Ende. So sehr scheint man hierzulande nicht (mehr) auf ein Boot aus gutem Stahl oder Aluminium zu stehen. Letzteres hätte ich unter Umständen trotz der Kosten in Erwägung gezogen. Sicher, Stahlboote sind schwer und entsprechend langsam. In meiner Vorstellung bieten sie aber einen erheblichen Sicherheitsgewinn: Sollte ich beispielsweise einen Wal oder einen Container rammen, dann hätte ich zumindest die Hoffnung, mit einem blauen Auge (sprich: einer Beule im Rumpf) davonzukommen. Also weitete ich die Suche aus, und siehe da: Unsere Nachbarn im Westen stehen offensichtlich auf Stahlboote. Schnell fand ich ein paar Segelboote, die infrage kamen. Von einem Freund ließ ich mir die niederländischen Anzeigen übersetzen und vereinbarte schließlich die Besichtigungstermine.

Die erste Kandidatin war sehr schön. Der Eigner war mit ihr angeblich bereits in Spitzbergen gewesen, segelte vornehmlich einhand. Sie verfügte über Selbststeueranlage und Maststufen. Unter Deck war die Odyll 2 fachmännisch ausgebaut mit wunderschönem Holz. Sogar ein Ölofen stand in der Ecke. Leider konnte ich unter Deck nicht aufrecht stehen. Das Vorschiff verdiente bei höchstem Wohlwollen allenfalls die Bezeichnung »Kriechkeller«, eine Schlafgelegenheit war nur für Menschen unter 1,80 Metern Körpergröße vorhanden.

Eine Alternative lag in Baarn in den Niederlanden. Als ich dort vorfuhr, begrüßte mich der einseitig blinde Hund des Maklers mit einem heiseren Bellen auf dem Hof. Das Büro befand sich in einem Container, aus dem graubrauner Qualm aufstieg. Es nieselte, es war saukalt, einfach ungemütlich. Drinnen empfing mich Lodewijk, der Makler, im Ofen brannte ein Feuer, kleine Modellschiffe standen herum, es gab eine Tasse Tee. Ich schilderte meine Vorstellungen von einem geeigneten Boot. Der Gesichtsausdruck des Maklers war schwierig zu deuten, jedenfalls schien er nicht jeden Tag mit ähnlichen Wünschen konfrontiert zu werden.

Schließlich zeigte er mir ein Boot und sagte: »Guck dich um, das kann man am besten allein. Ich lass' dich einfach in Ruhe, und wenn du Fragen hast: Ich sitze im Container.«

Die Corinthian lag traurig im Hafenbecken. Der blaue Rumpf war matt, das rote Unterwasserschiff bärtig grün, ihr war anzusehen, dass sie bereits ein paar Tage (Monate? Jahre?) auf einen neuen Eigner wartete. Insgesamt kein schöner Anblick – wenngleich sie schöne Linien zeigte. Über Deck und Sprayhood, Baumkleid und Leinen zogen sich grüne Beläge, und unter Deck empfing mich die Freundlichkeit eines seit Jahren nicht mehr benutzten Wohnwagens. Aber sie war aus Stahl, ich konnte unter Deck aufrecht stehen und hätte mich in jeder der beiden Salonkojen beim Schlafen ausstrecken können. Der Motor war 2004 generalüberholt worden, die Segelgarderobe war in einem guten Zustand, das Cockpit tief und durch eine solide Seereling geschützt. Ich fühlte mich sicher an Bord. Das Boot fühlte sich gut an. Ich entschied: Das wird meine Yacht. Bereits vor dem Termin hatte ich mich beim Konstruktionsbüro Koopmans erkundigt, ob dieses Boot und meine Pläne zusammenpassten.

Die Antwort war kurz, aber zufriedenstellend ausgefallen: »Das Boot wurde für solche Reisen konstruiert.«

Mit dem Makler machte ich eine Probefahrt unter Motor auf einer kleinen Gracht direkt vor dem Hafen. Dank des Regenwetters und der Kälte fiel es mir nicht schwer, mit einer langen Mängelliste bei den Preisverhandlungen aufzuwarten. Die Corinthian hat es mir leicht gemacht: Sie hatte Rostflecken, die technische Ausrüstung war nicht die beste, und es war viel zu tun, bevor ich mit ihr lossegeln konnte. Mit jedem negativen Argument sank der Preis. Schlussendlich erhielt ich ein tolles Boot zu einem sehr fairen Kurs – ich bin ziemlich gut darin, etwas schlechtzureden.

Ihren Weg nach Norddeutschland fand die Koopmans 32 auf Rädern, denn ich traute mir nicht zu, ein Boot, welches ich nicht kannte, im März über die Nordsee nach Glückstadt zu segeln. Direkt neben dem Makler befand sich glücklicherweise eine Transportfirma, die regelmäßig Yachten aus Dänemark in die Niederlande überführte und somit häufig leer in den Norden fuhr. So erhielt ich einen sehr günstigen Preis, und es war an mir, das Beste aus dem Boot zu formen.

Meine ersten beiden Arbeitseinsätze machten die Corinthian zu M. Mit einem Schrubber, sehr viel Reinigungsmittel, Wasser und einer Autopoliermaschine erhielt sie ihre alte Farbpracht zurück, und mit dem Heißluftfön plus einem Spatel rückte ich dem alten Namenszug und der Angabe des Heimathafens zu Leibe. Selbstverständlich hätte ich mich auch erst um die wichtigen Dinge kümmern können, aber ich wollte sie erst einmal zu meinem Boot machen. Dann kaufte ich beim örtlichen Yachtausrüster die größte erhältliche Landesflagge und besorgte die Aufkleber für den neuen Namen. M sollte sie heißen. Ein Name, der sich von den kunststoffweißen und langweiligen Albatrossen absetzte, der Abstand nahm vom pseudogebildeten Aiolos und so gar nicht zum Ach-wir-sind-so-international-Wavedancer passte. Viele Fragen erreichten mich später zu diesem Namen, und häufig wurde ich nach der Geschichte hinter diesem Buchstaben gefragt. Als einfachste, wenngleich unrichtige Erklärung gab ich an, dass mein Nachname mit ebendiesem Buchstaben anfängt.

In meinem Freundes- und Bekanntenkreis breitete sich die Nachricht über mein Segelvorhaben aus. Zustimmung, Begeisterung, aber auch das ein oder andere kritische Wort wurden mir entgegengebracht. Die Klassiker waren: Warum ich meinen recht auskömmlichen Job aufgeben wolle? Warum ich allein segeln wolle? Ob ich ein wenig verrückt sei? Ob ich überhaupt die nötige Erfahrung für einen solchen Törn hätte? Was ich mir davon versprechen würde?

Für verrückt hielt ich mich nicht. Aber auch nicht für sonderlich mutig. In Irland würde ich später in einem Buch lesen: »Schlussendlich geht es nur darum zu entscheiden, es zu tun.« Das beschreibt meinen Zustand ganz gut. Innerhalb meiner Familie wurde mein neuer Plan zunächst auch nicht mit vollendeter Begeisterung aufgenommen. Ich vermute, dass mein Vater, der früher Autorennen gefahren war, ihn eigentlich ziemlich gut fand, sich aber nur verhalten äußerte, um meiner Mutter nicht allzu sehr in den Rücken zu fallen. Sie war alles andere als begeistert. Da sie sich hinter einer Protestmauer zu verstecken drohte, blieb mir nichts anderes übrig, als ihr charmant, aber ziemlich deutlich mitzuteilen, dass sie mich nicht von der Reise abbringen könne und sich einfach mit dem Vorhaben abfinden müsse.

In Glückstadt verbrachte ich viel Zeit. Manchmal mehr Zeit im Auto auf dem Weg dorthin als tatsächlich auf der Werft. An vielen schönen Samstagvormittagen fuhr ich zu dem Hafenort an der Elbe, kaufte am Ortseingang bei McDonald's ein Eis und einen Burger, kletterte über die Leiter an Bord meines Schiffes, aß das Eis und den Burger an Deck und fuhr wieder zurück nach Hamburg. Die meisten Arbeiten blieben zunächst liegen. Ich hatte keine Lust anzufangen, ich hatte noch nicht die richtigen Teile, oder ich hatte einfach mehr Interesse daran, meine Freizeit mit Freunden an der Alster zu verbringen, um eine gute Ausrede war ich nie verlegen. Außerdem: So viel war doch gar nicht zu tun. Oder? Wenn erst einmal der Mast steht und M schwimmt, dann ist nicht mehr viel zu machen, redete ich mir ein, ich kann fast schon los, fit ist sie ja.

Im Nachhinein weiß ich, dass ich vielleicht etwas zu wenig Zeit in die technische Vorbereitung gesteckt habe, mich hier und da ein wenig mehr um mein Boot hätte kümmern sollen. Vielleicht war dieses Zögern meine Form des Zweifels an dieser Reise; Zweifel, die ich per Definition ausgeschlossen hatte. Ebenso war ein Aufgeben, Umkehren oder Abbrechen ausgeschlossen. Schließlich hatte ich in meinem Studium auch die eine oder andere Vorlesung in Volkswirtschaftslehre besucht und dort viel über die sympathische Methode gelernt, Ungewünschtes einfach aus dem Kreis des Möglichen auszuschließen. Und neben der technischen Umsetzung meines Vorhabens galt es auch, die Finanzierung auf ein den Umständen entsprechend solides Fundament zu stellen. Ich war bereit, meine gesamten Barreserven einzusetzen, die neben den Ersparnissen aus zwei Jahren Berufstätigkeit nach meinem abgeschlossenen Studium insbesondere aus zusammengesparten und zusammengehaltenen Kleinstbeträgen bestanden. Altes Geld, das ich als Schüler mit Zeitungaustragen und Aushilfstätigkeiten an einer Tankstelle verdient hatte. Ich überlegte mir, dass ich auch einige Firmen um ihre Unterstützung bitten könnte – in einer Zeit, die unter der Bezeichnung »Finanzkrise« in die Geschichte eingehen wird, und entschied mich daher, nur Unternehmen zu kontaktieren, die mich mit Ausrüstung unterstützen könnten. Es schien mir einfacher, einen Rettungsring gesponsert zu bekommen als 100 Euro. Wer Mitarbeiter entlassen muss, kann kein Geld verschenken, aber der Rettungsring liegt ohnehin im Lager.

Ich war sehr glücklich über erste Zusagen von Yachticon, die mir Farben für einen kompletten Unterwasserschiffanstrich schenkten, und Plastimo, die mir mit guten Konditionen für Rettungsmittel wie EPIRB und Rettungsinsel entgegenkamen. An einem Freitagnachmittag erhielt ich eine Nachricht von dem Bekleidungshersteller Murphy & Nye, der mich um eine Präsentation meines Vorhabens bat.

»Die gewünschten Informationen haben Sie Montagmorgen in Ihrem Postfach«, antwortete ich zuversichtlich und saß am Sonntagabend immer noch vor einer leeren PowerPoint-Präsentation. Was hatte ich mir nur dabei gedacht, für Montag zuzusagen? Ein Glas Rotwein vermittelte mir die Zuversicht, ein gutes Ergebnis liefern zu können: »Wenn ich etwas in meinem Job gelernt habe, dann ist es, eine gute Geschichte zu erzählen, obwohl es eigentlich nichts zu sagen gibt«, sagte ich laut zu mir selbst, und tatsächlich gelang alles so gut, dass ich eine Woche später mit Dominik von Murphy & Nye in einem Besprechungsraum saß.

»Einhand? Toll, einen Behinderten unterstützen wir sofort«, versicherte er mir in spontaner Begeisterung, sagte mir aber nach der Erklärung, dass »einhand« nur ein anderes Wort für »allein« bei einem solchen Segeltrip ist, trotz meiner beiden Hände seine Unterstützung zu.

Ich freute mich sehr über Ölzeug, T-Shirts, Badeshorts und Funktionskleidung. Auch die Firma ISTEC zeigte sich interessiert an meinem Vorhaben. Ich fragte sogar nach einem Parasailor, dies ist ein spezielles und einfach zu bedienendes Segel für die Vorwindkurse. Kurz vor meinem Start kam es an, und die Unterstützung machte mir nicht nur Mut, sondern erfüllte mich auch mit Freude – denn es schienen viele Menschen an ein Gelingen meiner Reise zu glauben. Nur in Glückstadt fühlte ich mich zunächst nicht ernst genommen. Ich war leider nur der Neue auf diesem Gelände der alten Hasen. Es war immer das Gleiche:

Mit dem Auto fuhr ich aufs Werftgelände, unter dem großen Travellift hindurch, links um die Ecke, und vor der Werfthalle stand M neben einem großen Motorboot (auf dem niemals jemand zu sehen war) und einem skurrilen kleinen Motorboot mit dem Namen Crazy. Rasselnd und scheppernd zog ich die Kette um Lagerbock und Leiter, stellte die Alustiege auf und kletterte an Bord. Dann riskierte ich einen Blick in die Runde. Ich konnte nicht reden mit den anderen auf der Werft. Was sollte ich ihnen erzählen? Ich habe mir mein erstes Boot gekauft, habe kaum Erfahrung und möchte einmal Rund Atlantik? Als Antwort wären dann sicherlich Kommentare und Geschichten von wilden Stürmen auf der Ostsee, im Wasserglas und Hafenbecken, von Fasthavarien und Gerade-so-gerettet gekommen. Solche Geschichten höre ich gern, aber ich hätte nichts beisteuern können, und so beschloss ich, ruhig vor mich hin zu werkeln.

Stefan, Tobias und Jakob – allesamt dem Wasser so fern wie ich den Bergen – konnte ich mit Bratwurst und Bier nach Glückstadt locken, damit sie mir beim Neuanstrich des Unterwasserschiffs halfen. Dafür suchte ich den 1. Mai aus, den Tag der Arbeit. Wir bewaffneten uns mit Mundschutz und Spachteln, gingen dem alten Rot an den Kragen. Mühsam ist diese Arbeit, das weiß jeder, der ein Boot hat. Zunächst versuchten wir, die Farbe abzuschleifen, stellten aber fest, dass es mit dem Spachtel einfacher ging, die Farbe bis auf die Kunststoffversiegelung des Rumpfes abzutragen.

»Ich beobachte euch, ihr liegt gut in der Zeit«, lobte uns ein Werftnachbar.

Das fand ich nicht. Da ich ein grundsätzlich ungeduldiger Mensch bin, ging mir diese stumpfsinnige Arbeit gehörig auf die Nerven. Aber schlechte Laune konnte ich mir nicht leisten, musste ich doch meine Helfer bei Stimmung halten. Umso größer war die Freude, als die Bratwürstchen auf dem Grill schmorten und fast noch kühles Bier den Durst stillte. Die Farbe war ab. Also musste die neue drauf, und wir wären durch. Nach der Stärkung ging es ruck, zuck. Die Farbe sah krass aus! Im getrockneten Zustand war sie rosa. Erst später im Wasser erstrahlte sie in voller Schönheit: einem Knallrot, auch noch nach 8000 Seemeilen. Ich lud meine Helfer abends zu einem Drink ein. Und noch Tage nach der Malaktion hatte ich rote Flecken auf der Haut.

Stück für Stück ging es weiter mit M: Der Name ist dran, die Farbe ist schön, und so langsam kann ich mir vorstellen, mit M eine Runde zu segeln. Am Heck montiere ich eine Windselbststeueranlage vom Typ Windpilot Pacific, und plötzlich unterscheidet sich mein Boot von den anderen Pötten in Glückstadt. Während meiner Hafenrundgänge war mir noch keine Yacht aufgefallen, die ein solches Gerät am Heck trug. Bei einer dieser Schlendertouren, deren Motivation meistens aus einem Anfall von »ich habe keinen Bock mehr, was zu tun«, »das Wetter ist so schön« oder »was ist hier sonst noch los« erwuchs, sehe ich eine Flagge der ARC 2009, der Atlantic Rally for Cruisers, an Bord eines fischkutterähnlichen Bootes flattern. Diese Regatta führt alljährlich einen Tross aus Hunderten Yachten von Gran Canaria nach St. Lucia über den Atlantik. Wir verstehen uns gut, die blonde Frau an Bord und ich – meine erste Hochseeseglerbekanntschaft, und das in Glückstadt.

Die Wochen vergehen. Langsam und Stück für Stück wird M so hergerichtet, wie ich es mir vorstelle. Für eine Arbeitswoche lade ich meine Eltern nach Glückstadt ein. Zusammen wollen wir eine lange Liste abarbeiten, um M in ihren auslaufbereiten Zustand zu versetzen. Inzwischen ist der Mai schon fast wieder rum, und ich verbringe die Wochentage in Hamburg und stricke mit meinen Kollegen ein Sanierungsgutachten für einen Mandanten. Um acht Uhr morgens verlasse ich meine Wohnung, um viele Stunden später gegen 22 oder 23 Uhr die Tür wieder aufzuschließen. Zu Hause geht es dann noch an den Schreibtisch: E-Mails schreiben, Zwischenmieter für meine Wohnung suchen, mich um Sponsoren bemühen, Impfungen erledigen, eine Bordapotheke zusammenstellen (lassen), Details zu Ausrüstungen nachfragen und vieles mehr. Meist gegen ein oder zwei Uhr morgens liege ich im Bett, um sieben klingelt schon wieder der Wecker. Tag für Tag, Woche für Woche. Also freue ich mich auf die Arbeitswoche mit meinen Eltern. Mein Vater bringt das nötige technische Verständnis mit, um auch Ms Elektrik zum Laufen zu bringen, meine Mutter macht artig jede Arbeit, die ihr aufgetragen wird, ich spiele den Handlanger für beide und habe einen strengen Blick auf die Liste unserer Aufgaben.

Aber es kommt anders. Am Freitag vor der Elternwoche streicht mein Chef mir den Urlaub. Vielen Dank. Doch mir bleibt keine Zeit, darüber erbost zu sein, zu viel ist zu tun, und meine Eltern sind Kummer gewöhnt. Als sie anreisen, wissen sie bereits, dass ich ihnen nicht helfen kann, lassen sich die Laune aber nicht verderben. Schon ein komisches Gefühl – ich sitze im Büro, und Vater und Mutter basteln an meinem Boot herum. Zwischendurch besprechen wir uns telefonisch, sie haben Spaß bei der Arbeit, das Wetter ist hervorragend, und auch erste Bekanntschaften können sie auf dem Werftgelände knüpfen. Mein schlechtes Gewissen hält sich entsprechend in Grenzen. Ein Feiertag teilt die Woche in zwei Hälften und gibt auch mir die Gelegenheit, einen Tag lang bei der Arbeit zu helfen. Es wird gemalt und gehämmert, ausprobiert und getüftelt. Sogar mein Bruder und seine Freundin reisen aus Osnabrück an, um uns mit Grillgut und Salaten zu versorgen. Ich gebe den beiden alle alten Polster mit auf den Weg in die Heimat. Diese stinken bis zum Himmel nach Diesel, Öl und Muff. Ich werde sie ersetzen, denn allein vom Anfassen bekomme ich Ausschlag – so abgeranzt sind sie. Leider brauche ich sie noch als Muster für die neuen Kissen. Als wir gerade die Bratwurst vom Grill nehmen, kommt die Post und liefert meinen neuen Kartenplotter mit Radar und Echolot. Wir können es nicht erwarten, die Technik einzubauen, und schon knapp eine Stunde später kann ich das erste Radarbild sehen. Leider ist nicht viel mehr als ein roter Kreis auf dem Monitor zu erkennen, aber ich bin zuversichtlich, nach der Lektüre der Bedienungsanleitung und der Einstellung des Gerätes ein brauchbares Bild erzeugen zu können.

Die Tage vergehen, Stück für Stück setzt sich das große Puzzle »Segelboot« zu einem Bild zusammen. Ein Geräteträger für Radar, GPS, Antenne und Windgenerator wird entworfen, neue Fallen sind auch in den Mast eingezogen. Insbesondere bei den neuen Fallen habe ich mir selbst ein sprichwörtliches Bein gestellt. Die alten Fallen waren abgewetzt. Da ich sie eh ersetzen wollte, hatte ich es für eine gute Idee gehalten, sie in Holland vor dem Transport einfach aus dem Mast zu ziehen. Dass ich später stundenlang mit Zaundraht, Taschenlampe und viel Geduld eine Sorgleine in den Mast fummeln würde, hat mir niemand gesagt. »Das hättest du dir doch denken können«, habe ich häufig gehört. Stimmt ja auch.

Das neue Echolot findet seinen Platz im Rumpf, und tausend kleine weitere Arbeiten werden erledigt. Drei Wochen später geht M an einem Freitag zu Wasser. Die Mitarbeiter der Werft erledigen die Arbeit, denn ich kann leider nicht dabei sein, sitze im Büro und arbeite. Zu gern hätte ich zugesehen, wie mein erstes Segelboot zum ersten Mal in deutschen Gewässern schwimmt. Als ich mich nach dem Erfolg der Wasserung am Nachmittag bei der Werft erkundige, heißt es nur: »Noch schwimmt sie.«

Am Samstagmorgen hält mich nichts in Hamburg. In Stellingen geht es auf die A 7, ein paar Meter später auf die A 23 Richtung Heide. In Hohenfelde, Ausfahrt 12, Richtung Glückstadt, am McDonald's vorbei (ein Eis mitnehmen), einmal links, einmal rechts, gerade durch den Kreisverkehr, und 40 Minuten nach dem Verlassen meiner Wohnung sehe ich M im Wasser schwimmen. Das Hafenwasser spiegelt ihren dunklen Rumpf, das feuerrote Unterwasserschiff leuchtet, und ich kann mir schon richtig gut vorstellen, mit ihr in See zu stechen. Ich montiere den Baum und schlage das Großsegel an, befestige das Baumkleid. Endlich sieht sie aus wie ein richtiges Segelboot und nicht mehr wie eine Baustelle. Der Motor springt sofort an und blubbert wie ein Traktor vor sich hin, aus dem Auspuff spritzt das Kühlwasser den Steg nass. Was für ein schöner Tag.

Mit großen Schritten geht es der Abfahrt entgegen. Wieder einmal kann ich dank des Einsatzes meiner Eltern einen großen Punkt von der Agenda streichen: das Problem mit dem Geräteträger. Nach meinen Zeichnungen wurde aus Stahl ein Geräteträger geschweißt und anschließend verzinkt. Den Industrial-Design-Award werde ich damit nicht gewinnen können, aber es funktioniert. Am Heckkorb gibt es bereits eine passende Vorrichtung für die Montage, und so müssen wir das Stahlrohr nur noch aufstecken und verschrauben. Die Werft hat M inzwischen schon ins Päckchen neben eine andere Yacht gelegt. Zum ersten Mal werde ich nun als Skipper mit M auslaufen. Der Motor macht mit, und so tuckern wir in einer großen Schleife durch das Hafenbecken, um am Ende an einem kleinen Steg festzumachen. Kurz vor dem Anlegen, als ich das Ruder hart einschlage, bricht die Pinne. Huch, denke ich, und muss den Anleger nun mithilfe des verbliebenen 20 Zentimeter langen Holzstummels fahren.

»Da hast du ja noch einmal Glück gehabt«, meint mein Vater, nachdem M am Steg liegt.

»Wieso das?«

»Stell dir mal vor, das wäre dir mitten auf der Nordsee passiert!«

Recht hat er. Die Werft bietet an, mir für knapp 250 Euro eine neue Pinne anzufertigen. Die wäre dann sogar etwas gebogen und aus Mahagoni. Ich entscheide mich jedoch lieber für die Ausführung in Esche, die ich beim Tischler um die Ecke sägen lasse, ein Bekannter macht die eckigen Balken rund, und ich selbst versehe das Ding mit einer ordentlichen Menge Lack. Nun habe ich drei Pinnen für 30 Euro – und zwar insgesamt.

Schnell sind der Windgenerator und das Radar montiert. Mit einer Flasche Sekt üben meine Eltern und ich die bevorstehende Taufe, machen ein paar Fotos von M und mir in meinem gesponserten Ölzeug; die *Neue Osnabrücker Zeitung* wird über meine bevorstehende Reise berichten. Das Wichtigste ist mir jedoch die Flagge am Heck. Nun endlich weht die Nationale an ihrem vorgesehenen Platz. Während der Reise werde ich mich immer wieder über das flatternde schwarz-rot-goldene Tuch freuen, auch wenn es durch die Sonne etwas ausbleicht und am hinteren Ende etwas fransig wird. Es ist immer ein schönes Bild, wenn an einem Schiff eine Flagge am Heck weht und auch am Ende der Welt an die Heimat erinnert.

M ist fast startklar. Nur wenige Monate später sitze ich in meiner ungefähr drei Quadratmeter großen, schwimmenden Behausung, draußen schlagen die Wellen gegen den Rumpf, der Wind heult im Rigg. Hin und her, hin und her werde ich geschaukelt. Hier verzichte ich auf den Komfort der modernen Welt. An Bord gibt es keinen Kühlschrank, kein warmes Wasser, Strom nur in begrenzter Menge, kein ordentliches Badezimmer, und auch der Rest ist eher bescheiden. Ich vermisse nichts, mit niemandem möchte ich jetzt tauschen.

Neue Richtung: Kurs Süd

29. August 2009 bis 1. September 2009

2 Tage 22 Std 59 Min

1,5 %

268 sm

2,3 %

Seemeilen: 612–880

Nach dem Einsteigen (in die Rettungsinsel): Bewahren Sie Ruhe und Ihren Humor, eine gute Verfassung ist von äußerster Wichtigkeit.

Aus der Bedienungsanleitung meiner Rettungsinsel

Der Blick auf die Wetterdaten kommt mir vor wie ein schlechter Film. Ein Tiefdruckgebiet jagt das nächste über den Atlantik, sie schieben sich zwischen Island und den Färöerinseln hindurch und verschwinden mit Kurs Spitzbergen. Hier auf den Shetlands und weiter südlich führt das zu starken bis stürmischen Westwinden, und das bedeutet leider: mir genau auf die Nase. Nach nur sieben Tagen in Lerwick wollen wir weiter, aber der Wind lässt uns nicht. »Ein geduldiger Skipper hat immer guten Wind«, sagt man, aber ich bin nicht geduldig, war ich noch nie. Es sieht wohl so aus, als müsste ich hier in Lerwick auf mein Wetter warten. Ein Freund fragt mich via Facebook, ob ich auch durch den Kaledonischen Kanal fahren werde. Diese knapp 60 Seemeilen lange Verbindung zwischen Schottlands Ost- und Westküste ist eine Wasserstraße, sie klingt interessant, und daher ringe ich mich nach der Konsultation von Segelfreunden zu einer Planänderung durch: Der Aufenthalt in Stornoway auf den Äußeren Hebriden wird gestrichen, und stattdessen geht die Reise Richtung Süden, nach Inverness. Dort befindet sich der Eingang zum Kaledonischen Kanal. Mit den angesagten Winden um sechs, später acht Beaufort wird es eine ruppige Fahrt werden.

Meinen Abschied von Lerwick habe ich auf 14 Uhr festgelegt. Vorher bleibt also noch Zeit, mir den Magen vollzuschlagen. Ich nehme die Empfehlung des Lotsen an und suche die Pommesbude in der Law Lane auf, wo einige Minuten später bereits die Wahl auf den Cheeseburger mit Fritten fällt.

»Das dauert ein wenig, ich mache das ganz frisch für dich«, ist die vielversprechende Ankündigung der Servicekraft. Die Darstellung des späteren Geschmackserlebnisses möchte ich hier aussparen.

Durch das Tiefdruckgebiet war ich zwei Tage länger in Lerwick als geplant. Daher darf ich bei der Port Control noch einmal nachzahlen.

Der Hafenmeister rechnet vor: »Du hast bezahlt bis zum 27. Der geht ja in den 28. hinein. Heute ist der 29., also musst du noch einen Tag nachzahlen.«

Ja, genau! So ähnlich hatte ich das auch gerechnet. Mit dem Ergebnis bin ich jedenfalls zufrieden. Hätte er drei Tage ausgerechnet, hätte ich protestiert, bei zwei Tagen nichts gesagt, und bei einem Tag schweige ich lieber und zahle schnell. Gut, dass keiner gemerkt hat, dass ich die ganze Woche über Strom geschnorrt habe.

Leinen los. Mit leicht flauem Gefühl in meinem Magen tuckert M mit mir aus der Hafenausfahrt, und wir drehen nach Süden ab. Ich bin nervös. Bei der Routenplanung nehme ich bewusst einen Umweg in Kauf. Solange es aus Westen bläst, möchte ich direkt nach Süden segeln, und mit dem Winddreh soll es dann Richtung Westen gehen. So weit jedenfalls die Pläne. Dass Pläne aber für den Segler wenig bedeuten, durfte ich ja schon feststellen: Die Stichworte »Norwegen« und »Inverness« sollen einfach mal für sich sprechen. Unter der Landabdeckung sind die Wellen noch angenehm klein. Ich binde das zweite Reff ins Groß und lasse vorn die Arbeitsfock fliegen. Für Windstärke sechs ist das recht wenig Segelfläche, aber wenn es später noch etwas auffrischt, muss ich wenigstens nicht mehr aufs Vorschiff, um die Segel zu wechseln. Im Bug fühle ich mich nämlich noch nicht ganz zu Hause, vor allem nicht bei Nacht. Ich habe vielmehr Angst, dort vorn bei dem Seegang herumzuturnen.

Nach 30 Minuten auf See vergreife ich mich an den Mini-Muffins, die sich irgendwie an Bord geschlichen haben. Was sich der Proviantmeister dabei wohl gedacht hat? Sollten sie nicht schmecken, könnte ich jetzt noch umdrehen und sie umtauschen. Das klingt für mich plausibel genug. Vier Stück werden weggefuttert. In der Dämmerung kommt der Wind, und gleichzeitig beginnt für mich die schönste Zeit auf See: die Nacht. Mit dem Sonnenuntergang kehrt Ruhe ein an Bord und auf dem Meer. Eine Phase, die ich auch am letzten Tag der Reise noch genießen werde.

Wir segeln vorbei an Fair Isle, einer kleinen Insel, auf der weniger als 100 Menschen leben. Sie sei auf jeden Fall einen Stopp wert, hatte der Lotse in Lerwick gesagt. Wir passieren sie in einigen Meilen Abstand und sehen sie nur als Umriss gegen den Sonnenuntergang. Ein anderes Mal werden wir anlanden, ganz bestimmt. Ich liege in der Koje und höre die Wellen gegen die Steuerbordseite knallen. Wasser gurgelt über das Deck. Das Ganze hört sich ziemlich bedrohlich an. Regelmäßig werfe ich einen Blick in die Bilge, um sicherzustellen, dass das Leck vorn im Ankerkasten wirklich dicht ist. Jetzt wieder 200 Liter Wasser pro Nacht aus dem Boot pumpen zu müssen, wäre ein Albtraum. Aber alles ist trocken. M macht ihre Sache super, stellt ihre Seetüchtigkeit unter Beweis und gewinnt so mehr und mehr mein Vertrauen. So beginne ich meinen üblichen Schlafrhythmus, bei dem ich mich alle 30 Minuten von einer Eieruhr wecken lasse. Dann heißt es: Ölzeug anziehen, einen Blick auf den Kartenplotter, einen Blick rundum und dann wieder raus aus dem Ölzeug. Das umständliche Umziehen nehme ich gern in Kauf, um das Salz und das Wasser aus dem Wohnbereich fernzuhalten. Die Coladosen klappern im Schrank. Der Korb mit Wäscheklammern, der an der Decke hängt, stößt gelegentlich gegen eine Stütze. Seit Tag eins steht auf der To-do-Liste, dass sich da mal jemand drum kümmern soll. Wie schön wäre nun eine helfende Hand. Dann müsste ich nicht aufstehen und es selber machen. Wie schön wären auch ein Smutje und ein Maschinist. Aber da der Skipper eben auch die nicht vorhandene Crew ersetzt, hat sich bisher noch keiner erbarmen können. Dem Skipper mangelt es offensichtlich an Autorität an Bord. Apropos Skipper: Der redet zwar nicht viel, aber Geräusche macht der auch, zum Beispiel die »Oohs« und »Aaahs«, wenn er versucht, bei drei Metern Seegang sein Ölzeug anzuziehen. Oder ein kleines »Aua«, wenn er einfüßig auf dem Boden steht, einen Stiefel anzieht und dann irgendwo dagegenfällt.

Am Morgen des zweiten Tages schläft der Wind ein und beschert mir so eine Stunde Schlaf am Stück. Ungewohnte Geräusche ziehen mich an Deck. Delfine! Endlich. Die Tiere sind zwar schwer zu fotografieren, aber toll anzusehen. Insbesondere die Wirbel hinter Ms Kielflosse und dem Ruder scheinen es ihnen angetan zu haben. Die letzten 40 Seemeilen nach Inverness muss ich leider motoren: kein Wind oder nur ganz wenig Wind von vorn. Ich sitze auf dem Vorschiff und lese Hape Kerkelings Buch »Ich bin dann mal weg«. Ein paar Seemeilen vor Inverness verlassen wir das Fahrwasser, um ein paar Kabellängen Strecke zu sparen. Das stellt sich als keine gute Idee heraus, denn obwohl die Seekarte 3,50 Meter Wassertiefe anzeigt und das Wasser gerade aufläuft, sitzen wir plötzlich auf Grund. Mit hartem Rudereinschlag und Vollgas kommt M aber sofort wieder frei. Die Leute vom Schifffahrtsamt haben sich offensichtlich etwas dabei gedacht, die Fahrwassertonnen dorthin zu stellen, wo sie stehen. Ich habe mal gelesen: »Es gibt zwei Arten von Skippern, die noch nie eine Grundberührung hatten: Die erste Art lügt, und die zweite hat noch nie den Hafen verlassen.«

»Wo kommst du denn her?«, fragt mein Liegeplatznachbar neugierig auf Englisch, als ich im Hafen die Festmacherleinen noch in der Hand habe.

»Von den Shetlands.«

»Nein, ich meine deine Heimat.«

»Deutschland.«

»Und was isst du heute Abend?«

»Ich habe noch keine Pläne.«

»Gut, ich habe ein Auto hier. Lass uns zum Essen fahren.«

Eine nette Begrüßung nach meinem Geschmack. Und mein Magen freut sich auch. Der knurrt nämlich ganz ordentlich; während der knapp 250 Seemeilen langen Überfahrt gab es leider keine richtig warme Mahlzeit. Als ich zu Martin ins Auto steige, merke – beziehungsweise rieche – ich, dass er wohl schon einen kleinen Schnaps getrunken hat. Mit knapp 30 Stundenkilometern fahren wir nach Dores am Loch Ness. Martin ist ein toller Erzähler. Seine 60-Fuß-Colin-Archer-Yacht repariert er derzeit in Inverness, nachdem sie von einer Fähre gerammt wurde. Anschließend möchte er sie nach London überführen, wo sie seinem Sohn als Wohnung während des Studiums dienen soll.

»Londons neue beste Party-Location?«, murmle ich leise vor mich hin, und Martins Gesichtsausdruck verrät, dass er ebendieses befürchtet.

Nach dem Schulabschluss war sein Sohn nach Japan gereist, um japanische Schulkinder ehrenamtlich für die Dauer eines Jahres Englisch zu lehren. Im Anschluss war er mehrere Monate lang durch Afghanistan gewandert.

»Ich weiß nicht, womit uns das Kind als Nächstes überraschen wird«, brummt mein Liegeplatznachbar nicht ganz ohne Sorgen.

Ob meine Eltern sich so etwas auch denken? Unsicher fühle ich mich auf dem Beifahrersitz. In einer Art Schlangenlinie fährt Martin mal ein wenig auf dem Grünstreifen, mal ein wenig auf der falschen Spur. Hoffentlich geht alles gut. Die angepeilte Bar hat er mir mit dem Satz angekündigt: »Tolle Location, aber schlechte Geschäftsleute.« Und er hat recht. Die Bar liegt direkt am Ufer des Loch Ness mit einem atemberaubenden Blick über den ganzen See. Das Gebäude ist nur 20 Meter entfernt vom Ufer, hat jedoch kein Fenster zur Seeseite und keine Sitzgelegenheiten in Wassernähe. Diesen Ort nutzt man unverständlicherweise lieber als großen Parkplatz. Leider ist die Küche jetzt um neun Uhr bereits geschlossen. Im Schleichtempo, welches mir in

Martins Zustand ganz lieb ist, geht es zurück nach Inverness, wo wir in einer alten Kirche ein gerade neu eröffnetes Restaurant finden. Dort kehren wir ein und essen gegrillten Lachs mit gedünsteter Paprika und einer super Soße, dazu Kartoffeln und frisches Gemüse. Zum Dessert gibt es einen heißen Schokoladenkuchen mit einer Kugel Eis. Begleitet wird das Ganze von zwei Flaschen Nessie-Bier. Wir unterhalten uns weiter prächtig, wenngleich wir nicht richtig in dieses Restaurant passen. Ich trage Stiefel, Martin hat einen farbtropfendekorierten Pullover an, die anderen Gäste tragen Anzug. Als wir die Fahrt in Martins Auto – wen wundert seine Auskunft über drei zu Schrott gefahrene Wagen in den letzten vier Monaten – sicher und erleichtert beendet haben, gibt es an Bord seines Bootes noch einen kleinen Whisky. Leicht angetrunken krabble ich wenig später in meinen Schlafsack und falle sofort in den Tiefschlaf.

Kanalfahrt

1. September 2009 bis 7. September 2009

5 Tage 20 Std 0 Min

3,0 %

5 l sm

0,4 %

Seemeilen: 880–931

Die Reisezeit durch den Kanal nimmt ca. 14 Stunden in Anspruch. Aber wieso diese Eile?

British Waterways Scotland – Der Schifferguide für den Kaledonischen Kanal

Die Inverness-Marina ist nicht wirklich schön. Sie liegt fernab der Innenstadt in einem Industriegebiet: viel Beton, wenig Leben. Grund genug, M am zweiten Tag in den Kaledonischen Kanal zu verholen. Nach nur 40 Minuten liegt sie in der Schleuse. Nach der ersten Nachtfahrt, dem ersten Mal segeln als Einhandsegler und dem ersten Mal segeln in der Nordsee kommt nun weiteres Neuland hinzu: schleusen.

Im Schleusenwärterhäuschen darf ich für die Passage des gesamten Kanals 150 Pfund bezahlen und erhalte gleichzeitig die Erlaubnis, dafür sieben Tage zu brauchen. Der Schleusenwärter erläutert mir, dass der Kaledonische Kanal in der Zeit von 1803 bis 1822 erbaut wurde. 29 Schleusen gleichen die Höhenunterschiede zwischen den vier natürlichen Seen und den knapp 35 Kanalkilometern aus. Das ursprünglich angestrebte wirtschaftliche Potenzial hat der Kanal nie erreicht. Heute dient er vornehmlich der Freizeitschifffahrt als Urlaubsvergnügen. Nach der Passage des Sealocks (der Schleuse in die Nordsee) ist die Fahrt zur zweiten Schleuse nicht mehr weit.

»Hello, Caribbean Man«, ruft mir die Schleusenwärterin des Cllachnaharry Work Locks freudig winkend zu, als ich in die Schleuse einfahre, denn über Funk hat sie schon von meiner Ankunft und auch von meinen weit west führenden Reiseplänen erfahren.

Es dauert keine 30 Minuten, und ich lege in einem leicht holprigen Manöver in der Seaport-Marina in Inverness an; gut, dass es Fender gibt. Aus der Backskiste wühle ich meine Freundin Rosalie Klapprad hervor, falte sie auseinander und schwinge mich auf den Sattel. Das Ziel heißt Lidl, denn die Süßigkeitenvorräte wurden während der Überfahrt von den Shetlands stark dezimiert. Nach ein paar Hundert Metern stelle ich fest, dass ich das Fahrradfahren hier lieber lassen sollte, doch erst nachdem mich das zweite Auto anhupt, merke ich, dass ich auf der falschen, der rechten Seite unterwegs bin. Ab sofort fahre ich nur noch auf dem Bürgersteig, das scheint mir am sichersten zu sein. In der Bratpfanne brutzelt bald das Hähnchenschnitzel, und in der Waschmaschine schleudert meine Wäsche. Nach nun drei Wochen auf Reisen ist der erste Wäscheberg fällig. Leider ist das alles ein wenig umständlicher als zu Hause, denn die Waschmaschine steht nicht im Keller, sondern rund 400 Meter entfernt im Marinagebäude. Nebenbei schreibe ich noch ein paar Zeilen für meine Internetseite und ärgere mich über den viel zu teuren und dazu noch langsamen Internetzugang im örtlichen Hotspot.

Am nächsten Morgen passiert M gegen zehn Uhr die erste Schleuse des Tages, einen Schleusenflight sogar. Flights werden hier Schleusentreppen genannt, also mehrere direkt hintereinander gebaute Hebewerke. Das ist aufregend, denn ich muss meine geplante Passage per Funk beim Schleusenwärter anmelden. Ich habe noch nie gefunkt und habe auch keinen Funkschein. Aber weil es nicht anders geht, schnacke ich per Funk an, und es klappt prima. Anfang September ist hier schon die Saison vorbei. Meist bin ich das einzige Boot in den Schleusen. Die Schleusenwärter haben daher immer Zeit für einen kleinen Plausch und interessieren sich natürlich sehr für ein kleines Segelboot aus Deutschland, das am Vortag eine Reihe Sponsorenflaggen gesetzt hat. Nach drei Schleusen haben sich bereits vier der Schleusenwärter angeboten, meine doch recht kleine Crew zu ergänzen. Kämen sie wirklich mit, würde es langsam eng an Bord werden. Der Lotse aus Lerwick hätte ja auch gern angeheuert. Die sieben von Menschenhand geschaffenen Teilstücke des Kaledonischen Kanals erinnern mich an den Zweigkanal in Osnabrück, der sich unweit meines Elternhauses befindet. Nur die imposanten, saftig grünen Berge haben wir nicht. Die Landschaft hier ist wirklich beeindruckend, und M tuckert durch das von Torfsedimenten schwarz gefärbte Wasser. Da es hier im Kanal viel zu eng ist, um die Pinne von meinem Autopiloten steuern zu lassen, kommen wir dem Ufer das ein oder andere Mal bedrohlich nahe, während ich mal wieder nach der Kamera greife, in die Karte gucke oder auf dem Boot herumturne.

Ich hüpfe über die drei Stufen unter Deck, nehme das Mikro in die Hand, möchte voller Vorfreude die nächste Schleuse anfunken und mich ankündigen. Das lasse ich dann lieber, denn »Dochgarroch« kann ich beim besten Willen nicht englisch aussprechen. Der Schleusenwärter ist ohnehin nicht da. An seiner Kanzel hat er einen laminierten Zettel aufgehängt: »Ich bin Donald John, Ihr Schleusenwärter. Von manchen Auserwählten DJ genannt, von wenigen Opa. Leider befinde ich mich gerade in meiner wohlverdienten Mittagspause. Danach werde ich aber gestärkt zurückkommen und mich freuen, Ihnen noch besser helfen zu können. Genießen Sie in der Zwischenzeit das schöne Wetter. Sollte es regnen, dann machen Sie sich keine Gedanken. In drei Minuten kommt noch mehr.« Ich gehe leicht schmunzelnd zum Boot zurück. Zehn Minuten später wird M schon geschleust.

25 Minuten später bin ich im Loch Ness. Das ist wirklich ein langer und teilweise über 200 Meter tiefer See. Von Martin habe ich erfahren, dass in der nordöstlichen Ecke des Sees bei passenden Winden eine bis zu einem Meter hohe Brandung an den Strand schlägt. Nach knapp zwei Stunden gebe ich das Projekt »Fangt Nessie« auf und hole die Angel wieder ein. Aus der Traum von »Dirk dem Nessiefänger«. In Lerwick hatte ich versucht, einem Fischer sein Schleppnetz abzuschwatzen, denn damit hätte es sicher geklappt. Heute steht jedoch fest: Ich komme wieder, und dann ist Nessie fällig. Loch Ness ist sehr beeindruckend. An den Ufern ragen Hunderte Meter hohe Berge in den Himmel. Ich höre keinen Laut, weder Vögel noch Anzeichen von Zivilisation. Auf meiner Karte ist ein Schloss an der Backbordseite eingetragen. Als ich daneben, klein in Klammern, den Hinweis »private« lese, werde ich neugierig. Wem gehört das wohl?

Ich beschließe kurzerhand, das bei Google herauszufinden, und widme mich wieder der Lektüre von Hape Kerkelings Buch. An Bord genießt es die Nachbarschaft von allerlei Segelliteratur, einschließlich der Standardwerke von Erdmann und Röttgering. Derzeit fehlt mir leider noch der Mut, während meiner eigenen Segelreise abenteuerliche Geschichten über Stürme im Südpolarmeer und Kenterungen zu lesen. Ein kleiner Schauer zieht über M hinweg. Ich sitze unter der Sprayhood und lese. So vergeht die Zeit im Loch Ness. Immer wieder ein Blick in die Runde, eine atemberaubende Kulisse. Irgendwo muss hier eine rote Tonne kommen. Leider kann ich sie nicht sehen, suche daher mit dem Fernglas die Umgebung ab und singe dabei »Eine rote Tonne, die muss hier im Wasser stehn …« zur Melodie von »Drei kleine Italiener«. Gut nur, dass mich keiner hören kann. Fort Augustus ist der Himmel auf Erden. Es riecht nach Wald und nach Natur, Vögel trällern in den Bäumen, die Luft ist kühl und klar. Loch Ness liegt spiegelglatt vor dem alten Kloster. Der Mitgliedsbeitrag im örtlichen Golfklub kostet 100 Pfund im Jahr. Allein ein Blick auf den Platz ist das Geld schon wert. Ein saftiges Grün lädt eigentlich zu einer kleinen Runde morgen früh ein, aber ich will weiter.

Die Marinas im Kaledonischen Kanal verlangen keine zusätzlichen Gebühren. Dafür sind sie auch nicht die besten. In manch einer Dusche steigt ein modriger Geruch in die Nase, auf den weißen Decken fühlen sich kleine schwarze Punkte offensichtlich pudelwohl und neigen zu starker Reproduktion. Leider gibt es auch nicht in jeder Marina einen Stromanschluss. Kein Strom, das heißt, an Bord der M zu frieren, denn es gibt nur einen Heizlüfter zum Heizen. Da dieser leider nur mit 230 Volt funktioniert, bleibt mir keine andere Wahl, als abends einen wärmenden Schluck zu mir zu nehmen und auf die isolierenden Kräfte des Schlafsacks zu vertrauen. Am nächsten Tag sind es 13 °C unter Deck, aber nach einer Dusche stecke ich voller Tatendrang und laufe erst einmal zum Schleusenwärter rüber, um mich zu erkundigen, wann er das nächste Mal »up« fährt, also in meine Richtung. Da es bereits in 20 Minuten losgehen soll, muss ich mich ein wenig beeilen. Viele (Land-)Touristen begleiten unsere Fahrt durch den fünf Schleusen langen Flight, gehen an Land parallel neben den Booten her. Ein Schleusenwärter hilft mir als Einhandsegler bei den Leinen. Ein drolliger Kerl, mit dem ich mich nett unterhalte. Es regnet während der rund einstündigen Passage des Flights, meine Hände dampfen, aber es stört mich nicht, es passt einfach: Schottland, die alten Häuser, das schwarze Wasser, die Schleusen, das pralle Grün überall, der Regen. Und zwischendurch lässt sich immer mal wieder die Sonne blicken. Es folgen weitere Schleusen und Drehbrücken. Ich habe Glück. Ich muss eigentlich nie warten. Eine Schleuse möchte erst noch zwei Boote hinunterlassen, dann darf ich hinauf. Kein Problem. Das gibt mir Gelegenheit, ein wenig herumzulaufen, die Natur zu genießen und ein paar Fotos zu machen. Ich mag diese Gelassenheit, mit der das alles hier funktioniert. Wenn ich mit nur 0,50 Knoten oder weniger in die Schleusen mehr reintreibe als reinfahre, nehmen die Schotten das ganz locker. Auch in meinem »Skipper Guide« steht: »Bitte beachten Sie, dass die Schleuser Mittagspausen haben.« Ich finde das super. In meinem normalen Alltag zu Hause hätte ich mich darüber sicher etwas aufregen müssen.

»Nimm mich mit, Kumpel!«, ist der Ausruf des Schleusenwärters von Cullochy.

Natürlich hat auch er schon erfahren, dass ich in die Karibik möchte. Jetzt wären wir schon sieben: der Lotse, vier Schleusenwärter von gestern und einer von heute. Inzwischen haben wir Loch Lochy erreicht. Lobster – Ms 20 PS starker roter Zweizylindermotor –

blubbert fleißig vor sich hin; ein tapferer kleiner Motor. Ein leckerer
Duft nach Bäckerei in der Luft lässt mich hungrig werden. Es riecht
nicht so wie beim Bäcker in der Stadt, sondern nach einem Holzofen
in einem Museumsdorf oder auf einem antiken Markt. Ein frisches,
warmes Brot aus einem Ofen, der mit Holz beheizt wird, wäre nach
den Wochen mit pappigem Weißbrot ein Traum. In Gailochy am süd-
westlichen Ende des Loch Lochy liegt heute mein Tagesziel. Dort gibt
es nämlich einen Landanschluss, und das bedeutet, dass es an Bord
warm ist und ich Strom mit Licht, Laptop und Radio verballern kann.
Das mit dem Radio hat sich allerdings schnell erledigt. Hier gibt es
keinen Radioempfang, keine Ortschaft, kein anderes Boot, keine
Menschenseele. Ein tolles und gleichzeitig seltsames Gefühl, allein in
einer Marina zu liegen!

Am nächsten Morgen gehe ich zum Schleusenwärter und frage ihn,
wann er denn das nächste Mal »down« fährt.

Die Antwort überrascht mich: »Whenever you are ready.« Also:
Wann immer ich so weit bin.

Ich bin eigentlich sofort so weit, und schon geht es los. Da die
Schleusenwärter miteinander in Kontakt stehen, wissen sie immer
genau, wann ich aufschlagen werde. An Ms Steuerbordseite hängen
fünf Fender, eine Festmacherleine befindet sich vorn, eine hinten.
Wenn ich in die Schleuse einfahre, werfe ich dem Schleusenwärter
die hintere Leine zu, gehe nach vorn und werfe die vordere Leine an
Land. Hinten hat der Schleusenwärter (eine Schleusenwärterin gab es
nur am ersten Tag einmal) die Leine an Land einmal um einen Haken
gelegt und gibt mir das Ende zurück. Das gleiche Spiel wiederholt sich
an der Vorleine. Dann sitze ich mittschiffs auf dem Boot und halte
in jeder Hand eine Leine. Mit den Füßen stütze ich mich gegen die
Schleusenwand, um M von dieser fernzuhalten, lasse Stück für Stück
die Leinen durch die Hand rutschen, während M mit dem ablaufenden
Wasser nach unten sinkt. Fertig. Schleusentor auf, die Leinen an Bord
holen, einmal kurz von der Schleusenwand wegdrücken, und schon
geht es weiter. Heute winken mir jedoch noch zwei weitere Hände-
paare entgegen. Wo es denn hingeht, möchten sie wissen, und warum
und wie lange und überhaupt ... Was denn meine Frau dazu sage, dass
ich allein durch die Gegend reise. Meine Frau? Jetzt kommst du dir alt
vor, denke ich und antworte: »Ich bin geschieden.«

»So etwas habe ich mir schon gedacht«, entgegnet der Herr.

Wie nett – schnell weiter. Nach nur knapp zwei Stunden haben Skipper und M das Tagesziel erreicht. Ich liege im Päckchen neben einer britischen Yacht vor Neptune's Staircase, dem mit acht aufeinander folgenden Schleusen größten Lock-Flight im Kanal. Aber den werden wir erst morgen passieren. Rosalie darf vom Boot, und ich radle nach Fort William. Kaputte Fässer in Gesellschaft von den berühmten schottischen Rindern finden sich vor einer Whisky-Destille. Dann kann ich ein paar Fotos von einer alten Burgruine machen. Schon wieder guckt mich ein Autofahrer böse an. Huch, ich bin schon wieder auf der falschen Seite unterwegs. Noch sind es ein paar Kilometer bis nach Fort William – hoffentlich werde ich bis dahin nicht noch überfahren.

»Ich liebe es« ist der Werbespruch einer amerikanischen Fressbudenkette. Ich liebe es heute auch, denn hier gibt es kostenloses WLAN, ein leckeres Menü und dazu noch ziemlich gute Musik, die von einer Playlist meines iPods stammen könnte. Einzig so eine Mittvierzigerin macht mich wahnsinnig. Sie ist hier die »Managerin« (so lautet ihr Namensschild jedenfalls) und putzt ständig die Tische und Bänke ab. Den freien Stuhl an meinem Tisch hat sie schon dreimal abgewischt, obwohl dort seit 40 Minuten keiner sitzt. Der teilweise sehr schwierige, langsame und/oder restriktive Zugang zum Internet macht mir zu schaffen. Das bin ich von zu Hause anders gewöhnt.

Am nächsten Morgen stolpern wir im strömenden Regen Neptuns Treppenhaus hinunter. 6,4 Millionen Liter Wasser werden pro Schleusengang und pro Schleusenkammer bewegt, allein für mich waren es heute Morgen also 51,2 Millionen Liter. In meinem Caledonian-Canal-Buch steht, dass Wasser kein Problem sei: Der Regen würde stets welches nachliefern, und ich bekomme heute live mit, wie das mit dem Nachschub funktioniert. Vor der letzten Doppelschleuse vor dem Sealock, welches mich in den Atlantik bringt, mache ich M fest. Auf dem Weg zur Schleusenwärterin freue ich mich über die Dieseltankstelle, den Landanschluss und die Sanitäreinrichtungen direkt zwischen den beiden Schleusen. Genau da möchte ich heute übernachten. Das Wetter wird erst morgen besser. Die nette Dame gibt mir jedoch ausdrücklich und unmissverständlich zu verstehen, dass ich dort sicherlich nicht übernachten darf. Die ist heute wohl mit dem falschen Fuß aufgestanden? Nun ist guter Rat teuer. Ich plane, zunächst wieder das gute Internet bei McDonald's aufzusuchen, Vorräte für das Abendessen zu organisieren und später noch einmal bei der Schleusenwärterin vorzusprechen, ihr von dem einsamen Mann zu erzählen, der allein über den Atlantik segeln möchte, der an seinem jetzigen Liegeplatz Angst vor bösen Räubern hat und nachts ohne Strom sicher erfrieren wird. So muss es einfach klappen.

Eingedenk des Regens lasse ich Rosalie an Deck und entscheide mich für die Bahn. Der Zug hält in knapp 800 Metern Entfernung, fährt dann an Neptuns Schleusen vorbei nach Fort William. Auf dem Weg zum Bahnhof entdecke ich eine Yacht, die gerade in der Schleuse ist. Ich rufe hinüber, ob sie mich bis zur nächsten Schleuse mitnehmen können. Von dort kann ich dann auch den Zug nehmen. Schnell springe ich in der Schleuse an Bord, und es geht weiter. Die 20 Minuten lange Fahrt ist witzig. Ich werde gebeten, meine Internetadresse aufzuschreiben, und meine vier neuen Möchtegern-Crewmitglieder (damit wären wir nun zweistellig – von der Mannschaftsstärke her) fragen nach meiner weiteren Reiseplanung. Mein nächstes Ziel heißt Oban. Der Hafen dort sei mit knapp 30 Pfund pro Nacht recht teuer, erfahre ich. Aber das ist kein Problem, denn mein neuer Bekannter hat dort eine Muring, und weil er ja derzeit unterwegs ist, soll ich einfach dort festmachen. Er zeichnet die Lage der Boje auf. Falls jemand »dumme Fragen« stellen sollte, genüge ein Anruf. Er regle das dann. Sehr nett.

Die Fahrkarte für die kurze Zugfahrt nach Fort William soll ich im Zug lösen, verraten die Schilder am Gleis.

»Wo willst du hin?«, fragt der Schaffner nach dem Einsteigen. Nach Fort William sei es nur eine Station, ich solle mich setzen, und dann sei's schon gut. Gesagt. Getan.

Ich gehe erneut zu den goldenen Bögen. Die Tante mit dem Putzfimmel geht mir wieder auf die Nerven. Ich darf mich nicht setzen, sie muss erst den Tisch abputzen. Die hat bestimmt einen Putzzwang, das ist therapierbar. Ich sollte sie mal zur Seite nehmen und ihr gut zureden. Ich kaufe mir eine kleine Cola und nutze das Internet wieder schamlos aus. Die Wetterdaten verraten mir, dass ich heute besser nicht mehr weitersegeln sollte. Am Ende wird alles gut. Kaum bin ich zurück aus Fort William, erzählt mir die zuvor noch grimmige Schleusenwärterin, dass sie gerade bei meinem Boot war, und fragt, ob ich nicht lieber in das Schleusenbecken vor dem Sealock will.

»Ganz allein da hinten«, meint sie grinsend und reibt sich die Augen, als würde sie weinen.

Ich lasse meine Einkäufe bei ihr stehen und eile sofort zum Boot, um es zu holen. Nach der Rückkehr bringt mir die nette Schleusenwärterin meine Tüten zum Boot und hilft beim Vertäuen. Wir schnacken noch ein wenig, jedoch bricht sie nach ein paar Minuten bibbernd ab und meint: »Komm rein ins warme Büro. Da bekommst du auch eine Tasse Tee.«

Später am Nachmittag läuft noch eine Segelyacht in die Schleuse ein. Sie schleppt ein Schlauchboot hinter sich her. Ob das so eine gute Idee ist in den Schleusen, frage ich mich noch. Doch sie schafft es durch die Schleuse und soll vor M anlegen. Beim Wenden und bei den sechs Windstärken Seitenwind landet jedoch das Schleppseil in der Schraube und das Schlauchboot unter der Yacht. Diese treibt manövrierunfähig mit dem Bug auf zwei große alte Fischerboote zu. Um zu helfen, erlaube ich mir, die verlassenen Fischerboote zu betreten, und schaffe es, einen dicken Fender – ausgeliehen vom Fischerboot – zwischen dem Bug der Yacht und der Stahlbordwand des Fischers zu platzieren. Das Geschehen lockt auch die beiden Schleusenwärter an.

»Bekommen wir einen Rabatt wegen der Unterhaltung, die wir bieten?«, möchte die Crew wissen.

Diese Neuankömmlinge auf der Rocking Horse sind irgendwie interessant. Zuerst halte ich die »Do we get a discount«-Dame für die Schwiegertochter des Mannes mit den weißen langen Haaren und der Frau unter der Kapuze. Doch deren Ehemann ist der mit den lockigen braunen Haaren. Weit gefehlt, wie sich später rausstellt. Das klärte sich auf, als mich die Crew zum Abendessen mit Tetrapackwein-Umtrunk einlädt. Unter Deck brennt ein kleiner Holzofen.

Der Morgen beginnt schrecklich mit viel Regen und ordentlich Wind. Es ist kalt, und ich leide unter einer morgendlichen Unlust- und Heimwehattacke. So schlimm war es noch nie. Trost suchend melde ich mich telefonisch bei den Eltern.

»Wir sind gerade beim Sektfrühstück und haben eigentlich gar keine Zeit.«

Na toll. Meine leicht bedrückte Stimmung hält leider den ganzen Tag an. Auch am Abend. Ich muss weiter. Wieder auf See. Raus aus diesem Jeden-Abend-festmach-Trott. Vom Liegeplatz aus kann ich Fort William sehen. Die Stadt zieht sich von der Küstenlinie aus einen Berg hinauf. Orangefarbene und weiße Lichter beleuchten den Fuß des Berges, mit den rot und grün blinkenden Fahrwassertonnen ist das fast ein Foto wert. Aber es ist zu nass draußen.

Durch die Gezeiten der Irischen See

7. September 2009 bis 18. September 2009

10 Tage 18 Std 0 Min

5,6 %

262 sm

2,2 %

Seemeilen: 931–1193

Schottlands Westküste bietet großartiges, wenngleich wildes Segeln und eine unvergleichliche Landschaft. Im Sommer kompensieren die langen Tage und die Wärme des Golfstroms die niedrigeren Lufttemperaturen und die höheren Windgeschwindigkeiten, die durch die typischen Tiefdruckgebiete im Norden des Landes entstehen. Die landnahen Winde sind durch die geografischen Einflüsse der Lochs, der Berge und der vorgelagtern Inseln teilweise unberechenbar; Flaute und Böen können sich zügig abwechseln.

Reeds Nautical Almanac 2009 – Atlantic Europe from the Tip od Denmark to Gibraltar

Die in meinem GPS als Route 5 eingespeicherte Wegstrecke ist nur 30 Seemeilen lang. Nach dem ersten Schleusengang geht es raus in den Atlantik. Das Wasser läuft ab und zieht uns quasi an Fort William vorbei. An Backbord könnte man den Ben Nevis, den höchsten Berg Schottlands, sehen, wenn nicht die Wolken alle Berge auf einer bestimmten Höhe abschneiden würden. Der laut Wetterbericht aus Westen pustende Westwind kommt – wie sollte es anders sein – immer direkt von vorn. Durch die Enge bei Corran wird M dank Gezeitenstrom mit bis zu 8,7 Knoten über Grund gezogen, doch als wir Loch Linnhe erreichen, stampfen wir gegen steile kurze Wellen an. Der Gezeitenstrom steht direkt gegen den Wind. Wir machen 1,2 Knoten, fast jede Welle kommt über die Bugspitze an Deck. Unter Deck scheppert alles. Der Pinnenpilot steuert M durch dieses Chaos, während ich im Cockpit sitze und am liebsten heulen möchte. Aber dazu bin ich zu wütend, schreie deshalb lieber die Wellen, den Gezeitenstrom und diesen verfluchten Wind an. Der Spaß an der Reise: weg. Die Vorfreude auf fremde Häfen und Menschen: weg. Das Fernweh: weg. Das Seefieber: weg. Ich habe null Bock mehr. Seit meiner Ankunft auf den Shetlandinseln ist der Wind gegen mich. Zwar bin ich kein Schönwettersegler, aber – steter Tropfen höhlt den Stein – dieser andauernde Kampf gegen die Natur kostet eine Menge Kraft. Hape Kerkeling schreibt in seinem Buch, dass ihm der Jakobsweg erst die gesamte Kraft nahm und sie dann doppelt wieder zurückgab. Ich glaube, mit der See ist es ähnlich, und am ersten Punkt bin ich gerade. Es dauert ein paar Stunden, bis wir geschützt zwischen dem schottischen Festland und Lismore Island wieder ein wenig Fahrt aufnehmen können. Bis Oban ist es nicht mehr weit, und ich hoffe, dass wir dort noch einen Liegeplatz bekommen, denn der Wetterbericht erwartet für die Nacht einen Sturm mit bis zu zehn Windstärken – sicher werden viele Boote den Hafen aufsuchen.

Nach einer gefühlten Ewigkeit auf See winkt uns das Glück. Erleichtert vertäue ich M an einem der Schwimmstege, wir haben den letzten Liegeplatz bekommen. Nachts um halb vier muss ich mich umbetten. Der Wind hat stark zugenommen, und trotz der geschützten Lage des Hafens ist es recht wellig geworden. Ich schlafe in der den Wellen zugeneigten Koje und beschließe, den Rest der Nacht auf der gegenüberliegenden Seite zu verbringen, um nicht aus dem Bett zu fallen.

Außerdem binde ich noch weitere Fender auf die Steuerbordseite. Der Wind heult im Rigg, leichter Regen steht waagerecht in der Luft. Überall im Hafen sieht man kleine Lichtkegel von Taschenlampen, woran ich erkenne, dass auch andere Segler ihren Booten weitere Fender und Festmacherleinen spendieren. M reißt an ihren Leinen, holpert in den Wellen, aber ich bin müde genug, um trotzdem recht angenehm zu nächtigen.

Die Marina in Oban liegt auf einer kleinen, dem Ort vorgelagerten Insel. Oban ist eine kleine schottische Stadt mit den typischen grauen Häusern. Ein kostenloses Wassertaxi verbindet Insel und Festland. Im Gegensatz zu den Auskünften der Segler im Kanal ist die Marina gar nicht so teuer, wie ich befürchtet habe. Drei Nächte schlagen mit 55 schottischen Pfund zu Buche. Noch eine Lektion, die ich auf der Reise lernen durfte: Neben dem britischen Pfund gibt es auch das schottische Pfund. Es sind unterschiedliche Scheine und Münzen, der Umrechnungskurs ist 1:1. Ich kaufe eine Flasche McAllan-Whisky und schicke ihn auf dem Postweg zu meinem Kumpel Stefan (»Du musst mir aus Schottland unbedingt eine Flasche Whisky mitbringen!«) nach Deutschland. Ich hatte drei Schleusenwärter im Kanal nach einem guten Whisky gefragt, und alle drei hatten diese Marke empfohlen. Hoffen wir, dass sie Geschmack haben. Ich kann diesem Zeug nichts abgewinnen und freue mich bereits auf die Regionen, wo man statt zur Whisky- zur Rumflasche greift.

Am Abend bin ich auf einen Umtrunk auf eine deutsche Yacht eingeladen. Dort treffe ich neben dem Eignerpaar auch auf zwei Techniker der Werft. Sie ersetzen die knapp 100 Meter langen Wasserleitungen an Bord, da sich die Weichmacher aus ihnen lösen und das Wasser schäumen und unangenehm riechen lassen. Die fast nagelneue 54 Fuß lange Yacht sieht aus wie eine große Baustelle, überall wurden Bodenbretter hochgenommen, und viele Schläuche liegen herum. Die beiden Techniker leisten uns beim Abendessen Gesellschaft, denn das Wassertaxi verkehrt wegen des noch immer starken Windes erst später am Abend wieder. Jochen, der Skipper, ist bereits einmal über den Atlantik gesegelt und weist mich auch auf das Kakerlakenproblem bei der Verproviantierung für die Atlantiküberquerung hin. Wieso habe ich davon noch nie etwas gehört? Keines der Bücher, die ich bisher über ausgedehnte Segeltouren gelesen habe, thematisiert dieses Problem. Zumindest bin ich nun gewarnt. Wir haben einen netten Abend, und schon am nächsten Tag soll es weitergehen.

Die nach wie vor ungünstige Windlage – nun gar kein Wind mehr nach dem Sturm – veranlasst mich, noch eine Abkürzung zu nehmen. Statt um die Mull of Kintyre, eine Halbinsel, die weit in den Atlantik hineinragt, herumzusegeln, entschließe ich mich, durch den Crinan Canal zu fahren. Kurz vor dem Auslaufen kommt noch Jack vorbei. Er und sein Boot sind mir sofort aufgefallen. Seine Segelyacht ist aus Stahl und trägt den Namen Wolf, sie ist pechschwarz, hat sogar schwarze Segel. Wie Jack wirklich heißt, weiß ich gar nicht; den Spitznamen hat er von mir bekommen, weil er mit seinem Gehstock, der zerfledderten Hose und dem Dreitagebart aussieht wie der drollige Jack Sparrow aus dem Piratenfilm. Er hat eine Sprühflasche in der Hand, deren Inhalt er mir als Wundermittel gegen die kleinen Rostflecken empfiehlt. Und er hat recht: Einmal besprüht, verschwinden die braunen Flecken wie von Geisterhand; etwas Wasser drüber, und schon sieht M werftneu aus. Vielen Dank.

Bei strahlendem Sonnenschein verlassen M und ich Oban, tuckern aus der Bucht und sind schon bald wieder vor steilen, saftig grünen Hügeln und Bergen unterwegs. Die Sonne brennt, und ich werfe die dicke Segelhose und -jacke ab. Im T-Shirt an Deck stehend, riskiere ich einen kleinen Sonnenbrand, aber das ist mir egal. Jeder darf gern sehen, dass heute die Sonne schien, und mit ihr sind auch meine Lebensgeister wieder da. Bereits nachmittags um drei Uhr läuft M in die Schleuse des Crinan Canal ein. Die Passage nehme ich mir für den kommenden Tag vor. Den weiteren Nachmittag verbringe ich mit Rosalie bei einer kleinen Radtour durch die Bilderbuchlandschaft. Viele Motive sind postkartenwürdig, im pechschwarzen Wasser des Kanals spiegeln sich Gebäude und Schiffe. Atemberaubend. 25 Seemeilen mit entspanntem Segeln liegen hinter mir. Das Passieren des bereits im 18. Jahrhundert gebauten und nur 14 Kilometer langen Kanals kostet happige 85 Pfund und 41 Pence. Alles andere als ein Schnäppchen. Dafür werden im Crinan Canal auch noch alle Schleusen von Hand bedient. Als Einhandsegler ist man also gut beschäftigt, schließlich sind 13 Schleusen und sieben Brücken zu passieren. Das heißt: vor der Schleuse festmachen und eine Seite des Schleusentors öffnen. Über die noch geschlossenen Schleusentore gehen und die zweite Seite der Schleuse öffnen. Mit dem Boot in die Schleuse einfahren und festmachen, eine Seite des Schleusentors schließen, über das geschlossene Schleusentorpaar auf die andere Seite gehen und das zweite Tor schließen. Dann Ventile von Hand aufkurbeln und Leinen für die Schleusung bedienen. Anschließend eine Seite der Schleuse öffnen, über die geschlossenen Tore rennen und die zweite Hälfte der Schleuse öffnen. Aus der Schleuse fahren, festmachen und die Schleuse – wieder jede Hälfte des Schleusentores einzeln – schließen. Einer kleinen Crew wird daher geraten, auf einen Lotsen zurückzugreifen, der die Schleusen bedient: weitere 50 Pfund.

Der Morgen beginnt kalt, denn es gibt keinen Strom für die Heizung. Fünf Pfund wollte der Hafenmeister für eine Nacht Elektrizität. Das war mir zu viel, denn auch ein Schluck Weinbrand liefert Wärme. Colin, mein Lotse, leistet gute Arbeit. Er bot seine Dienste auf einem Aushang am Schwarzen Brett im Schleusenwärterbüro an, und ich habe zugeschlagen. Ich habe ein ganz kleines schlechtes Gewissen, diesen vermutlich 60 Jahre alten Herrn über die Schleusen rennen zu lassen, doch er wird ja dafür bezahlt. Mit seiner Hilfe gelingt die Passage des Kanals mühelos. Geradezu idyllisch ist die Fahrt, und das Wetter unterstützt die fröhliche Stimmung mit Sonnenschein und 20 °C. Am Ende des Kanals verabschiedet sich Colin und gibt mir noch den Rat, nicht hier zu übernachten, sondern noch zehn Meilen weiter nach Portavadie zu fahren: »Eine ausgezeichnete Marina.« Es ist gerade erst drei Uhr nachmittags, und so spricht nichts dagegen, das kleine Seestück auf mich zu nehmen. Bei herrlichem Sonnenschein und Windstille lege ich mein T-Shirt ab, muss aber schnell feststellen, dass das doch ein wenig zu mutig ist. Keine zwei Stunden später und mit der Unterstützung des ablaufenden Wassers machen wir in Portavadie fest. In einem Glasbau versteckt sich die Marina-Verwaltung, das Restaurant ist leider auf Wochen im Voraus ausgebucht, der bevorstehende Sonnenuntergang färbt den Himmel lila und erzeugt eine gemütliche Abendstimmung.

Als ich die sanitären Einrichtungen betrete, erlebe ich eine Überraschung. Bescheiden geworden durch die verschimmelten Bäder der letzten Wochen, komme ich mir vor wie im falschen Film. Die Marina hat sich den von mir imaginär verliehenen Preis der platinfarbenen Kachel redlich verdient. Ein angenehmer Duft schwebt im Raum, und hinter einer Milchglastür lasse ich mich erst einmal fast eine Stunde lang von heißem Wasser aus einem diagonal 30-Zentimeter-Durchmesser-Duschkopf berieseln. Herrlich. Im Anschluss erhält auch M eine ordentliche Abreibung mit Süßwasser, Shampoo und Schwamm. Das hat sie sich wirklich verdient. Für den Abend leihe ich mir zwei DVDs in der Marina-eigenen Videothek aus.

Das Hafenbecken hat in den 1970er-Jahren den Spitznamen als das »teuerste Loch Europas« erhalten. Schottland befürchtete damals, den Anschluss an das Ölgeschäft zu verlieren, und wollte hier Ölplattformen bauen. Gerüchten zufolge stellte man nach dem Ausbaggern und -sprengen des Hafens fest, dass ein Transport solcher Plattformen wegen der hier vorherrschenden Gezeitenströme nicht möglich war, und man ließ das Projekt wieder fallen. Die Location wurde von norwegischen Fischzüchtern übernommen und dann zur Marina ausgebaut. Ich wünsche den Betreibern viel Glück, denn es ist wirklich toll hier (solange man das Gelände nicht verlässt).

Die Wetterlage ist recht windarm. Die Tiefdruckgebiete ziehen wesentlich weiter nördlich durch. Die westlichen Winde der Unterkante der Tiefdruckgebiete reichen nicht bis Portavadie. Hier weht ein mageres Lüftchen. Mal von hier, mal von da, mal von dort. Wirklich segelbar ist anders, aber ich habe auch keine Lust, Ewigkeiten in dieser Region abzuhängen. Obgleich es sehr schön ist – hier ist der Hund begraben, absolut tote Hose. Ich positioniere mich mit einem leckeren Bierchen auf der Terrasse des Restaurants, lasse den Blick über die Marina schweifen, sehe voraus die Isle of Arran, und dahinter müsste dann in einiger Entfernung auch schon eines meiner nächsten Ziele, nämlich Irland, liegen. Der Caesar Salad mit gegrillter Hähnchenbrust schmeckt – entgegen den Erfahrungen aus bisher genossener schottischer Küche – ganz ausgezeichnet. Ein Tag wie im Bilderbuch. Gegen Abend füllt sich die Marina, die Wochenendsegler der Region treffen sich, und aus meinem kleinen beschaulichen Hafenbecken wird ein lebhafter Ort. Meine Liegeplatznachbarn laden mich zum Essen ein, und so wirklich Lust habe ich am nächsten Morgen keine: weder zum Segeln noch zum Motoren. Doch wieder einmal ist es Zeit, aufzubrechen.

Spiegelglatt liegt die Irische See vor uns. Mit ablaufendem Wasser kann M ganz entspannt Richtung Campletown laufen, wo ich noch einen kleinen Tankstopp vor der Fahrt zur Isle of Man einlegen will. Der Pinnenpilot steuert, ich stehe mit der Kamera an Deck. Obwohl wir nur ein paar Hundert Meter von der Küste entfernt sind, ist das Wasser sehr tief. Die Isle of Arran liegt an unserer Backbordseite in einem Dunststreifen. Dort wohnt Rob, eines der Besatzungsmitglieder der Rocking Horse, der ich im Kaledonischen Kanal bei ihrem spektakulären Anlegemanöver geholfen habe. Er ist Wildhüter und hat mich auf eine Jagd eingeladen, aber ich werde das wohl auf meinen nächsten Besuch in dieser Gegend verschieben. Außer M und mir ist niemand auf dem Wasser zu sehen. Die Sonne brennt, meine Stimmung ist bestens, und nach ein paar Stunden liegt M am Dock in Campletown. Was für ein trostloser Ort! Die Straßen sind doppelt so breit wie anderswo, aber niemand ist unterwegs. Sanitäre Anlagen gibt es im Hafen nicht. Als Dusche kann die Vorrichtung im Schwimmbad genutzt werden, natürlich nur zu den Öffnungszeiten. Fast eine Unverschämtheit, für diese Bruchbude Geld zu verlangen. Sehr seltsam alles. Am nächsten Morgen gehe ich mit meinem Tankkanister zur Tankstelle im Hafen, schnacke eine Runde mit einem der Seenotretter, bekomme die Erlaubnis zur Besichtigung des Rettungskreuzers und bin ruck, zuck wieder auf See.

Ich entschließe mich, das Reiseziel Isle of Man ausfallen zu lassen. Die Zeit drängt, nicht zu spät will ich über die Bucht von Biskaya segeln. Streng genommen und nach Aussage diverser Revierführer ist es ohnehin schon zu spät. Gleich nach dem Ablegen wird der Wind mal wieder Mangelware, aber mit dem Parasailor kann M eine Geschwindigkeit von über vier Knoten halten. Ein tolles Segel, sehr fotogen und auch mit dem bisschen Wind gut für ein ganz auskömmliches Geschwindigkeitsergebnis.

Der North Channel ist die Verbindung zwischen Schottland und Nordirland. Als die Sonne über Nordirland untergeht, das Sonnenorange am Horizont etwas später vom Lightsmog Belfasts abgelöst wird, verschwinden auch die letzten Reste von Schottland unter der Kimm. Schwach windig ist die Nacht. Nur ein leichter Wind weht über die Irische See, die bekanntlich auch ganz anders kann. Im leichten Mondlicht und mit einer Tasse Kakao (den trinke ich übrigens immer kalt) in der Hand betrachte ich gespannt das Schauspiel um uns herum. Wie schon in der Nordsee schiebt sich M durch ein Planktonfeld. Die Bug- und Heckwellen glitzern, wie ein Kometenschweif verliert sich das Heckwasser achteraus. Mein Schlafintervall halte ich hier kurz. Nur 15 Minuten Schlaf, dann ein Blick in die Runde, dann wieder etwas schlafen. Hier sollen Hochgeschwindigkeitsfähren hin- und herfahren, und daher scheint mir eine erhöhte Wachsamkeit sinnvoll. Als sich gegen Mitternacht auch die Berufsschifffahrt schlafen zu legen scheint, verlängere ich meine Schlafenszeit um fünf Minuten pro Intervall. M rollt leicht von rechts nach links, der Wäscheklammernkorb schaukelt im Takt der Wellen. Ein Handtuch tut es ihm gleich. Wie angenehm der Seegang ist – kein Vergleich zum Poltern und Schlagen in der Nordsee.

Gegen acht Uhr am Morgen steht die Batterieanzeige auf unter neun Volt. Was ist das? Der Motor startet nicht; nur ein kurzes Jaulen des Anlassers ist zu hören. Auch das GPS hat sich abgemeldet. Was mache ich nun? Mitten in der Irischen See, ohne Motor und bei ganz wenig Wind? Und vor allem: Sobald wir näher nach Dublin kommen, wird der Schiffsverkehr zunehmen, und ein Motor leistet bei der Ansteuerung des Hafens gute Dienste. Der Windgenerator dreht auf seinem Geräteträger ganz langsam seine Runden – zu wenig Wind für viel Strom. Zehn Minuten später ändern wir den Kurs, hoch am Wind und nach Kompass gesteuert (sollte das erste und einzige Mal auf der Reise sein), lassen wir Kurs Ostsüdost anliegen. Der stärkere scheinbare Wind lässt den Generator herrlich surren. Strom! Es geht nun doch zur Isle of Man. Über das Satellitentelefon hole ich mir bei meinem Vater technischen Rat. Ich soll ein Kabel suchen, das hier oder da mit dem oder dem anderen Kontakt verbinden, und dann sollte es klappen. Dabei ist es alles andere als hilfreich, dass er mit einem Elektro-Analphabeten spricht.

Meine Mutter findet meine Planänderung ganz ausgezeichnet: »Dann können wir ja doch noch die Isle-of-Man-Flagge wehen lassen. Die ist doch so schön.«

Die Sorgen einer Mutter müsste man haben. Mein Vater und ich wollten schon seit Ewigkeiten einen Flaggenmast im Garten aufstellen. Leider sind wir immer am massiven Widerstand der »Chefin« gescheitert. Auch unsere großartigen Pläne, bei eBay einen alten Anker oder einen tonnenschweren Tresor zu ersteigern, wurden stets mit einem Kopfschütteln zunichte gemacht. Nun haben wir es aber geschafft: Für die Dauer meiner Reise steht im Garten meiner Eltern ein Flaggenmast. Und dort wehen, wenn ich auf See bin, die Deutschlandflagge und direkt darunter der Stander des Trans-Ocean-Vereins zur Förderung des Hochseesegelns. Bin ich an Land, so weht unter der Nationalen die Flagge des Gastlandes.

Fischerboote kreuzen ständig unseren Kurs. Im Gegensatz zu Frachtern halten sie wenig davon, auf Kurs zu bleiben. Sie fahren ein paar Seemeilen in eine Richtung, dann in eine andere, mal schnell, mal langsam – unberechenbar. Nach zwei Stunden versuche ich es mit dem Motor noch einmal. Und dieses Mal springt er an. Über Funk melde ich mich in Peel auf der Isle of Man an und soll zunächst im Außenhafen an der großen roten Yacht festmachen und dann mit dem Hochwasser in den Binnenhafen kommen. Der Hafenmeister klärt mich auf, dass er es ausgezeichnet findet, dass ich nicht den Union Jack als Gastlandflagge gesetzt habe, denn »sonst hätte ich dein Boot abgefackelt!«. Offensichtlich sind die hiesigen Insulaner sehr nationalstolz. Dann hat er mir noch erklärt, dass man auf der Isle of Man »so einen Quatsch« wie einklarieren nicht mehr macht. Bald habe ich für ein leckeres Abendessen eingekauft und werde von der Besatzung des neben mir liegenden Bootes zu einem Bier eingeladen. Kein schlechtes Programm für weniger als eine Stunde.

Während ich meinen selbst gemachten Kartoffelbrei mit Wiener Würstchen esse, gucke ich den Robben beim Spielen im Hafenbecken zu und warte auf die Flut. An M macht eine andere kleine Yacht fest, die auch auf die Flut wartet. Wir verabreden uns auf ein Bier, wenn wir später im Hafen liegen. Die Isle of Man gehört weder zur Europäischen Union noch zu Großbritannien. Als sogenannte Crown Dependency steht sie genauso wie Jersey und Guernsey direkt im Eigentum der Königin von England. Privatbesitz sozusagen. Genau aus diesem Grund möchte ich schon seit Jahren mal hierhin. Die Flagge ist knallrot, und in der Mitte sind drei angewinkelte Beine angeordnet. Die Einwohner nennen sich Manx, ihre Sprache nennen sie Manx, das Geld heißt Manx, das Mobilfunknetz heißt Manx, und der Supermarkt, richtig, heißt auch Manx. Obwohl hier alles der Königin gehört, wird den Insulanern eine eigene Regierung zugestanden. Der Premierminister der Isle of Man hat die Marina, in der wir verweilen, erst einen

Tag vor meiner Ankunft eröffnet. Das Leben in diesem Inselstaat scheint insgesamt gemütlich zu sein, wenn schon der Premierminister für ein paar Schwimmstege und WC-Container extra vorbeikommt. Direkt neben der Hafeneinfahrt thront Peel Castle hoch auf dem Berg, und Jakobsmuscheln liegen am Strand – schnell welche einsammeln für die Souvenirkiste. Gegen Abend treffe ich mich mit Alec und Malcolm auf das versprochene Bier, Iren und Schotten gehören sicher zu den unterhaltsamsten Gesprächspartnern. In der Bar direkt am Hafen treffen sich Einheimische und Touristen, schummrig beleuchten die wenigen Lampen die wind- und wettergegerbten Gesichter, während wir das lokale »Okells« trinken, in dessen Schaum die Kellner unter Zuhilfenahme des Zapfhahns das Manx-Dreibein zeichnen.

Am nächsten Tag geht es mit dem Bus in die Inselhauptstadt Douglas. Ich zahle gleich das doppelte Beförderungsentgelt, weil mein »to Douglas« offensichtlich als »two Douglas« verstanden wurde. Eine holprige und kurvenreiche Fahrt später stehe ich in der Stadt – gefällt mir. Ein Hauch San Francisco liegt über dem Ort mit den weißen Villen und dem leicht bergigen Terrain. Hinter Milchglas und schweren Eichentüren tobt das Geschäftsleben. Was genau geschieht, kann man meist nur den polierten Messingschildern vor den Häusern entnehmen. Ein Sammelsurium der Hochfinanz, jede bekannte Bank ist hier vertreten, zahllose Finanzberater, zahllose Wirtschaftsprüfer und Steuerberater – schließlich gehört die Isle of Man zu den immer wieder gern kritisierten Steueroasen. Draußen liegt die Maltese Falcon vor Anker. Sie soll gerade für angebliche 99 Millionen Dollar verkauft worden sein. Auf Antigua werde ich später ihren ehemaligen Ingenieur kennenlernen und von ihm erfahren, dass die 88 Meter lange, rahgetakelte Yacht nur neun Tage für eine Atlantiküberquerung benötigt. Sie liegt als einziges Schiff vor der mit den Landesflaggen geschmückten Uferpromenade auf Reede. Neben dem Sightseeing nutze ich auch den Internetzugang der örtlichen Bibliothek, um den Kontakt zur Heimat zu pflegen. Während der Rückfahrt im Bus stelle ich fest, dass mein Alleinreisen ein schnelles Reisen ist: Nachdem ich eine Stadt oder einen Ort, einen Hafen oder eine Bucht besucht und einen ersten Eindruck gewonnen habe, will ich immer gleich wieder weiter.

Einen Tag später ist es so weit. Die Windprognosen sind zurückhaltend, auf dem Monitor erkenne ich nur weiße, hellblaue und etwas weniger hellblaue Flecken und Windpfeile mit ganz wenigen Strichen. Je dunkler die Farben und je mehr Striche an den Pfeilen sind, desto stärker pustet es draußen auf See. Gegen Mittag ist das Hafenbecken wieder voll mit Wasser, und ich kann ablegen. Nach dem Passieren der Schleuse stampft M ein paar Meter durch die ersten Wellen, findet dann aber schnell ihren Rhythmus und segelt wenig später unter Genua I, Großsegel und mit der Unterstützung des tapferen Lobsters gen Westen. In knapp 80 Seemeilen Entfernung liegt Irland; wenn wir einfach nur geradeaus fahren, sind wir schnell da.

Im Logbuch notiere ich: »Wind seit Ablegen instabil. 0–9 Knoten aus NE bis S.«

Über die Irische See gibt es viele Geschichten von Stürmen und Wellen und starkem Verkehrsaufkommen. Kein Schiff ist in diesem berühmt-berüchtigten Seegebiet zu sehen, und so sitze ich unbesorgt auf dem Vorschiff, lasse mir den Wind um die Ohren wehen und freue mich des Lebens. Langsam geht die Sonne unter, färbt den Himmel gelb und später orange, das Licht blendet die Augen, aber das ist egal. M malt kleine weiße Linien in die ansonsten ruhige See. Um zwei Uhr morgens stehe ich in vollem Ölzeug im Cockpit. Unter der Saling weht die grün-weiß-orangefarbene Flagge Irlands, mein Kopf ruht auf der Sprayhood, der Blick geht nach vorn zu den Lichtern Dublins. Absolute Stille, nur Vivaldis »Frühling« aus den »Vier Jahreszeiten« tönt aus dem Lautsprecher. In knapp einer Stunde werden wir da sein.

M tuckert langsam durch die Hafeneinfahrt, rechts ab Richtung Marina-Einfahrt und dann gleich wieder links. Wir nehmen den ersten freien Liegeplatz, fünf Minuten später falle ich unter Deck in den Tiefschlaf.

Eine Flasche Champagner

Ich will das Ding nicht taufen, und ich will auch nicht,
dass du fährst!

Oma

Freunde und Bekannte waren geladen, sogar aus Paderborn und Düsseldorf angereist, um zu sehen, wie M getauft wurde. Ich habe mich riesig darüber gefreut, dass fast alle die Einladung zur Taufe annahmen. Zunächst hatte ich geplant, im gemütlichen Hafen Glückstadts eine kleine Zeremonie abzuhalten, mich dann aber doch für den City Sporthafen in der Hamburger Innenstadt entschieden. Dieser ist nicht nur besser zu erreichen, er ermöglicht auch allen, die in Hamburg wohnen, einen kleinen Drink zu sich zu nehmen – und das machen alle immer gern.

Zu einer ordentlichen Taufe gehört auch eine Taufpatin. Als ich bei meiner Oma in der Nähe von Osnabrück auf der Terrasse saß und sie fragte, ob sie nicht diese Rolle wahrnehmen möchte, fiel ihre Antwort recht direkt aus: »Ich will das Ding nicht taufen, und ich will auch nicht, dass du fährst.«

Das war deutlich. Es erschien mir zunächst sinnvoll, das Anliegen nicht weiter zu verfolgen, wenngleich ich mir der Tatsache bewusst war, dass sie nicht meine Oma wäre und ich nicht ihr Enkelkind, wenn wir das nicht doch noch ein wenig in die richtige (meine) Richtung drehen könnten. Oma wurde in den folgenden Tagen daraufhin bearbeitet – steter Tropfen höhlt den Stein –, und schlussendlich willigte sie ein. Ich war mir sicher, dass sie sich darüber freute. Wer kann schon im beschaulichen, nicht gerade maritim geprägten Osnabrücker Umland von sich behaupten, schon einmal ein Boot getauft zu haben?

Mein Vater bot sich an, M zusammen mit mir nach Hamburg zu überführen. Eine Woche vor der Taufe trafen wir uns in Hamburg und fuhren mit meinem Auto zum Boot, stellten den Wagen ab und brachten M in den Vorhafen Glückstadts. Das Problem in Glückstadt war, dass man im Innenbereich des kleinen Hafens zwar beschaulich – und günstig – liegen konnte, die Zufahrt zur Elbe aber durch ein Schleusentor versperrt wurde. Dieses wurde rund zwei Stunden vor Hochwasser bis Hochwasser geöffnet und ermöglichte es so, Boote vom Vorhafen in den Innenhafen zu verholen oder vice versa. Sechs Stunden Zeit hatten wir also, um noch einige Arbeiten an Bord zu erledigen, denn erst dann würde die Flut wieder Wasser in die Elbe drücken, und mit mitlaufendem Strom wollten wir zurück nach Hamburg.

Während unserer Arbeiten erkundigte sich ein schaulustiger Herr nach dem Treiben an Bord und interessierte sich für unseren Törn.

»Wenn ihr auf die Flut wartet, dann seht ihr ja die grünen Tonnen wie einen Lattenzaun an euch vorbeirasen«, meinte er und hatte dem Tonfall nach schon das eine oder andere Bier auf dem Glückstädter Matjesfest getrunken.

Wir montierten noch einen riesigen Radarreflektor im Mast, bauten einen Ausschalter für den Windgenerator ein, ließen uns die von zu Hause mitgebrachte Suppe schmecken und futterten zur Kaffeezeit leckeren Kuchen. Viele Segler brauchen während langer Ozeanüberfahrten literweise Kaffee und verbrühen sich hin und wieder schon einmal durch herumschwappendes heißes Wasser. An Bord der Segelyacht M würde dies kein Problem sein. Ich mag keinen Kaffee, trinke nur ganz selten Tee, bin überhaupt nicht der größte Fan von Heißgetränken und plante, die Reise nur mit ein paar Beuteln Tee in den Vorräten anzutreten, um mich an besonders kalten Tagen wärmen zu können.

Die Sonne ging schon langsam unter, als wir zum Auslaufen klarmachten. Beim Ablegen machte Ms Heck stets, was es wollte. Bisher hatte ich noch keine richtige Gelegenheit gehabt, mein Boot zu testen und auszuprobieren, wie es sich manövrieren lässt, wie es bei Wind und Welle segelt. Außer klitzekleinen Verholmanövern im Hafen hatte ich es noch nicht bewegen können. Die Elbe ist für mich kein interessantes Segelrevier, um einfach mal hinauszufahren, ein paar Runden zu drehen und wieder in den Hafen zurückzukehren. Mir ist dort jedenfalls zu viel Verkehr, zu viel Strömung, und überhaupt ist segeln, ohne ein Ziel zu haben, nicht meine Welt; am Ende meiner Törns muss ein Hafen liegen oder zumindest eine Wettfahrt Gegenstand der Segelei sein. Nur knapp verfehlten wir beim Ausparken ein älteres Holzboot, von einer anderen Yacht blickten zwei entsetzte Herren zu uns rüber. Ich grüßte freundlich und konnte meinen Puls auf dem Weg zur Hafenausfahrt wieder auf Normalwert bringen. Der Motor blubberte gleichmäßig vor sich hin, während wir in der Seekarte Tonne für Tonne abhakten. Es ist nicht wirklich anspruchsvoll, in einem gut betonnten Fahrwasser zu motoren. Wieder einmal wehte kein Wind, und keine Welle stand auf der Elbe. Als sich die Dunkelheit über den Fluss legte, schaltete ich die Positionslaternen ein – nur um ein paar Minuten später festzustellen, dass sie wieder ausgingen. Was war denn das? Nervös warf ich einen Blick auf die Seekarte, um nach einem

Ankerplatz zu suchen, denn ohne Positionslaternen auf der Elbe zu fahren, erschien mir nicht eine der besten Ideen.

Schließlich stellte sich jedoch heraus, dass eine der Steckverbindungen vom Mast zur Kajüte einen Wackelkontakt hatte. Mehrmals fiel das Licht noch aus, nur um durch ein wenig Rütteln am Stecker schnell wieder zu leuchten. Die Fahrt lief gut, aber Entspannung? Fehlanzeige. Schon lange war der Motor meines Bootes nicht mehr so am Stück gelaufen. War der Diesel in Ordnung? Waren vielleicht Filter verstopft? Trotz meiner Bedenken fuhren wir gemütlich knapp außerhalb des Fahrwassers von Tonne zu Tonne. So ganz wohl war mir dabei jedoch nicht. Die Aida Aura überholte uns, hier und dort einmal ein Containerschiff. Ruck, zuck und mit knapp acht Knoten kamen wir dem Ziel näher, Wedel querab, Blankenese, Teufelsbrück, Finkenwerder, Övelgönne. Ich entdeckte in der Seekarte einen Hinweis auf eine Schiffsmeldestelle. Zwar wusste ich nicht genau, was das ist, aber beleuchtete Büros und ein sich drehendes Radar auf dem Dach deuteten darauf hin, dass dort eventuell jemand eine Wache vor einem Monitor hielt. Ich nahm mein Handy aus der Tasche und suchte bei Google nach der entsprechenden Rufnummer. Ein freundlicher Herr meldete sich am anderen Ende der Leitung.

»Guten Abend, ich bin gerade leicht südlich der Tonne 163 mit einem Segelboot unterwegs. Heute habe ich einen neuen Radarreflektor montiert und wollte einmal fragen, ob Sie mich auf dem Radar erkennen können.«

»Klar und deutlich!«, kam es wortkarg aus dem Hörer.

»Super, vielen Dank und gute Wache.«

Pechschwarz war es bereits, als wir Hamburg anliefen. Die Lichter der Containerterminals leuchteten einen Hauch Helligkeit in die Szenerie, hier und da blinkte ein grünes oder rotes Licht. Den City Sporthafen konnte ich schon gut erkennen, langsam steuerte ich M in die Hafeneinfahrt auf der Suche nach einer geeigneten Anlegestelle. Lautlos gelang das Manöver, sodass unsere Überführungsfahrt nach Hamburg um kurz nach Mitternacht endete. Hier würde M nun knapp eine Woche bis zur Taufe im Hafen liegen bleiben.

Vereinzelte Sonnenstrahlen quälten sich durch die Wolkendecke, als ich am Samstag die letzten Vorbereitungen und Besorgungen für die anstehende Taufe abschloss. Meine Familie rückte an, alle bekleidet mit einem dunkelblauen Poloshirt, den Namen meiner Yacht auf der Brust und darunter in Großbuchstaben den Vermerk »Crew«. Auf der Rückseite war die Adresse meiner Webseite aufgedruckt. Mir gefielen die Hemden, und so freute ich mich, dass sie auch mir eines mitgebracht hatten. Nach und nach trudelten die einzelnen Leute ein, bekamen ein Glas Sekt in die eine und Häppchen in die andere Hand. Rund 30 Leute beobachteten zunächst, wie wir einen Kranz aus Eichenlaub mit weißen, roten und blauen Papierblumen an der Reling befestigten. Meine Oma und ihre Nachbarin Waltraud hatten ihn extra für diesen Anlass gebunden.

»Ein Schiff im ungetauften Stande,
für jedes Gewässer eine Schande.
Oh Schreck und Unheil trifft den Mann,
der ungetauften Schiffes Bug durch das Wasser pflügt
und nicht des Neptuns Gesetzen genügt.
Mit diesem Stab ich Orkan und Sturm zu befehlen wage,
für jedes Schiff das keinen Namen trage.«

Mit einem das Symbol Neptuns imitierenden Dreizack stand mein Vater an Deck und leitete die Taufzeremonie mit folgenden Worten ein: »Bevor aber diese feierliche Taufe vollzogen werden kann, ist Neptun verpflichtet, alles, was auf den Weltmeeren so herumzuschippern gedenkt, auf seine Tauglichkeit zu prüfen. Dieses Schiff ist mit seiner Länge von 32 Fuß, für die Nichtseeleute: das sind 9,60 Meter, und einer schlanken Breite von 2,95 Metern ein Jahr älter als der Eigner und Kapitän – also ein ideales Paar. In den vergangenen Monaten wurde viel an dieser Yacht gearbeitet: Ankerkasten und Backskiste haben wir entrostet und gestrichen, Holzteile lackiert und das Unterwasserschiff erneuert. Eine Windselbststeueranlage, Geräteträger mit Windgenerator sind montiert und angeschlossen, Radar, GPS, Echolot, Kartenplotter wurden installiert, die gesamte Technik gecheckt. Wenn ich den Mast betrachte, die Wanten und alles, was über dem Deck zum Himmel ragt, vertraue ich, dass Aiolos, der Gott der Winde, diesem Schiff nichts anhaben wird. Lasst uns nun das Schiff taufen.«

Sichtlich nervös, eingedenk der Tatsache, dass nun alle auf sie schauten, nahm meine Oma die Leine in die Hand, an der sie gleich einmal kräftig ziehen sollte, um die Champagnerflasche an den Rumpf schlagen zu lassen, und trug vor: »Ich wünsche dir stets einen sicheren Kurs voraus. Ich wünsche dir stets eine Handbreit Wasser unter dem Kiel bei Tag und einen sicheren Ankerplatz bei Nacht. Ich wünsche dir die Fähigkeit, Gefahren rechtzeitig zu erkennen. Ich wünsche dir eine starke Hand, die dich sicher führt. Ich wünsche dir Kraft, Fehler zu verzeihen. Ich wünsche dir große Abenteuer und unvergessliche Momente. Ich wünsche dir stets eine sichere Heimkehr. Ich taufe dich auf den Namen M.«

Mit einem beherzten Ruck zog Oma an der Leine, die die Champagnerflasche zu Fall bringen sollte. Diese schlug an den blauen, frisch polierten Rumpf und zersprang mit einem hellen Knall. Weiß schäumte das Getränk über die Bordwand, grüne Glassplitter schnellten in die Elbe.

Neptuns Vertretung übernahm das Schlusswort: »Getränkt vom edlen Saft der Reben, bringt kein Gewitter dich zum Beben. Auf dich und deine Mannschaft sei Verlass, wenn Hilfe gefordert im kühlen Nass. So sei auch du auf deinem Boot, die Retterin in Seemanns Not, und eines musst du ständig hegen, es ist die gute Seemannschaft zu pflegen. Dies fleht Neptun für dich herbei, und dass der Gnaden ewig sei.«

M war getauft. Applaus löste die Anspannung, und Oma war sichtlich erleichtert über das geglückte Ereignis. Freude strahlte über ihr Gesicht, und weg waren die Sorgen der vergangenen schlaflosen Nächte. Sie überreichte mir ein Geschenk zur Taufe, ein orangefarbenes Klapprad, um meine Mobilität an Land zu verbessern. Viele Gäste wollten mir noch etwas mitgeben auf meine Reise. Ein Eimer gegen Seekrankheit war darunter, ein Buch mit dem aufmunternden Titel »Wie man bei Windstärke 10 stilvoll eine Tasse Tee genießt«. Insbesondere meine Arbeitskollegen zeigten sich sichtlich interessiert an meinem Wohlergehen, beschenkten sie mich doch mit einem aus bunter Wolle gestrickten Willy-Wärmer. Auf eine genaue Beschreibung dieses Wärmemittels wird an dieser Stelle lieber verzichtet. Nach geglücktem Flaschenbruch machte sich die Gesellschaft auf in meine Wohnung, der Abend wurde lang und endete mit viel Leergut. Allein die Taufe war es wert, ein Segelboot anzuschaffen. Ein tolles Erlebnis.

Wartetage

18. September 2009 bis 23. September 2009

5 Tage 4 Std 50 Min

2,7 %

0 sm

0 %

Seemeilen: 1193–1193

Häfen taugen nichts.

Joseph Conrad – Der Spiegel der See

Dún Laoghaire ist nach eigenen Angaben die größte Marina Irlands und liegt vor der Haustür Dublins. Das Marina-Personal ist irgendwie mürrisch. Sie wollen meine Fingerabdrücke haben und berechnen unverschämt viel Geld für die Übernachtungen von M und mir. Man merkt schon an diesen ersten Sätzen, dass ich mich hier total wohlfühle ... Die ausufernden Steganlagen sind nach Angaben der Marina über zwei Kilometer lang. Mehr als 800 Yachten liegen hier im Hafen, und ich scheine der Einzige zu sein, der wirklich auf seiner Yacht lebt. Alle anderen Segler nutzen das schwachwindige Wochenende, um einmal schnell den Spinnaker zu lüften. Auf den Steganlagen grüßt niemand, nicht einmal meine freundlichen Grüße werden erwidert. Ob es daran liegt, dass ich mit dem Rotstich in den Haaren und den Sommersprossen im Gesicht wie einer von ihnen aussehe? Zu allem Überfluss ist das Preisniveau in Irland auf astronomischen Höhen und der Wind bescheiden.

An einem sonnigen Tag schlendere ich mit Sonnenbrille durch die Straßen Dún Laoghaires (das spricht sich übrigens Don Liiiri aus), die Sehbrille hängt im Kragen des Polohemdes. Plötzlich macht sie sich selbstständig, fällt aus dem Kragen knapp 1,80 Meter hinunter in die Tiefe und landet unsanft auf dem Asphalt. Da dies alles in einer einzigen Bewegung geschieht und ich meinen Fuß so schnell nicht mehr unter Kontrolle bringen kann, trete ich auch noch auf das Gestell. Bügel ab, Rahmen verkratzt, alles ziemlich ungünstig gelaufen. Beim Yachtausrüster vergesse ich meine Kreditkarte, bekomme sie aber wieder, weil ich meinen Namen fehlerfrei buchstabieren kann. Später zahle ich im Kino 9,60 Euro für einen laut Kritiken annähernd perfekten Film. Das ist er dann tatsächlich auch, und mein erster Kinobesuch seit Juli wird zu einem vollen Erfolg.

Immer noch kein Wind.

Die Nähe zu Dublin nutzend, sitze ich ein paar Tage später im Zug in die Stadt. Die Einfahrt erinnert mich mit den neuen Wohn- und Geschäftsgebäuden, den kleinen Kanälen in der Vorstadt und einigen Booten ein wenig an die Hamburger Hafencity. Seit dem Verlassen Hamburgs habe ich keine solch großen Menschenmengen mehr gesehen. Das Leben pulsiert in den Einkaufsstraßen, ich stehe Schlange in einem Buchladen, achte auf meine Wertsachen. Zu Beginn des Törns habe ich mir vorgenommen, mir in jedem Ort aus reinem Interesse und ohne konkrete Pläne die Frage zu stellen, ob ich mir vorstellen könnte, in diesem Ort für eine Zeit lang zu leben. In Dublin fällt die Antwort positiv aus, viele junge Menschen wohnen hier, und auch abends – so habe ich mir erzählen lassen – ist hier einiges zu erleben. Der letzte Zug zurück zur Marina verlässt Dublin gegen 23 Uhr. Bis dahin vertreibe ich mir die Zeit mit Sightseeing, verlaufe mich gelegentlich und finde schöne Häuser, interessante Ecken und stylische Läden.

»Wenn du in Irland alleine in eine Bar gehst, wirst du schnell irgendwelche Leute kennenlernen, und dann kommt es dir so vor, als seist du mit Freunden unterwegs.«

Dies schrieb mir ein Leser meines Blogs, und genau so entwickelt mein Ausflug sich auch. Livemusik schallt von der Bühne in der Bar, Guinness strömt aus dem Hahn, und beinahe hätte ich den letzten Zug verpasst.

Südwind. Flaute. Südwind. Warten, ausharren, geduldig sein. Weiter müssen wir. Wollen wir. Reisen. Segeln. Meilen machen. Irland hat ab hier nicht mehr so viele Häfen zu bieten, die ich mit meinen zwei Metern Tiefgang ansteuern kann. Ach, was soll's, sage ich mir mutig, beschließe, den Rest von Irland unbesichtigt zu lassen und von hier direkt nach Portugal zu segeln. Die Iren sind wirklich nett, und daher bin ich nicht ganz glücklich über meine Entscheidung, aber mit rund 800 Seemeilen liegt das bisher längste Seestück vor mir – das tröstet mich. Ich bin aufgeregt. Es ist spät im Jahr, um einen Sprung über die Biskaya zu wagen, und das zaubert ein Kribbeln in meinen Magen. Eingedenk der komischen Windlage und der vorangeschrittenen Jahreszeit kontaktiere ich Commander's Weather in Amerika. Dies ist eine Wetterberatungsstelle, die unter anderen Ellen McArthur wind- und routentechnisch unterstützt hat, als sie um die Welt segelte. Ein Freund hat mir die Wetterzentrale empfohlen, und so nehme ich Kontakt auf, teile Schiffsdaten, durchschnittlich erreichbare Etmale, Ziel- und Starthafen mit und erhalte prompt den Routenvorschlag mit einer sehr konkreten Ansage: »Du segelst am Mittwoch um neun Uhr los.«

Sehr präzise, so mag ich es. Bis dahin: Kein Wind. Für die Vorbereitung des anstehenden Segelschlages kontrolliere ich den zugeklebten Ankerkasten und trockne die Ankerleine auf der Reling. Zudem schiebe einen Einkaufswagen durch meinen Stammsupermarkt und staune an der Kasse nicht schlecht, als der riesige Berg an Lebensmitteln sich nicht in meinem Rucksack verstauen lassen möchte. Insbesondere die gewichtsintensiven Getränkevorräte werden den Transport zum Liegeplatz zu einer Herausforderung machen. Kurz entschlossen tue ich das, was manche bierbauch- und unterhemdtragenden Urlauber mit weißen Frotteesocken in Kunststoffschlappen machen würden: Ich rolle den Einkaufswagen mitsamt Inhalt durch die halbe Stadt bis vor das Tor der Marina. Hier kennt mich ja keiner! Vor den Toren des Yachthafens lade ich das Eingekaufte um in eine Art Schubkarre und lasse den Einkaufswagen bei den knapp zwei Dutzend anderen Gefährten stehen, die sich bereits angesammelt haben. Ich scheine nicht der Einzige zu sein, der ein solches Transportverfahren anwendet.

Neben den Vorräten ergänze ich auch die Reiseliteratur für die nächste Etappe. Unter den Zugängen befinden sich »Die Blechtrommel« von Grass, »The Unsinkable Entrepreneur« von O'Coineen und »Into the Wild« von Krakauer. Letzteres lese ich noch am selben Abend von vorne bis hinten: ein geniales Buch über einen jungen Mann, der nach seinem erfolgreichen Studium sein gesamtes Geld verbrennt, seine Kreditkarten zerschneidet, durch die USA trampt, immer irgendwie klarkommt und am Ende seinen Lebenstraum wahrmachen möchte – in Alaska nur von und in der Natur zu überleben. Dieses Abenteuer bezahlt die Hauptfigur schließlich mit ihrem Leben. Das Buch versucht, die wahre Geschichte aufzuarbeiten.

Zwei Tage sind es noch bis zum Auslaufen, als mir fast zufällig die zertretene Brille unter dem Haufen Papier auf dem Kartentisch auffällt. Sofort surfe ich die Internetseite des Brillendesigners Freuden-Haus an, um mich zu erkundigen, ob ich nicht auch in Dublin eine Reparatur durchführen lassen könne. Auf meine Anfrage wird mir freundlich geantwortet, dass es einen Optiker in Dublin gebe, der diese Brillen vertreibe, ein Ersatzteil in drei Tagen in Irland sein und dass eine Reparatur eventuell noch einen weiteren Tag dauern könne. In meiner Antwort weise ich darauf hin, dass ich nicht so lange warten könne, da ich mein Wetterfenster abpassen müsse. Spontan schlage ich vor, dass es doch eine super Idee wäre, wenn ich in Portugal in der Marina ein Paket vorfinden könnte, in dem sich eine neue Brille und

eine FreudenHaus-Flagge für Ms Vorstag befinden würde. Kaum habe
ich auf den »Senden«-Knopf gedrückt, schäme ich mich ein wenig für
diese E-Mail und das fast dreiste Ansinnen. Eine Antwort bekomme
ich bis zu meinem Ablegen in Irland leider nicht.

Wartewetter, Flautenwetter, Langeweilewetter, Lagerkollerwetter.
Zeitvertreib ist gefragt. Ich verdeutliche meinen Bloglesern im Internet, wie groß hier der Tidenhub ist. Am Nachmittag stehe ich auf dem
Ponton direkt vor M und schieße ein Foto von mir vor dem Pfeiler,
an dem der Ponton mit der Gezeit auf und ab gleitet. Der schwarze
Pfeiler überragt mich mit mindestens fünf Metern, die weiße Kappe
kann ich nur erkennen, wenn ich meinen Kopf weit in den Nacken
lege. Als die Dunkelheit einbricht, steht Hochwasser im Hafenbecken, und ich kann die weiße Pfeilerkappe auf Hüfthöhe umarmen.
Es ist beeindruckend, wie viel Wasser täglich hin und her geschoben
wird. Welche Energie dazu notwendig sein muss! Der Wetterwechsel
kündigt sich an. Es wird ein wenig wärmer, bedeckter und feuchter in
Irland. Vor der Weiterfahrt klebe ich Ms Namen an der Backbordseite
mit dünnem Papier ab und rubble mit einem Bleistift die Umrisse der
Namensaufkleber ab, übertrage das Werk auf eine Pappe und schneide
die Buchstaben in mühevoller und langer Arbeit aus, während ich auf
dem Steg sitze. Diese Schablone soll mir auf den Inseln des Atlantiks
noch für künstlerische Tätigkeiten dienlich sein.

Ein kurzes Stück vom langen Stück

23. September 2009 bis 24. September 2009

I Tag 6 Std 39 Min

0,7 %

87 sm

0,7 %

Seemeilen: 1193–1280

2009 war mit 9223 Einsätzen das einsatzreichste Jahr in der Geschichte des RNLI (Britisch/Irischer Seenotrettungsdienst): 333 Menschenleben wurden gerettet, 1912 Personen aus Gefahrensituationen befreit und 5990 mit sonstigen Hilfeleistungen bedacht. Anmerkung Dirk Mennewisch: M dürfte irgendwo in den 9223 Einsätzen berücksichtigt sein.

Royal National Lifeboats Institute – RNLI 2009 Annual Operational Statistics Report

Ich folge dem Rat von Commander's Weather und bin um kurz vor neun bereits aus der Bucht Dublins und auf dem Weg nach Portugal. Die Wetterexperten meinen, dass ich zwei Möglichkeiten habe: motoren am Anfang und bis zum Ende durchsegeln oder am Anfang segeln und dafür am Schluss der Strecke länger motoren. Ich entscheide mich für Ersteres. Am liebsten würde ich den Motor komplett schweigen lassen, aber so einfach scheint es nicht zu sein, hier ein ordentliches Windfenster abzupassen. Das Wasser läuft gerade ab, und unter Motor kommen wir ganz gut voran, weit und breit ist kein Schiff zu sehen, weder Segler noch Fischer. Gegen Mittag liegt Wicklow Head querab, kurz vor Mitternacht Tuskar Peak. Als sich der Tag dem Ende zuneigt, haben wir Irland fast hinter uns. Nun einmal rechts ab, ein paar Meilen weiter, und ich kann in Kilmore Quay noch einmal schnell ein wenig Diesel an Bord nehmen – ein kurzer Stopp, bevor es mit vollen Tanks weitergeht. Gelegentlich ist ein Fischernetz zu erkennen. Ein wahrer Albtraum, wenn sich so ein Ding in der Schraube verfangen würde. Für die anstehende Nacht beschließe ich jedoch, dass ich Dinge, die ich nicht sehen kann, auch nicht rammen werde, und kann mich so der Gefahr entledigen.

Meine elektronischen Seekarten zeigen an, dass der Hafen Kilmore Quays bis zu 60 Zentimeter trocken fällt. Gleichzeitig kann ich auf den mitgelieferten digitalen Fotos der Seekarten erkennen, dass im Hafen Yachten und Fischerboote festgemacht sind. Im »Reeds Nautical Almanac« sieht die gesamte Gegend um und in dem Hafen auch sehr flach, aber passierbar aus. Ich vertraue also den Papierkarten. Der Wind ist nun vollkommen eingeschlafen, und es ist stockdunkel. Spiegelglatt liegt der Atlantik vor uns. Das weiße Feuer der Ansteuerungstonne zum Fahrwasser ist ganz gut zu erkennen. Plötzlich höre ich das Geräusch sich brechender Wellen. Wassertiefe? In Ordnung. Untiefen? Keine auf der Karte. Erst im Scheinwerferlicht zeigt sich eine kleine, stehende, sich brechende Welle an Backbord. Die hat mir einen ganz guten Schrecken eingejagt. Wir sitzen auf Grund. Rund 50 Meter vor der Hafeneinfahrt geht nichts mehr. Nicht im Rückwärtsgang, nicht im Vorwärtsgang, nicht mit vollem Rudereinschlag. So kurz vor dem Ziel, sehr ärgerlich. Dummerweise bekomme ich es nicht hin, herauszufinden, ob das Wasser nun auf- oder abläuft. Über Kanal 16 kann ich leider niemanden erreichen. Ebenso wenig schaffe ich es, den Hafenmeister an diesem Donnerstagmorgen um vier Uhr aufzuwecken. Was nun? Ich überlege, die Coastguard nach den Tideninformationen zu fragen, und zwar per Telefon, denn das erscheint mir weniger dramatisch, als wenn ich es über Funk versuchen würde. Der nette Diensthabende von der Küstenwache ist zunächst etwas verwirrt, als ich ihn informiere, dass ich vor Kilmore Quay auf Grund liege und dass derzeit kein Wind weht und auch keine Welle steht. Ferner lasse ich ihn mehrmals wissen, dass es sich bei meinem Anruf nicht um einen Notfall handelt, ich mich lediglich dafür interessiere, ob das Wasser kommt (gut für mich) oder geht (dann habe ich ein Problem). Peter – mein Gegenüber am anderen Ende der Leitung – bittet mich, etwas Geduld zu haben und mich auf Kanal 67 empfangsbereit zu halten. Der Bitte komme ich nach und warte derweil mit einer Cola in der Hand im Cockpit auf die Nachrichten, die da kommen werden.

»Sailing vessel M, this is Dublin Coastguard«, ruft es aus dem Funkgerät. »Ich habe die Seenotrettung alarmiert. Diese wird in ein paar Minuten auslaufen.«

Moment! Seenotrettung? M ein Seenotfall? Ich wollte doch nur ... Zu spät. Ein ohrenbetäubendes Dröhnen fegt über das Hafenbecken, ein zweites Dröhnen schreit gleich hinterher. Über die Hafenmauer hinweg kann ich den Lichtkegel eines Suchscheinwerfers sehen und eine sich erhöhende Motordrehzahl wahrnehmen. Doch knapp 15 Sekunden später sinkt der Bug des Seenotrettungsbootes wieder zurück ins Wasser – die Jungs sehen mich. Im gleißenden Licht der Scheinwerfer hebe ich meine Hand zum Gruß, Bootshaken in der Hand, Schleppleine bereit. Aber das scheint die Freunde nicht zu interessieren. Eine dicke weiße Schleppleine werfen sie mir entgegen, verfehlen knapp den Bug, und als ich mit meinem Bootshaken hinterherfische, werde ich mit einem »Hol dir die Leine, Junge!« angefeuert. Eine halbe Stunde lang ziehen sie M in die eine Richtung und in die andere, warten ein paar Minuten und versuchen es noch einmal. Es dauert noch ein paar Minuten, und M ist frei. Die Wassertiefe schnellt von 1,70 Meter auf 4,80 Meter hoch. Die Seenotretter nehmen mich längsseits und bringen mich in den Hafen. Als sie mich an einen freien Liegeplatz schubsen und noch beim Festmachen helfen, bedanke ich mich und bekomme ein »Okay« als Antwort. Mein weiteres »Danke für eure Hilfe« wird mit einem »Kein Thema« quittiert. Wortkarg, die Freunde.

Am selben Morgen gegen acht Uhr kann ich nicht mehr schlafen. Diese ganze Angelegenheit ist so peinlich. Eine heiße Dusche ist nun genau das Richtige. Danach klärt mich der Hafenmeister über die Untiefen vor dem Hafen auf, selbstverständlich hat er schon von meiner Misere gehört. Später sitze ich in der Kälte vor der Hafenverwaltung und versuche, mich in das WLAN einzuloggen.

Der Hafenmeister zeigt mir eine auffordernde Handbewegung und ergänzt sie mit einem »Komm mal mit«. Der Weg führt in die Teeküche der Hafenverwaltung. Dort sitzt schon Harald am Tisch und surft im Internet. Ihm gehört die andere deutsche Yacht im Hafen. Auch er ist einhand unterwegs und hat in einer Woche Irland umrundet.

»Ach, wegen dir haben die mit ihrem Boot heute Nacht so einen Terror gemacht. Ich bin fast aus meiner Koje gefallen.«

Haralds Boot liegt direkt neben dem Rettungskreuzer, und so hatte auch er etwas von meiner unkonventionellen Ankunft.

Später klopft es an der Bordwand. Einer der Seenotretter fragt, wie es mir geht. Er bedankt sich für den nächtlichen Einsatz, denn schließlich seien sie ja dafür da, und außerdem sei das eine tolle Übung gewesen.

»Uns macht das ja auch Spaß.«

Kosten entstehen mir für die nächtliche Aktion keine, aber genau für solche Fälle habe ich ein paar Flaschen Jägermeister an Bord. Durch frühere Auslandsaufenthalte ist mir bekannt, dass sich dieses Gesöff im Ausland hoher Beliebtheit erfreut und der Erwerb meist kostspieliger ist als in Deutschland. Der Mann nimmt die Flasche gern und lädt mich noch auf einen Tee in sein Büro ein. Auf dem Weg dorthin wird mein Begleiter öfters angesprochen.

»Ich habe gehört, ihr hattet heute Nacht einen Einsatz?« – »Ja, wir haben den jungen Mann hier in den Hafen geschleppt.« – »Guten Morgen, David, hattet ihr heute einen Einsatz?« – »Ja, wir haben Dirk hier in den Hafen geholt.« – »David, wen habt ihr denn heute Morgen zu uns geholt?«

»Das war ich«, sage ich und kann der ganzen Situation eine gewisse Komik nicht absprechen.

417 Menschen wohnen in Kilmore Quay, bis zum Abend werden sicherlich alle von mir gehört haben. Ein nettes Dorf mit sehr freundlichen Einwohnern. Schade nur, dass ich auf mein Wetterfenster ange-

wiesen bin, sonst würde ich gern noch ein paar Tage bleiben. Nachdem ich meine leicht peinliche E-Mail an den Brillendesigner auf dem letzten Seestück bereits erfolgreich verdrängt hatte, flattert nun eine Nachricht von FreudenHaus in den Posteingang meines Computers. Sie finden meinen Vorschlag mit Brille, Flagge und Portugal ganz ausgezeichnet und bitten um Angabe meiner Brillenstärke. Eine interessante Frage, die ich so schnell nicht beantworten kann. Ich leite die E-Mail mit der Bitte um Klärung an mein Back-Office in der Heimat weiter. Wäre ich nicht auf See, dann würde meine Mutter mir sicherlich den Vogel zeigen, wenn ich sie bäte, meine E-Mail-Korrespondenz zu bearbeiten.

Harald ist Anfang 30 und wie ich ein Freund des Einhandsegelns. Er hat sein Boot erst vor ein paar Monaten angeschafft, es nun ausgiebig getestet und wird die Stag nun über den Winter hierlassen. Sein Plan ist es, sein Boot immer mal wieder ein paar Wochen zu segeln und dann an einem geeigneten Platz liegen zu lassen, bis es zum nächsten Schlag wieder raus aufs Wasser geht. Seine Stag ist ein tolles Boot. Als Aluminiumslup mit einer Länge von 40 Fuß, Ballasttanks und einer spartanischen Einrichtung offenbart sie ihre Regattagene; schließlich wurde sie für die Transatlantikregatta OSTAR gebaut und hielt bis zum Jahre 2009 den Geschwindigkeitsrekord in ihrer Klasse. OSTAR ist eine seit 1960 stattfindende Regatta für Einhandsegler von Plymouth in England nach Newport in den USA gegen das vorherrschende Wind- und Strömungssystem. »Gemütlich« fällt Harald zu M ein. Und in der Tat ist es bei mir zwar enger, aber auch ein wenig gemütlicher. Da kann die Stag noch einiges von der kleinen M lernen. Der 40 Fuß lange Alubau schreit mir seine Seetüchtigkeit fast entgegen. In seinem Design kann ich ein »mach mit mir, was du willst« lesen, und würde ich die Stag besitzen, dann müsste ich umgehend meinen Kartensatz für den Atlantik gegen die Weltkarte austauschen.

Ein Mitarbeiter des Hafenmeisters holt mir von einer Tankstelle einige Liter Diesel, und schon bin ich wieder bereit zum Auslaufen. Oder bleibe ich doch noch einen Tag? Wenngleich Kilmore Quay nichts zu bieten hat, ist es doch ein sehr sympathischer Ort. Leider haben M und ich einen Zeitplan für die Biskayaüberquerung, und den gilt es nun einzuhalten. Leinen los.

Der lange Rest vom langen Stück

24. September 2009 bis 1. Oktober 2009

6 Tage 17 Std 58 Min

4,3 %

692 sm

5,9 %

Seemeilen: 1280–1972

Das bewegt die Heimat: Wahl zum 17. Deutschen Bundestag (Endergebnis: Angela Merkel tritt als Bundeskanzlerin ihre zweite Amtszeit an).

27. September 2009

Langsam wird Kilmore am Horizont kleiner. Mein Abschied erschien mir viel zu früh, aber als der Hafenmeister meinte, dass es allmählich knapp werden würde mit dem Wasserstand, musste ich los. Diesmal – ganz wie aus dem Revierführer – ist die Hafenmauer quasi zum Greifen nah an unserer Steuerbordseite und das Wasser unter unserem Kiel tief (genug). Zehn Euro habe ich pauschal für meinen kleinen Stopp beim Hafenmeister gelassen und weitere 18,74 Euro für 20 Liter Diesel. Eigentlich hätte ich noch ein paar Euro drauflegen müssen, aber meine Barreserven waren nach dieser Summe erschöpft, Kartenzahlung war nicht möglich, und ein Geldautomat wäre nur in unzumutbarer Entfernung auffindbar gewesen.

Kilmore bleibt mir in bester Erinnerung. Nach der Enttäuschung in Dún Laoghaire hat sich Irland würdig von mir verabschiedet. Nur neun Stunden und 25 Minuten habe ich in dem winzigen Örtchen verbracht, bin ungewollt zu einer kleinen Attraktion geworden und hätte in der einzigen örtlichen Bar sicherlich sehr leicht in jedes Gespräch gefunden. Harald wird dort am Abend die deutsche Flagge hochhalten müssen, wenn um 17 Uhr 59 auf den 250. Geburtstag der Biermarke Guinness angestoßen wird. Die werden einen Spaß haben.

Erst nach etwas über einer Stunde schweigt der Motor, der Wind ist – wie vorhergesagt – schwach, aber unser Vortrieb akzeptabel. Entgegen allen Ankündigungen segeln wir fast hoch am Wind. Ein kleiner Wetterumschwung, und schon geht es prächtig voran. Fünf bis sechs Knoten stehen auf der Logge, fast ohne Krängung läuft M durch die ruhige Keltische See. Wer den Niedergang vom Cockpit unter Deck hinuntergeht, findet an der Backbordseite die kleine Pantry vor, an Steuerbord die Navigationsecke. Hinter einer Wand grenzen sofort die beiden Kojen im Salon an, und die Grenze zwischen Küche, Büro und Wohnzimmer ziert ein kleiner Kreppbandstreifen mit dem Hinweis: »Ab hier keine Schuhe.« Eine meiner Ideen, um mehr Ordnung und Sauberkeit an Bord durchzusetzen. Über Kanal 23 gibt es den aktuellen Wetterbericht für die nächsten 24 Stunden. Mitten auf dem blauen Wasser sind diese Meldungen aus dem kleinen Lautsprecher des Funkgeräts wesentlich spannender als jede »Tagesschau«.

Mein Schlafintervall habe ich auf 30 Minuten festgelegt. Ein Verkehrstrennungsgebiet ist derzeit nicht in der Nähe, und wesentlichen Verkehr erwarte ich erst in der Nähe von Kap Finisterre. Genau dort, wo sich die gesamte Schifffahrt wie bei der Perlenkette gereiht von Süden kommend auf einen kleinen Rechtsknick einstellt und die Ansteuerung auf den Englischen Kanal vornimmt. Oder eben umgekehrt. Der kommende Morgen erfreut den Maschinisten in mir mal wieder mit dem Stromproblem. Die Verbraucherbatterie ist leer. Das Voltmeter zeigt keine Spannung an. Was ist das? Was soll das? Warum kann das keiner erklären? Ich bin ein wenig sauer, aber insbesondere wegen meiner Unkenntnis: Wenn es um das Thema Strom geht, bin ich einfach raus. Mit dem Überbrückungskabel bekomme ich den Trecker trotzdem schnell wieder zum Laufen und lasse ihn zunächst drei Stunden lang blubbern. Da wir derzeit auch mitten in einer Flaute stecken, ist das alles kein Problem. Ob die Batterie vielleicht einfach hinüber ist?

Ich liege den ganzen Tag in der Koje und lese. Draußen ist es kalt. Ganz hervorragend fällt das Etmal aus. Mit 111 Seemeilen sind wir in den letzten 24 Stunden genau elf Seemeilen mehr gesegelt, als für meinen Seelenfrieden notwendig sind – quasi eine emotionale Wohlbefindlichkeitsgrenze. Am Nachmittag trete ich wieder zu meinem Rundumblick an Deck, möchte gerade ein begeistertes »Wahnsinn, hier draußen ist echt gar nichts los!« ausrufen, als eine Schule von Delfinen an Bug und Heck herumspringt, M immer wieder überholt, wegschwimmt, zurückkommt. Ob sie dabei wirklich den Spaß empfinden, den ich in ihr Spiel dichte? Oder nutzen sie die Druckwellen um M herum, um energieeffizienter zu reisen? Wirklich drollige Tiere. Ich halte die Videokamera drauf und hoffe, dass ein paar gute Minuten dabei sind. Etwas später sitze ich vor einer fast leeren Seite im Logbuch und versuche, den vielen Platz mit etwas Sinnvollem zu füllen. Spontan fällt mir die bisherige Schadensbilanz ein, und so notiere ich:

»– Verklicker verloren: erstes Seestück nach Norwegen;
– Logge hat Displayfehler: schon immer;
– Segelsack weg: keine Ahnung, wo der geblieben ist;
– Winschkurbel weg: gestern verloren;
– zweite Winschkurbel weg: seit heute unauffindbar.«

Es gibt Schlimmeres als verlorene Winschkurbeln, aber gleich alle beide zu verlieren, ist wirklich dumm. M lässt sich bei moderaten

Winden ganz bequem ohne Winschkurbeln segeln, sollte es aber ein wenig auffrischen, würde sich ein bisschen Hebelwirkung insbesondere beim Einbinden der Reffs im Großsegel ganz gut machen. Nun ja, hoffen wir, dass es so schlimm nicht wird. Über das Satellitentelefon gebe ich meine aktuelle Position durch und gleichzeitig noch ein paar Zeilen für meine Internetseite: »Genua- oder Flautensegeln, Winschkurbel verloren, keine Lust zu kochen, Delfine ohne Ende.« Zu allem Überfluss geht es mir heute nicht so gut. Viele Gedanken an die Heimat beschäftigen mich, fühle mich wie gerädert. Seekrank? Wahrscheinlich muss ich mich erst wieder an das Seesegeln gewöhnen. Zusätzlich ist das Segeln in der Halbflaute eine Aufgabe, die an Quälerei grenzt. Im Bordtagebuch klingt das so: »Unerträglich. Flaute. M holpert in den Wellen, Segel schlagen, Schoten knallen an Deck. Ein Klappern und Klirren geht bei jeder Welle durchs Schiff.«

Eine Null mit vier Ausrufezeichen steht am nächsten Morgen, dem 26. September, im Logbuch in der Spalte Wind. Wir sind mal wieder in der Flaute. Ab Dienstag soll es an der spanischen und portugiesischen Küste Südwind geben, und bis dahin wäre ich wirklich gern schon dort. Ich vertreibe mir die Zeit mit Lesen. Richtig Spaß kommt aber keiner auf. Das heutige Etmal ist mit 75 Seemeilen durchaus mager, und die verbrannte Zunge beim Probieren des frisch gekochten Milchreises ist das Highlight des Tages. Meine Internetleser lasse ich per Iridium-Telefon wissen: »Dümpeln in der Flaute, dazu Milchreis. Muss man wirklich erst den Zimt und dann den Zucker auf den Reis streuen, weil es sonst nicht schmeckt? Oder glaube ich hier seit 26 Jahren ein Märchen meiner Eltern? Als Getränk gibt es einen für den kontinentaleuropäischen Gaumen gewöhnungsbedürftigen Trauben-Pfirsich-Saft.« Der volle Magen führt zu besserer Stimmung. Ein komischer Zusammenhang, der aber immer wieder bestätigt wird.

Ein neues Geräusch beschäftigt mich seit Stunden. Irgendwo gibt es ein Ticken. Wie von einer Uhr, aber ich kann die Ursache einfach nicht finden. An Bord befinden sich vier Uhren. Zwei sind digital, eine macht keine Geräusche (kontrolliert), und die andere hat keinen Strom und steht. Wo kommt dieses Tickern her? Captain Hooks Krokodil unter dem Kiel? Falls ja, was zum Teufel hat es hier zu suchen? Während der Suche nach dem Ticken komme ich um das ein oder andere Kopfschütteln nicht herum: Was ich doch so alles dabeihabe!

Ich wette um meine 13 Textmarker (nachgezählt), dass derzeit kein anderes Segelboot mit drei Lochern und zwei Tackern an Bord in der Bucht von Biskaya unterwegs ist. Gewonnen (Annahme)! Außerdem finde ich einen noch aus Deutschland übrig gebliebenen Marmorkuchen. Saulecker, danach ist mir schlecht. Seit Dún Laoghaire sind wir nun fünf Tage unterwegs. Die Bordroutine kommt und mit ihr auch das bessere Gefühl an Bord. Für mich gibt es eine kurze, weil kalte Dusche im Cockpit. Danach fühle ich mich gleich viel besser. Tagelang hatten wir Ruhe vor der Berufsschifffahrt, kein Schiff haben wir seit dem Verlassen Kilmores gesehen, doch nun tauchen sie vereinzelt wieder auf: Tanker, Bulker und Containerschiffe. Wenn sie sich ungefähr querab in fünf Meilen Entfernung befinden und ich für eine halbe Stunde unter Deck verschwinde und wieder ins Cockpit komme, sind sie nicht mehr zu sehen. Mir macht das ein wenig Angst. Ob ich meinen Schlafrhythmus anpassen sollte? Lieber nicht, er ist eigentlich sehr angenehm. Wirklich überrascht bin ich, dass mir das Intervallschlafen nicht viel auszumachen scheint. Tatsächlich ist es auch so, dass ein Tag auf See nicht sonderlich actionreich ist und ich auch tagsüber mal ein kleines Nickerchen machen kann. Auf fünf bis sechs Stunden Schlaf komme ich am Tag sicher.

Am Nachmittag verlassen wir den Kontinentalsockel Europas. An der sogenannten Schelfkante fällt die Wassertiefe innerhalb weniger Hundert Meter von rund 150 auf 3500 Meter ab. Und das ist auch genau der Grund, warum die Bucht von Biskaya als so gefährlich gilt. Drücken beispielsweise der Golfstrom und ein ordentlicher Westwind gleichzeitig in die Bucht hinein, so schiebt sich ein drei Kilometer hoher Wasserberg gegen eine fast genauso hohe Wand, die Schelfkante. Dies erzeugt gewaltige Wellen und führt zu schlimmen Schiffsunglücken. Zu Zeiten der großen Frachtsegler kam noch die große Gefahr hinzu, dass sie von Wind und Strom in die Bucht hineingedrückt wurden und sich – im Zweifel erfolglos – von Legerwall freisegeln mussten. Sagen, Mythen, sicher auch viel Seemannsgarn wurden so schnell gesponnen. Ich finde, dass die Bucht ganz in Ordnung ist, zumindest besser als ihr Ruf. Ob es die beste Idee ist, hier Ende September durch die Gegend zu segeln, lassen wir mal dahingestellt. Bereut habe ich es noch nicht.

Obwohl ich diese Seemeilen mit großem Respekt zurücklege, biete ich der Bucht das Du an, freue mich auf die kommenden Seemeilen und beschließe, dass es mir egal ist, wie lange die Fahrt nach Portugal dauert. Alles eine Frage der Einstellung. 101,50 Seemeilen sind es heute. Genug für gute Laune, und daher schreibe ich einen kurzen Kommentar auf meine Webseite: »Dumdidumdidumdidum.« Das Wasser ist tintenblau, ganz fasziniert blicke ich in die Tiefe. Bereits in der Nordsee, ganz oben fast bei den Shetlands, konnte ich das Blau in der See erkennen, aber nun ist es intensiv. Eine tolle Farbe und allein das ist eine Entschädigung für alle bisherigen Strapazen. Drei bis vier Windstärken schaukeln uns in den Süden. Achterlich entdecke ich einen Frachter, der sich uns nähert. Das blaue Schiff kommt näher und näher, und eigentlich würde ich nun ein kleines Ausweichmanöver fahren und etwas mehr Abstand zwischen mich und das große Schiff bringen. Ich bin heute jedoch mit starken Nerven gesegnet und lasse es darauf ankommen. Der Abstand müsste eigentlich passen. Über Funk versuche ich vergeblich, den Wachhabenden zu erreichen. Größenvorteil hin oder her – er muss ausweichen. Am Ende sind es geschätzte 150 Meter zwischen Bordwand und Bordwand. Erneut rufe ich die Telaman über Funk an und erkundige mich, ob man mich vielleicht nicht sieht.

»Tut mir leid«, klingt es zurück.

Penner! Eine kabbelige See stellt sich ein, als ich am Nachmittag des 28. September am Navigationstisch sitze und mit Kursdreieck und Zirkel berechne, dass wir heute Nacht höchstwahrscheinlich genau durch die Verbindungslinie zwischen den Verkehrstrennungsgebieten von Kap Finisterre (nordwestliche Ecke Spaniens) und Ushant (nordwestliche Ecke Frankreichs) segeln werden. Da wir diesen Bereich in einem sehr stumpfen Winkel kreuzen, befürchte ich auf einer Strecke von fast 25 Seemeilen einen starken Schiffsverkehr. Das Verkehrstrennungsgebiet Ushant verdankt seinen Namen der französischen Isle d'Ouessant. Aus Vereinfachungsgründen wurde jedoch entschieden, dass Ushant für den internationalen Zungenschlag die kleinere Hürde darstellt. 18 Schiffe passieren uns in dieser Nacht in einem Abstand von weniger als drei Seemeilen. Von einer Sekunde auf die andere ist der Radarschirm voll mit Echos, und nach ein paar Stunden sind sie genauso schnell wieder verschwunden. Bei einem Intervall von fünf Minuten schlafe ich mit dem Kopf auf dem Kartentisch vor dem

Radarbild. Auf schwarzem Untergrund schieben sich grüne und rote Streifen an uns vorbei. Ich entdecke die Radarwarnzonen als neues Spielzeug: Wenn uns ein Schiff näher kommt als zwei Seemeilen, gibt das System einen lauten Piepton von sich. Keines der Schiffe kommt uns zu nahe. Trotz der kabbeligen See steuert der Windpilot einen ausgezeichneten Kurs. Am Tag wechsle ich Tuch nach Tuch, versuche die beste Besegelung für See- und Windsituation zu finden. Als bei sechs Windstärken die ausgebaumte Sturmfock am Vorstag hängt, werfe ich einen verschämten Blick in die Runde. Puh, keiner da, keiner hat's gesehen. Schnell wieder runter mit dem schweren roten Stoff.

Die Ecke des Kaps kommt immer näher. Inzwischen fahren wir in der sogenannten Inshore-Traffic-Zone, dem Seebereich zwischen den Verkehrstrennungsgebieten und dem Festland. Hier dürften außer Fischerbooten und ein paar Seglern kaum weitere Verkehrsteilnehmer aufzufinden sein. Mit zunehmender Landnähe erreichen uns auch wieder Wettermeldungen per Funk. Nördliche bis nordöstliche Winde zwischen vier und fünf, später sechs Beaufort sind genau das Richtige für das Team M und Skipper Mennewisch. Um 19 Uhr 53 schalte ich die Positionslaternen ein und freue mich auf eine weitere Nacht auf See. Die Segel werden vor Beginn der Dunkelheit so getrimmt beziehungsweise gerefft, dass ich dort nachts keine Manöver durchführen muss. Fast genau elf Stunden später liegt Kap Finisterre querab an Backbord. Morgendunst versperrt den scharfen Blick auf das berühmte Kap, Konturen und ein wenig Land kann ich erkennen. Kap Finisterre, das Ende der bekannten Welt, zeigt sich in einem verschwommenen Bild, an das ich mich gern erinnern werde.

An diesem achten Seetag stirbt der Wind. Parallel zu unserem Fortschritt habe ich immer die Wetter- und Zeitprognosen von Commander's Weather gelesen. Erschreckend genau. Nie haben sie wesentlich danebengelegen. Die Jungs machen wirklich einen guten Job. Entsprechend bin ich etwas enttäuscht von mir selbst, dass ich mich von diesem Seegebiet habe verrückt machen lassen. Wieso habe ich mir die Planung nicht allein zugetraut? Den ganzen Tag über blubbert der Motor. Die Strömung entlang der Küste schiebt uns zusätzlich nach Süden. Viel Müll schwimmt hier im spiegelglatten Wasser. Die Wellen der letzten Tage sind wie ausgebügelt. Delfine kommen immer mal wieder vorbei, mir gelingen tolle Bilder. Aus dem an Deck gelagerten

Kanister schütte ich knapp 20 Liter Diesel in den Tank. Die Anzeige steht auf voll, und bis zum Reiseziel wird es auf jeden Fall reichen. Der Abwasch der letzten Tage ist überfällig. Das merklich wärmere Klima in dieser Gegend forciert offenbar noch die Entwicklung des säuerlichen Duftes, der aus dem Milchreistopf kommt. Nach der Ankunft in Portugal muss ich dringend abwaschen. Und für das nächste Seestück wesentlich mehr Schokolade und Haribo bunkern. Aus dem Funkgerät kommen nun portugiesische und keine spanischen Stimmen mehr. Die Dame aus dem Lautsprecher leitet ihre Wetterinformationen stets mit einem »Chamacheneral, chamacheneral, chamacheneral« ein. Ich vermute, dass es so etwas bedeutet wie »an alle Seefunkstellen«. Ich verstehe kein Wort, und so viele Wörter wie sie in drei Sekunden sagen kann, brauche ich allein auf See am ganzen Tag nicht.

Als die Dunkelheit das Tageslicht verdrängt, notiere ich in meinem Bordtagebuch, dass ich das Radar noch nie wirklich genutzt habe. Vor ein paar Tagen war es in der Bucht sicher eine tolle Hilfe, es wäre jedoch auch ohne gegangen. Keine halbe Stunde nach dem Niederschreiben kann ich an Deck kaum die Hand vor Augen sehen. Nebel. Eine dicke Suppe hängt in der Luft. Wasser läuft am Großsegel herunter, aber es regnet nicht. Der volle Mond taucht die Szenerie in ein gelblich weißes Licht, die Kegel der Positionsbeleuchtung färben den Nebel. Gut, dass ich Radar an Bord habe! Nun kann ich zumindest sehen, was um mich herum passiert.

Um 22 Uhr 38 schallt ein »Muuuuhhhh« über Kanal 16 aus dem Funkgerät. Kurz darauf erneut. Auf dem Monitor kann ich zwei Echos sehen. Beide weit entfernt. Eines davon ist mal da, mal wieder weg. Und dann ist es plötzlich wieder da. »Muuuuuh«, ruft es erneut. Echo da, Echo weg. Das ist wirklich unheimlich. Ich ziehe mein Ölzeug an und lege zwei weiße Signalraketen an Deck – als Waffe, um später um mich schießen zu können. Nun folgt ein »Fuck you« aus dem Lautsprecher. Vor ein paar Minuten habe ich in Bobby Schenks Buch »Blauwassersegeln« noch von Piraten gelesen. Natürlich leben M und ich noch, als der Tag anbricht. Póvoa de Varzim liegt direkt voraus, Portugals Flagge weht unter der Saling. Eine Slalomfahrt zwischen Fischernetzbojen bringt uns direkt vor die Hafeneinfahrt. Um 8 Uhr 28, nach rund 690 Seemeilen, machen M und ich neben einer deutschen Yacht fest.

Südwind ist Wartewind

1. Oktober 2009 bis 11. Oktober 2009

10 Tage 4 Std 31 Min

5,3 %

0 sm

0 %

Seemeilen: 1972–1972

Work is for people who do not know how to fish.

T-Shirt-Spruch

Portugal zeigt sich von seiner verschlafenen Seite. Ein leichter Nebel liegt über Póvoa de Varzim und über dem Yachthafen. Eine blonde Dame in einem roten Pullover winkt von der Nachbaryacht herüber. Die Yachtgemeinde scheint ein bunter Haufen europäischer Nationalitäten zu sein: Engländer und Iren, Spanier und Franzosen, Dänen und nun auch noch eine weitere deutsche Yacht. Zwei deutsche Flaggen kann ich im Hafen ausmachen. Eine davon weht direkt neben M. Ich brauche ganz dringend eine Dusche, einen Internetanschluss und ein fieses Fast-Food-Menü, außerdem gilt es, eine Tonne Müll von der Überfahrt zu entsorgen, Wäsche zu waschen und einen Blick auf die Wetterprognose zu werfen. Laut den Wetterprofis soll der Wind nun erst einmal für zwei Tage einschlafen und dann von Süden her wieder zunehmen. Diese eher untypische Windlage haben wir einem ausgeprägten Tiefdruckgebiet über den Azoren zu verdanken. Das hängt nämlich genau dort, wo sonst das bekannte Azorenhoch verweilt und an der Küste Portugals eher für einen nördlichen Wind sorgt. Aber wie lange soll das Tief da bleiben? Ich gebe ihm ein paar Tage, und dann werden wir bestimmt wieder Weitersegelwind haben. Ein kleiner Spaziergang führt mich zur freundlichen Mitarbeiterin im Marina-Büro.

»Ihr jungen Leute wollt auch nur eines: essen«, grinst sie kopfschüttelnd, während sie eine Stadtkarte hervorholt und den Weg zu den goldenen Bögen von McDonald's aufmalt, einen Supermarkt, eine Bäckerei und eine Markthalle empfiehlt.

Ob sie dafür eine Provision bekommt? Außerdem erhalte ich einen Getränkegutschein für einen Drink in der Bar des Yachtclubs. Aber zunächst will ich: duschen. Literweise frisches, sauberes, warmes Süßwasser entfernt Salz, Schweiß und Siff der letzten Tage. Mein Ölzeug ziehe ich in der Dusche wieder an und wasche es gleich unter der Brause wieder sauber. Eine Wohltat – und die zweite lässt nicht lange auf sich warten: ein Burger mit zwei Lagen Fleisch, eine große Portion Pommes, eine kalte Cola und zum Nachtisch ein Eis. Kann es etwas Besseres geben als eine ungesunde Kalorienbombe nach einem langen Seestück?

Und die Gaumenfreuden gehen weiter. Am Abend bin ich bei meinen Nachbarn zum Abendessen eingeladen. Eine Auswahl an Antipasti und frisch gebackenes Brot gesellen sich zu leckerem Rotwein.

Meine Nachbarn haben in der Heimat alles hinter sich gelassen. Das Unternehmen leitet der Sohn, das Haus ist veräußert, und alles, was nicht verkauft werden konnte, hat unentgeltlich einen neuen Eigentümer gefunden. Sogar der Hund hat rechtzeitig vor dem Ablegen ins Gras gebissen. Der Plan ist, einfach so durch die Welt zu trudeln, bis, tja, bis wann? Diese Antwort bleiben sie mir bis zum Ende schuldig. Beeindruckend finde ich, dass die weitere Reiseplanung noch nicht wirklich feststeht. Noch eine Flasche Rotwein wird geköpft. Es könnte von den Kanaren nach Afrika gehen oder ins Mittelmeer. Eventuell auch in die Karibik, nur den Weg zurück nach Norden haben sie nicht auf der Agenda. Ein faszinierendes Lebenskonzept. Ich bin bewegt vom wirklich mutigen Schritt, mit über 50 Jahren die Zelte in Deutschland komplett abzubrechen und nur noch auf See zu leben.

Mein Lebensabendplan sieht eigentlich so aus, dass ich mich auf meinem Weingut von meinen Enkelkindern besuchen lasse und mich schon heute auf die rollenden Augen freue, wenn Opa wieder die alten Segelgeschichten rauskramt. So wie meine Uroma die Story mit dem Hecht, der so groß war, dass mein Uropa ihn – die Kiemen in der Astgabel eines über der Schulter getragenen Stockes arretiert – auf dem Rücken nach Hause trug und die Schwanzflosse noch auf dem Boden schleifte. Ob mein Uropa kleinwüchsig war? Er ist leider lange vor meiner Geburt verstorben. Glücklicherweise wäre ich weich gefallen, wenn ich von meinem Schlangenlinienkurs auf dem Heimweg zu M einmal etwas zu ausgiebig getorkelt wäre, aber ich fand meine Koje auf der Steuerbordseite. Als der nächste Tag erst lange nach High Noon beginnt, beschließe ich, es etwas ruhiger angehen zu lassen. Nebenan gibt es nur eine kleine Tablette zum Frühstück, und ich staune nicht schlecht, fünf leere Weinflaschen zu sehen. Wer hat die wohl alle geleert?

Póvoa de Varzim liegt knapp 60 Kilometer südlich der Grenze zwischen Spanien und Portugal. Von der Stadt, die 28 000 Menschen ein Zuhause gibt, hat man meines Erachtens aus nachvollziehbaren Gründen noch nicht sonderlich viel gehört. Es gibt eine Marina, ein paar Geschäfte, viele Wohnhäuser, und dann hat die Aufzählung auch schon ihr Ende erreicht. Nach den vielen Regentagen im Norden, dem Eingewöhnen in die neue Welt des Fahrtensegelns und unter Berücksichtigung des hier vorherrschenden warmen Klimas wird es auch

Zeit, mal zu beurteilen, wie die Portugiesin so aussieht. Die Seglerwelt ist durchschnittlich etwas älter, und jüngere Weltenbummler gehören eher dem männlichen Geschlecht an. Letzterer Gattung bleibt also nur, sich an Land umzusehen. Aber ich bin nicht nur vom Klang der portugiesischen Sprache überrascht (hatte ich sie doch auf eine Abart des Spanischen geschätzt und höre nun einen mehr osteuropäischen Singsang), sondern auch davon, wie böse die Leute hier in die Gegend gucken – trotzdem sind sie sehr nett. Ernüchtert beende ich die Erkundungstour. Viel ist hier wirklich nicht los.

Der Südwind weht frisch über die Wellenbrecher des Hafens hinweg. Gelegentlich schießt Gischt über die schweren Steine und glättet das gekräuselte Wasser im Hafenbecken. Die Badestrände sind überzogen mit einem gelben Sandnebel, kaum ein Sonnenanbeter liegt momentan auf seinem Handtuch. Die Hafeneinfahrt Póvoas ist nach Süden hin geöffnet, denn Wind und Welle aus dieser Richtung sind selten. Leider haben wir nun das Glück, dass die Wellen in den Hafen schlagen, sich im Gewerbehafen an den Kaimauern brechen und die Segelyachten heftig an ihren Festmachern reißen lassen. M liegt allein in ihrer Box und ist nach rechts und links mit allen Festmachern verspannt, die ich an Bord finden konnte. Sogar die Ruckdämpfer kommen zum Einsatz. Gemütlich ist das leider nicht, und so nutze ich wie die meisten Yachties die Zeit für einen Ausflug in die nahe gelegene Stadt Porto. Diese hat eine gute und eine schlechte Seite. Porto ist eine schöne Stadt. Viele kleine Gassen, die nicht selten keine zwei Meter breit sind, Treppen rauf und runter. Bananenpalmen und – gefühlt – 1000 Kirchen. Sehr nette Leute und viel zu gucken. Leider kann ich keinen Yachtausrüster finden. Meine Suche nach einer Seekarte für das nächste Seestück, Stagreitern und einer Gastlandflagge für mein nächstes Ziel, das Madeira-Archipel, bleibt daher erfolglos. Die rund 45 Minuten dauernde Bahnfahrt von Póvoa nach Porto kostet 1,95 Euro. Damit komme ich in Hamburg noch nicht einmal von der Hoheluftbrücke bis zum Berliner Tor.

Ich finde Anschluss in der Segelgemeinde vor Ort, lerne eigentlich jeden im Hafen kennen. Einen Abend verbringe ich mit den deutschen Seglern, einen Abend mit den Iren, einen mit den Engländern. Mit den Franzosen ist es etwas schwieriger, denn die sprechen selten Englisch, und mein Französisch – nun ja, reden wir besser nicht drüber. Gut verstehe ich mich mit einer englischen Yacht, die von Dave und seiner gut aussehenden Freundin bewohnt wird. Dave ist auch derjenige, der einen Blick auf meinen Motor werfen möchte, um beim Ölproblem zu helfen. Bisher habe ich Lobster, dem Trecker, sein eigenes Leben gegönnt und mich mangels Wissen wenig mit dem Motor auseinandergesetzt. Nachdem sich während der ausgiebigen Motornutzung mehr und mehr Öl in der Bilge gesammelt hat, sehe ich nun Handlungsbedarf. Ich weiß (grob) durch Daves Hilfe anschließend, wie das alles funktioniert, und habe einiges gelernt. Dave hat mich quasi gezwungen, eine kleine Checkliste zu schreiben: »Was Dirk vor jedem Auslaufen prüfen wird«. Darauf steht nun unter anderem: Spannung des Keilriemens prüfen, Seewasserfilter kontrollieren und gegebenenfalls reinigen, Ölstand prüfen und Wasserabscheider überwachen. Wie Schuppen fällt es mir von den Augen: Ich hatte echt keine Ahnung. Das hätte auch in die Hose gehen können. Wie kam ich überhaupt auf die Idee, loszufahren, ohne zu wissen, wie der Motor funktioniert? Eigentlich ist das alles gar nicht so schwierig, denke ich, und als ob Dave Gedanken lesen könnte, sagt er: »Wenn so ein Depp wie ich einen Motor verstehen kann, dann wirst du das auch hinbekommen.«

Am nächsten Tag hängt Wäsche auf der Leine, und ich hänge kopfüber in der Bilge, um mich der schwarzen hin und her schwappenden Brühe anzunehmen.

»Öl aufsaugen geht am besten mit Windeln. Gibt's überall, bereite dich nur auf die Frage vor, ob es ein Junge oder ein Mädchen ist«, lautet der Tipp meiner Bootsnachbarin Marlene.

Ich habe mich für die rosa-blaue Verpackung entschieden, denn ob es ein Junge oder ein Mädchen ist, weiß ich noch nicht. Jedenfalls darf er/sie nicht mehr als 18 Kilo wiegen, denn das ist das maximal zulässige Gewicht des Windelträgers oder der Windelträgerin. 16 Windeln habe ich noch auf Vorrat, fange an, die auszupacken und in der Bilge auszubreiten. Ein Wundermittel: Im Nu sind die Windeln gut gefüllt, und der Schiffsboden erscheint in seiner grauen Farbe. M ist wieder startklar, und auch der Nordwind ist wieder da. Zwar so schwach, dass man ihn kaum spüren kann, aber er ist da. Nordwind bedeutet, dass der Himmel wieder aufklart, die Sonne scheint und es ein klein wenig kälter wird. Wobei kalt an dieser Stelle bedeutet, dass man bereits um acht Uhr abends die kurze gegen eine lange Hose tauschen muss, nicht erst um zehn Uhr. Eine Unannehmlichkeit, mit der ich ganz gut leben kann. Trotz der Verbesserung der allgemeinen Windlage ist es immer noch sehr schwachwindig, und ich stehe vor der Entscheidung, zunächst weiter entlang der Küste Portugals nach Süden zu ziehen oder sofort nach Madeira zu segeln. Die Strecke Richtung Süden ist zwar ein wenig länger, würde aber den Sprung nach Madeira von rund 700 Seemeilen um ein paar Hundert verkürzen.

Meine Entscheidung, direkt das Madeira-Archipel anzusteuern, trifft in der Marina auf allgemeines Unverständnis. Wieso machst du das? Warum segelst du nicht ein wenig die Küste entlang, hier ist es so schön? Lass dir doch ein wenig mehr Zeit! Ich möchte aber nicht weiter an der Küste entlangsegeln. Mir ist das zu anstrengend mit den vielen Fischerbojen. Ich möchte auf See sein, in meiner kleinen blauen Welt.

Meine Abfahrt lege ich zunächst auf den 10. Oktober fest, verschiebe sie dann jedoch, um noch einen deutschen Einhandsegler zu treffen. Wir kennen uns bisher nur per E-Mail, und nun möchten wir uns doch noch einmal von Angesicht zu Angesicht sehen. Kurz vor ihm läuft noch eine weitere Yacht ein, und spätestens als ich höre, dass sich die Damen an Deck darüber unterhalten, dass es sinnig sei, Hosen mit einem Gummibund zu tragen, um mit der Gewichtszunahme bei der Raucherentwöhnung mitzuhalten, stelle ich fest: Es ist Zeit, zu gehen. Viel zu viel Campingplatzatmosphäre für meine Welt. Eine letzte Nacht in Portugal, dann geht es wieder weiter. Diesmal zu einem windarmen Flautentörn.

Flautentörn nach Porto Santo

11. Oktober 2009 bis 18. Oktober 2009

7 Tage   0 Std   58 Min

3,7 %

642 sm

5,5 %

Seemeilen: 1972–2614

Ein Sturm kann einen das Leben kosten, eine Flaute den Verstand.

Seglerweisheit

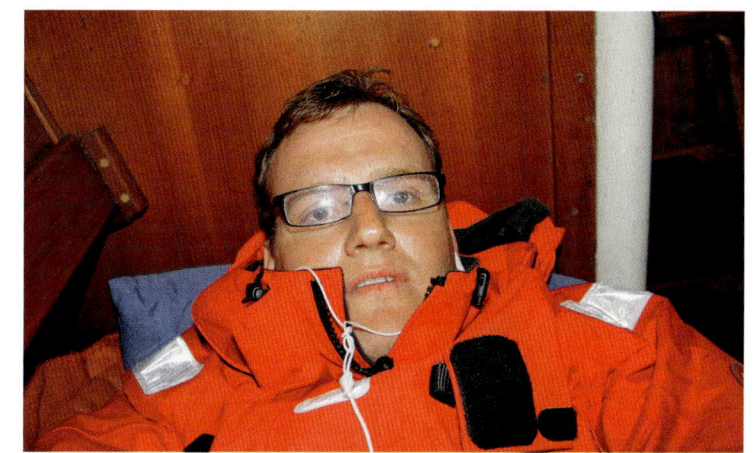

1 Tag zwei der Reise: Heimweh und Wassereinbruch. So richtig Spaß macht das noch nicht.

2 In der nördlichen Nordsee verabschiedet sich die Sonne in eine friedliche Nacht. Es folgt das, was der Skipper am liebsten mag: Segeln bei Nacht.

3

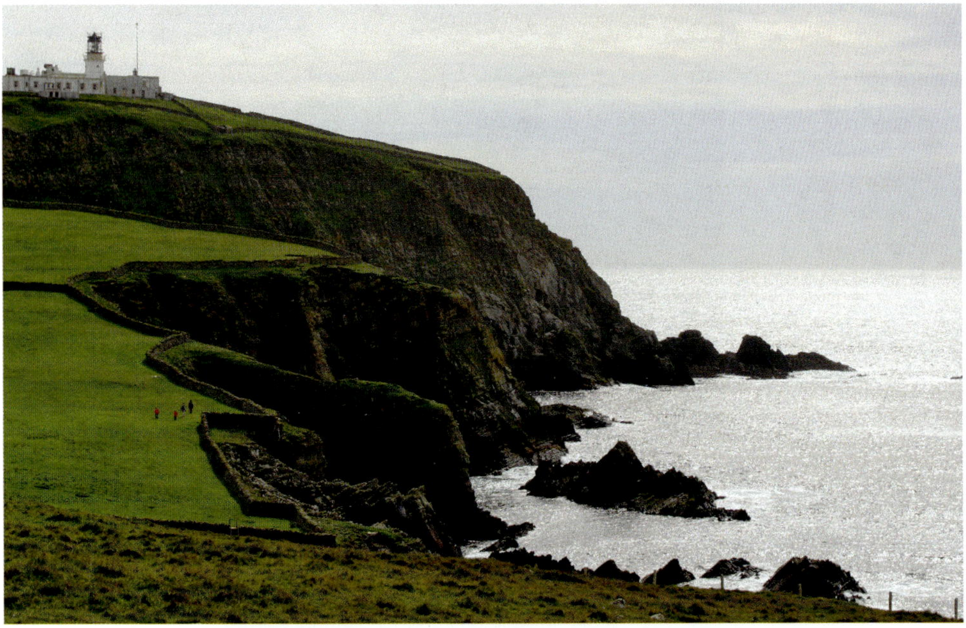

4

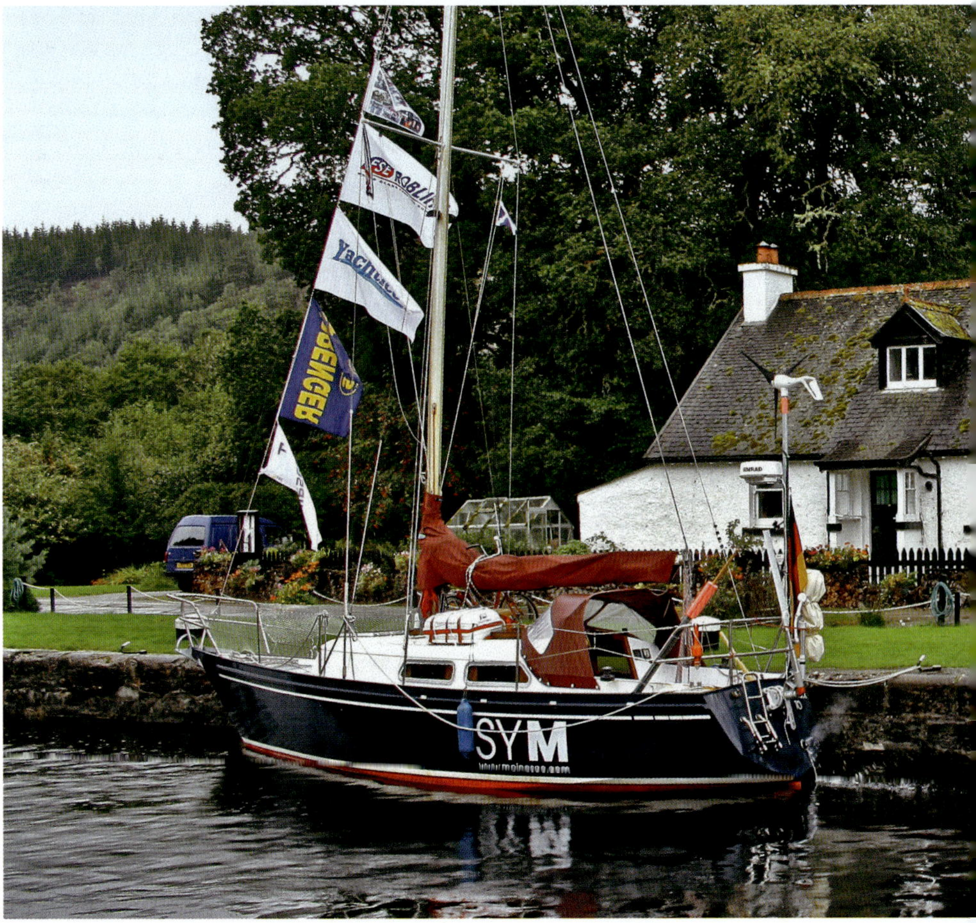

3 Auf diesen Anblick habe ich seit Jahren gewartet: die schroffen Felsen der Shetlandinseln.

4 Der Kaledonische Kanal präsentiert ein Schottland wie aus dem Bilderbuch.

5 Ein gutes Team: **M,** Rosalie Klapprad aus der Backskiste und Crew.

6 Die Idylle trügt. Am Eingang zum Crinan Canal
   kostet der Strom für den
   Heizlüfter 10 Pfund pro
   Nacht. Ich wärme mich
   mit Schnaps.

7 Aus dem Monstersee
   Loch Ness geht es den
   Schleusenflight bei Fort
   Augustus hinauf, weiter
   nach Westen.

8 Peel Harbour, Isle of Man.
   Niedrigwasser zwingt uns
   zu einer Pause vor dem
   Yachthafen.

SY **M**
www.sy-m.de

WACHPLAN

00.00 – 04.00   DIRK
04.00 – 0?.00   DIRK
0?.00 – 12.00   DIRK
12.00 – 16.00   DIRK
16.?0 – 20.00   DIRK
20.00 – 24.00   DIRK

BITTE PÜNKTLICH ZUR
WACHE ERSCHEINEN.

–DER SKIPPER

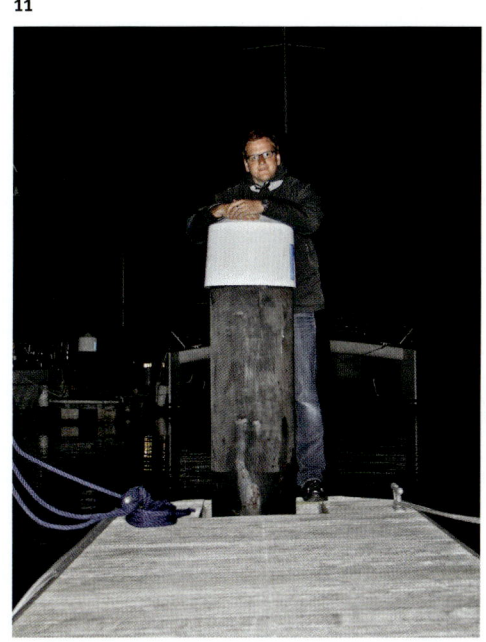

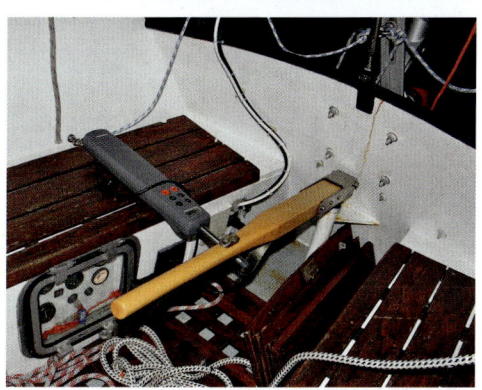

9 Zuckerbrot und Peitsche sind die Führungsinstrumente des Skippers. Das Zuckerbrot hat er direkt nach dem Verlassen Bensersiels über Bord geworfen.

10 Der Skipper freut sich und posiert vor der Irischen See.

11 + 12 Der hohe Tidenhub in den Irischen See macht das Navigieren anspruchsvoller. Ich empfinde es als Bereicherung, nicht als Last.

13 Bei Flaute steuert der kleine Pinnenpilot. Ein wertvoller Helfer.

14 Jeder bekommt gerne eine Postkarte aus einem fremden Land. Daher schreibe ich rund 100 Stück davon.

15 Es sind nur etwas mehr als 30 Seemeilen von Porto Santo nach Madeira. Die Fender hole ich für die kurze Strecke gar nicht erst ein.

Am Sonntag heißt es Leinen los in Póvoa de Varzim. Ein ganzes Abschiedskommando hat sich am Steg versammelt und das beeindruckende Schauspiel verfolgt, wie mein Ablegemanöver massiv misslang. Der Radeffekt der Schraube und die große Windangriffsfläche durch den Parasailor im Mast lassen M nämlich aus dem Kurs laufen. Aber so etwas passiert, und ich habe trotzdem noch Gelegenheit, meine neuen Freunde auf einem Foto zu verewigen.

Von Póvoa de Varzim soll es zum Madeira-Archipel gehen. Nur ein paar Seemeilen vor Madeira liegt die kleine Insel Porto Santo. Darauf leben knapp 5000 Menschen, und es soll dort ganz nett sein – da die Insel eh auf dem Weg liegt, kann ich ja mal vorbeigucken. Das Schöne an der Strecke ist, dass wir ab der Hafeneinfahrt von Póvoa bis kurz vor Porto Santo nur tiefes Wasser ohne Hindernisse vor uns haben. Es geht rund 600 Seemeilen nach Südwesten, Kurs 214 Grad. Die Wettervorhersage ist schlecht. Ein bis zwei Beaufort Wind aus Nord bis Nordost sind angesagt. Ich plane knapp acht Tage für dieses Seestück.

Der erste Tag auf See verläuft super. Ein 111er-Etmal hatte ich bei den Winden nicht erwartet. Trotzdem verbringe ich den Tag in der Koje. Ich muss erst mal wieder meinen Rhythmus finden. Nachts bietet das Himmelszelt Sterne ohne Ende. Man sieht die Sterne am einen Ende des Horizontes aus dem Wasser steigen und am anderen Ende wieder in die Fluten fallen. Wie schade, dass ich keinen Sternenatlas an Bord habe. Der Mond zeigt sich erst gegen Mitternacht als dünne Salatschüssel (Sichel nach oben geöffnet). So etwas habe ich noch nie gesehen. Dicke Flecken Meeresleuchten – so groß wie CDs – schwirren an uns vorbei. Eine Stunde sehe ich mir das nachts an und freue mich wieder einmal, dies alles erleben zu können. Der nächste Tag auf See steht unter dem Motto: alles nicht so schlimm. Dieses Dümpeln mit dem wenigen Wind ist zum Verrücktwerden. Tapfer rede ich mir bis zum Ende des dritten Tages ein, dass alles immer noch nicht so schlimm ist, wir Zeit (das ist sogar wirklich so) und genug zu futtern haben. Gelegentlich ziert ein kleiner gelber Klebezettel das Display des Kartenplotters: »Ganz ruhig« steht darauf. Gegen Mittag kreuzen wir die Verbindungslinie der beiden Verkehrstrennungsgebiete von Kap Finisterre und Kap Roca. Der Skipper verordnet dem Wachhabenden eine erhöhte Aufmerksamkeit, Schiffe werden jedoch nicht gesichtet.

Ich starte mit Wilfried Erdmanns Buch »Allein gegen den Wind«. Wilfried Erdmann hat sich vorgenommen, allein und nonstop gegen die vorherrschenden Wind- und Strömungssysteme der Erde diese zu umsegeln. Sein Kurs führt von der Heimat nach Kap Hoorn, dann an Neuseeland und dem Kap der Guten Hoffnung vorbei wieder nach Hause. Eine beeindruckende Leistung. Zum Zeitpunkt des Ablegens war er 60 Jahre alt. Auf 245 Seiten berichtet er über Freud und Leid seiner Reise. Schockiert bin ich über seine genussvollen Darstellungen über das Segeln in der Halbflaute. Zur Strafe muss das Buch zwei Stunden in die Ecke. In dieser Zeit grüble ich über Sinn und Unsinn eines solchen Nonstoptörns. All die schönen Orte nicht sehen? All die netten Menschen nicht treffen? Viele neue Freunde und Kulturen nicht kennenlernen? Auf der anderen Seite ist das Alleinsein auf See die reine Genugtuung. Ich würde mich als durchaus gesellschaftsfähigen und -liebenden Menschen bezeichnen und habe zuvor nie so lange so viele Tage mit mir allein verbracht. Es mag banal klingen, aber die Tage nur mit dem Boot und dem Meer zu füllen, ist reine Freude. Am Ende komme ich zu dem Schluss, dass ich Erdmanns Nonstopidee verstehe. Vor allem der Gedanke, eigentlich immer geradeaus fahren zu können, um irgendwann wieder dort anzukommen, wo man gestartet ist, beeindruckt mich sehr.

An Tag drei ein kleines Sonnenbad. Nach einer Stunde wird es mir zu warm. Auch nachts ist die Welt eine andere geworden. In der Nordsee schlief ich in Jeans und Pullover in meinem Schlafsack. Für die nächtlichen Rundumblicke stieg ich in meine Stiefel und in das Ölzeug. Ohne Kapuze ging nichts. Nun absolviere ich diese kleinen Ausflüge genussvoll in T-Shirt, kurzer Hose und barfuss.

Die nächste Nacht ist mies. Ich habe Kopfschmerzen, und die Nase schwillt zu. Warum nur? Sehr merkwürdig. Ich vergreife mich an meinem Medikamentenlager, das dank der Beiträge meiner örtlichen Apothekerin und einer befreundeten Ärztin gut gefüllt ist. Morgens ist alles wieder gut. Durch Zufall finde ich den Schlüssel zu Rosalies Fahrrad-Spiralschloss wieder. Seit Inverness sichere ich sie mit einer schweren Kette und einem Vorhängeschloss. Stellt sich nun nur noch die Frage: Wo ist das Fahrradschloss geblieben?

An Tag fünf zeigt sich an Bord ein mutiger Skipper. Ich hole fünf Liter Wasser an Bord und taste vorsichtig an, wie es um die Temperatur steht. Es folgt eine 100-Liter-Dusche mit Seewasser. Der Hammer! In der warmen Mittagssonne sitze ich an Backbord auf dem Kajütdach und übergieße mich mit Wasser. Es läuft der Motor, denn mit dem wenigen Wind macht der Windgenerator keinen Strom. Das tägliche Dieseln zum Stromherstellen ist zugleich Arbeitszeit. Auf dem Herd kochen die Nudeln, und nach einer halben Stunde sind die Batterien wieder voll genug für einen Tagesbedarf. Beeindruckend, wie die kleinen Probleme den Bordalltag bestimmen. In der Bucht von Biskaya das Öl. Jetzt der Strom. Gott sei Dank muss ich mir noch keine Sorgen zum Thema Essen und Trinken machen. Drei Liter Wasserkonsum plane ich pro Tag. Für die Atlantiküberquerung werde ich vier Liter veranschlagen. Ich trinke sehr viel. Ich hätte Lust auf einen Caesar Salad aus der Marsbar bei mir in Hamburg um die Ecke. Oder eine Bratwurst vom Holzkohlengrill. Schnell zurück zu Wilfried Erdmann. Bei ihm ist das Essen – meiner Meinung nach – noch ein wenig trostloser als bei mir. Ich beende das Buch, trage auf der ersten Seite die aktuelle Position, den Ozean und das Datum der Lektüre ein. So mache ich es bei allen auf dieser Reise gelesenen Büchern.

Kurze Zeit später turne ich kopfüber im Vorratslager im Vorschiff herum. Wühle mich vorbei an Küchenrolle, Wasser und Windeln bis zu den Konserven. Mandarinen in der Dose sind doch ein super Nachtisch. Aber nein, Kirschen sind noch besser. Auch der Hauptgang ist gerettet, denn die hervorgeholte Dose Putengulasch wird zusammen mit einer Portion Reis zum Festessen. Bis spät in die Nacht mache ich kein Auge zu. Die schlagenden Segel sind schlimmer als eine U-Bahn direkt vor dem Schlafzimmerfenster. M braucht Wind. Gedanken um die eventuellen Risiken einer solchen Reise schwirren in meinem Kopf. So ein nahe unter der Wasseroberfläche treibender Container kann einem schon den Tag versauen. Ähnliche Konsequenzen könnte die Kollision mit einem schlafenden Wal haben. Bei meinen Arbeiten an Deck, dem Wechseln der Segel, dem Reffen oder Ausreffen, könnte ein unachtsamer Tritt oder eine Welle im unpassenden Augenblick unangenehme Konsequenzen haben. Ich trage beim Verlassen des Cockpits immer/meistens eine Rettungsweste. Dies aber vor allem, um mich mit dem Lifebelt an Deck zu sichern. Hoffentlich lohnen sich diese Bemühungen, falls es einmal notwendig sein sollte. Es hatte mich übrigens überrascht, wie viele Leute spontan und ohne maritime

Erfahrung zahlreiche Unglücksszenarien konstruieren konnten. Als Einhandsegler – so meine Theorie – bin ich immer einen Funken vorsichtiger als andere Segler. Da wird schon nichts passieren.

An Tag sechs wieder ein schwaches Etmal. Seit dem Ablegen in Portugal machen wir im Schnitt um die 85 Seemeilen. Zeit für ein neues Buch. Uwe Röttgerings »Die See gehört mir« erzählt von seiner Weltumsegelung. Er allein auf einem Kurs fernab der Barfußroute. Seine Yacht Fanfan! führt Münster als Heimathafen am Heck. Ms Heimathafen ist Osnabrück, nur ein paar Autobahnausfahrten von Münster entfernt. Das Buch ist gespickt mit schwarzem Humor und Selbstironie. Diesen Autor würde ich gern einmal persönlich kennenlernen. Eventuell zu einer Portion Apfelmus in einer Rettungsinsel? Parallel lese ich im »Segelhandbuch für den Atlantischen Ozean« aus dem Jahre 1910. Es gibt doch tatsächlich Wissenschaftler, die sich die Arbeit machen, Karten vom Atlantik zu erstellen, die Linien über den Salzgehalt aufführen. Begrenzt spannend. Jedoch: In den Breiten des Passatwindes (mit dem wollen M und ich ja in die Karibik) weist der Atlantik die höchste Salzkonzentration (37,3 Promille) auf. Das heißt doch auch, dass das Wasser dann mehr Auftrieb erzeugt, M weniger Tiefgang hat, die benetzte Fläche geringer wird, wodurch der Wasserwiderstand sinkt und wir schneller sind, oder? Wir werden sehen.

Entgegen der vorherigen Prognose endet die Überfahrt schon an Tag sieben. Kurz nach dem Sonnenaufgang ist Porto Santo am Horizont zu erkennen. Ein kleiner grauer Huckel wird immer größer, bekommt Farben und Strukturen, bis sich eine große Insel vor meinem Auge ausbreitet. Einmal rechts abbiegen, und schon liegen wir am Schwimmsteg. Der erste Gang geht zum Zoll, danach ins Hafenbüro. Zweimal muss ich einklarieren. Die Gründe hierfür erschließen sich mir nicht, aber solange die Jungs kein Geld wollen, dürfen sie mich gern so oft sie mögen nach Radar und Funkgerät fragen, denn bei 26 °C, Sonne und strahlend blauem Himmel kann ich das gut über mich ergehen lassen.

Bei Kolumbus

18. Oktober 2009 bis 2. November 2009

15 Tage 3 Std 57 Min

7,9 %

301 sm

2,6 %

Seemeilen: 2614–2915

Beachtenswert ist auch der Körperbau der Kakerlaken. Mit ihren sechs Beinen und der arteigenen Gangart, bei der immer drei Beine den Boden berühren, überwinden die Kakerlaken nahezu jedes Hindernis problemfrei und in Rekordtempo. Jeder, der schon einmal versucht hat, eine Kakerlake zu zertreten, weiß, wie schnell die Tiere rennen können. Die schnellsten Schaben der Welt legen in einer Sekunde das Fünfzigfache ihrer eigenen Körperlänge zurück. Für einen Menschen würde das bedeuten, mehr als 80 Meter pro Sekunde zurückzulegen (300 Kilometer pro Stunde). Hinzu kommt der Fakt, dass die vom Fuß bedrohte Kakerlake nahezu keine Reaktionszeit aufbringen muss, um die Flucht zu ergreifen. Noch bevor das Tier weiß, warum es überhaupt wegläuft, rennt es weg.

http://www.frogged.de/igitt-eine-kakerlake.html

Porto Santo ist der erste Ort auf meiner Reise, an dem Segler die Hafenmauern mit künstlerischen Hinterlassenschaften dekorieren. Flaggen aus aller Welt zieren die Wellenbrecher aus Beton, und weitere Informationen wie Bootsname und Jahreszahlen versprühen ein internationales Flair im großen Hafenbecken. Porto Santo bietet sich als kurzer Stopp auf dem Weg in den Süden an. Nur knapp 5000 Einwohner besiedeln das Eiland, welches Madeira vorgelagert ist und auch zur Inselgruppe gehört. Die große Schwester ist bei klarem Wetter gut am Horizont auszumachen und trotz ihrer Nähe ganz anders. Madeira ist als Insel des ewigen Frühlings bekannt, immergrün und von schroff karg bis urwaldähnlich soll dort jede Vegetationsform vorzufinden sein. Ich vermute, dass die hohen Berge Madeiras für den einen oder anderen Liter Regen sorgen. Porto Santo dagegen ist flach, karg, und erinnert mich etwas an die Wüsteninsel Fuerteventura. Der Hafen liegt weit ab vom Schuss. Mit Rosalie geht es zunächst zum Marina-Büro, um uns anzumelden. Eine Übernachtung ist mit 11,23 Euro ausgesprochen günstig, eine Ladung Wäsche waschen zu lassen (Selbstbedienung ist nicht erlaubt) erscheint mir mit 15,08 Euro allerdings viel zu teuer. Obwohl Madeira kein eigenständiges Land ist, hat es eine eigene – schöne – Flagge, welche senkrecht blau, gelb, blau gestreift ist und ein rot umrandetes weißes Kreuz in der Mitte führt. Die Flagge kann ich für zehn Euro erwerben. Ich frage nach, ob der Preis nicht richtigerweise 10,04 Euro lauten müsste, und die Verkäuferin versteht glücklicherweise die Anspielung auf die ungewöhnlich krummen Zahlen auf der Preisliste der Marina.

Die erste Erkundungstour endet in der Stadt im Supermarkt, wo meine Sehnsüchte der letzten Tage nach kalten Getränken, frischem Obst und ein wenig Schokolade befriedigt werden. Dort treffe ich auf meine holländischen Liegeplatznachbarn, die mich für den übernächsten Abend zum Essen einladen. Am zweiten Tag auf Porto Santo grüßt mich eine nette Kakerlake in der Dusche. Blitzartig erinnere ich mich an die Warnungen der deutschen Segler in Norwegen und Schottland: Bloß keine Kakerlaken an Bord! Hunderte Krabbelviecher mit mir auf dem Atlantik, versteckt und verkrochen in den letzten Ritzen, unauffindbar, eine unauflösbare Lebensgemeinschaft. Nachts krabbeln sie über meinen Bauch, und tags darauf teilen wir Kekse und Obst? Ein Albtraum. Während das Wasser über mich prasselt, lasse ich meine Tasche und die Kakerlake nicht aus den Augen. Solange das Tierchen da oben an der Wand bleibt, ist es keine Gefahr, aber nähert es sich meiner Tasche, landen seine Eier vielleicht in meinem Handtuch und in der kleinsten Naht. Schon ist das Unglück perfekt, schon habe ich unzählige neue Freunde. Ab sofort landen meine Flipflops nicht mehr an Deck, sondern bleiben auf dem Steg. Dazu gesellt sich die Mülltüte, denn je weniger Beute wir an Bord haben, desto größer ist die Wahrscheinlichkeit, dass ich von den Tieren verschont bleibe. Ach wie schön ist es, eine Paranoia zu bekommen.

Segelfreunde haben mir eine Inselrundfahrt mit dem Cabriobus empfohlen, und so sitze ich schon am nächsten Tag in so einem Fahrzeug, und wir rollen über die Insel und halten zunächst am neun Kilometer langen Sandstrand Campo de Baixo. Wie auch die Azoren und die Kanaren ist das Madeira-Archipel vulkanischen Ursprungs, und so gibt es nur ganz selten einen weißen Sandstrand auf diesen Inseln. Eine Ausnahme macht Porto Santo und ist aus diesem Grund ein beliebtes Wochenendziel für die Upperclass Madeiras. Mit der Fähre kann man schnell übersetzen. Der Bus fährt weiter an die Steilklippen der Nordseite der Insel und erklimmt den höchsten Berg. Während wir hin und wieder für zehn Minuten halten, um ein paar Fotos zu schießen, komme ich mit einem deutschen Ehepaar ins Gespräch, welches Porto Santo als Geheimtipp bezeichnet; seit bereits fünf Jahren kommen die beiden ständig hierher. Mir ist zwar schleierhaft, weswegen man eine so lange Anreise für eine Wüsteninsel in Kauf nimmt, aber »Geheimtipp« scheint ganz passend. Von Porto Santo hatte ich vor meiner Ankunft in Portugal noch nie etwas gehört. Nach der zweistündigen Busfahrt trinke ich zusammen mit meinen Busbekanntschaften noch einen Espresso und staune nicht schlecht, als wir für zwei Latte macchiato und einen Espresso nur 1,80 Euro bezahlen dürfen, zusammen, versteht sich.

Angeblich hat Christoph Kolumbus einst auf dieser Insel gewohnt. Er ist allgegenwärtig in Straßennamen und Andenkenläden. Sein ehemaliges Wohnhaus ist wirklich schön und beherbergt nun ein Museum, welches leider geschlossen ist. Vor einem Postkartengeschäft befindet sich eine riesige Kolumbusstatue. Im Laden lange ich kräftig zu: 19 Ansichtskarten möchte ich von Porto Santo aus schreiben. Bis zum jetzigen Zeitpunkt haben bereits 48 dieser bebilderten

Lebenszeichen den Weg in die Heimat zu Freunden, Bekannten und meiner Familie gefunden. Sind Postkarten eigentlich out? Mein Lieblingsradiosender in Hamburg stellte diese Frage zu Beginn der Ferienzeit 2009 zur Diskussion. SMS und E-Mails würden doch auch reichen, meinten einige Zuhörer. Quatsch, sage ich. Ist es nicht super, eine Karte aus einem fremden Land zu bekommen? Eine E-Mail aus dem Ausland bekomme ich ständig. Meist werden darin dubiose Produkte zur Vergrößerung gewisser Körperteile angepriesen. Oder jemand macht sich Sorgen um meine Bildung und empfiehlt einen Fernstudiengang »Deutsches Abitur« an einer Hochschule in Indien. Ich schreibe gern Postkarten, und es wird auch so weitergehen. Das Schreiben beschäftigt mich bis morgens um halb drei.

»Schreib halt schneller«, hätte da meine Französischlehrerin gesagt.

Leider hat sich seit dem Verlassen des portugiesischen Festlands schon wieder eine kleine To-do-Liste aufgebaut, die ich teils gern und teils widerwillig abarbeite. Schnell erledige ich kleine kosmetische Ausbesserungen an Bord, aber das Entsalzen des Bootes: vertagt auf unseren Stopp auf Madeira. Die Postkarten sind bereits geschrieben und einige notwendige E-Mails verfasst. Für einen Internetzugang muss man hier leider eine kleine Wanderung vornehmen und sich mit den anderen Seglern in einer Art Käfig vor dem Marina-Büro einfinden, durch den kleine Bäche fließen, als es plötzlich in Strömen regnet. Regen ist auf dieser Insel selten, und nur vier- bis fünfmal im Jahr wird das überwiegend durch eine Meerwasserentsalzungsanlage gewonnene Wasser durch natürlichen Niederschlag ergänzt. Netterweise darf ich in der großen Halle der Rettungsinselwartung meinen Parasailor auf dem Boden zum Trocknen ausbreiten, der ist mir beim Bergen etwas nass geworden. Ob dort Kakerlaken in die Segeltasche krabbeln, Eier legen und dann das ganze Boot ...? Der Rückweg zurück zum Boot fällt etwas unangenehmer aus. Der Mitarbeiter des Zolls quatscht mich an und fragt nach dem Wohin und Woher, dem Warum und ob ich nicht Lust auf einen kleinen Plausch im Zollhäuschen hätte. Ganz koscher scheint mir die Situation nicht zu sein, als ich gefragt werde, ob ich nicht auch eine gut sortierte Sammlung pornografischen Materials an Bord hätte.

»Dies ist nichts, worüber ich mit einem Staatsdiener diskutieren möchte«, entgegne ich. Aber dieser lässt sich nicht beirren und kommentiert meine schönen Waden. Das geht mir dann doch alles ein wenig zu weit, und ich beschließe, dass es höchste Zeit ist, ziemlich schnell das Weite zu suchen.

Am nächsten Morgen hole ich aus dem Vorratsraum im Vorschiff meine Vorlage für ein Spraybild an der Hafenmauer hervor und mache mich auf den Weg. Neben zwei deutschen Yachtlogos finde ich ein schönes Plätzchen, klebe ein großes Rechteck ab und fülle die Innenfläche mit blauer Sprühfarbe. Durch die Sonneneinstrahlung ist die Farbe bald ausreichend angetrocknet und bereit für die weiße Schicht. Unglücklicherweise bin ich der portugiesischen Sprache nicht mächtig und habe beim Einkauf im Supermarkt die Sprühdose wegen der weißen Kappe gewählt und leider den Klarlack erwischt. Deshalb tupfe ich nun Bootslack mithilfe eines Stücks Haushaltsrolle an die Betonwand. Tropfnasen und unscharfe Kanten lassen eindeutig mein mangelndes künstlerisches Talent erkennen.

Als sich der Abend nähert und meine Gedanken um das bevorstehende Abendessen kreisen, rücke ich die letzten Sachen an Deck zurecht und mache M bettfertig. Meine von Hand gewaschene und von der Sonne getrocknete Wäsche falte ich erst ordentlich zusammen und verstaue sie dann mit einem Wurf durch die Luke unter Deck. Mein gerade eingetroffener Liegenachbar aus Belgien unterbricht seinen Abwasch am Steg und beginnt eine Unterhaltung auf Englisch. Schnell erkenne ich, dass mein Französisch zwar miserabel, aber immer noch besser ist als sein Englisch. Um nicht unhöflich zu sein, lehne ich die Einladung zu einem Aperitif natürlich nicht ab, wenngleich ich an einer lockeren Abendunterhaltung wegen der Sprachbarrieren zweifele. Doch es kommt wieder einmal alles anders als gedacht. Eine gesellige Truppe von Belgiern, Franzosen, einem Dänen und einem Deutschen hat sich gebildet, und mit zunehmendem Rotweinkonsum brechen auch die letzten Sprachbarrieren.

Ein neuer Tag und endlich Lust und Zeit, weiterzusegeln. Der Wind ist – wie seit Tagen – nicht gerade hilfreich beim Segeln. Langsam schiebt M sich unter Motor rückwärts aus der Box und rechts herum um die erste Kaimauer. Als die Hafeneinfahrt hinter uns liegt, ist Madeira bereits direkt voraus. Wie nach jedem Ablegemanöver kommt es mir auf See wieder so vor, als sei eine Last von mir abgefallen. Ich atme tief durch, lasse den Autopiloten steuern und erfreue mich an der Ruhe, welche der Atlantik ausstrahlt. Blaues Wasser, blauer Himmel, niemand um mich herum. Muss ich mir langsam Sorgen darüber machen, weil ich so gern allein auf See bin? Eher nicht. Unter Großsegel und Genua kommt M dann nicht wirklich gut voran, und so darf der Motor weiterhin auf den 31 Seemeilen bis Madeira schieben helfen. Die Fender habe ich schon an Deck bereitgelegt. Ich schaue über den leichten Schwell hinüber nach Madeira und verlasse meinen gemütlichen Platz auf einem Segelsack erst nach rund drei Stunden, um etwas zu trinken. Ob ich vor meiner Reise schon drei Stunden am Stück hätte still sitzen können? Natürlich.

Per E-Mail hatte ich bereits von Porto Santo aus Kontakt zur Marina in Quinta do Lorde aufgenommen. Dieser Ort liegt ganz im Osten der Insel; die Marina wurde erst vor einem Jahr eröffnet. Über Funk melde ich mich nun erneut, und eine rauchige Frauenstimme lässt mich wissen, dass mir gleich jemand entgegenkommen wird, um mich abzuholen. Die Stimme gehört bestimmt Joanna, von der mir Bert von der Heimkehr so vorgeschwärmt hat. Er war ganz aus dem Häuschen gewesen. Es bleibt also spannend.

Ein Schlauchboot schießt aus der Hafeneinfahrt, hält auf M zu, umkreist uns, und ein Mann ruft:»Hello, Captain!«

Nach dieser tollen Begrüßung folge ich gern den Anweisungen dieses Marina-Mitarbeiters und hänge die Fender an die Steuerbordseite. Vor der Hafeneinfahrt wartet Carlos im Schlauchboot auf mich und begleitet uns dann zu unserem Liegeplatz.

»Willkommen, Captain, willkommen auf Madeira«, sind die Worte von Carlos, als er mir entgegengrinst.

Die für mich notwendigen Informationen gibt es gleich dazu: PIN-Nummer für die Tür vor den Sanitäranlagen, Zugangsdaten für das Internet und der Hinweis auf das Marina-Büro, wo Joanna schon auf mich wartet. Also nichts wie hin! Und Bert hat nicht zu viel versprochen: Joanna sitzt an ihrem Schreibtisch, zeigt leuchtend braune Augen und perfekte weiße Zähne und lächelt mir entgegen. Ihre langen dunklen Haare trägt sie ordentlich gescheitelt. Sie scheint – dem ersten Eindruck nach – rundum ordentlich gebaut und unterstreicht ihre sportliche Anmutung mit einem schlichten schwarzen Top und einer dezent-eleganten perlmuttfarbenen Kette. Für ihre Fingernägel gibt sie sicher ein Vermögen aus – oder investiert Stunden oder beides. Die Formalitäten sind schnell erledigt. Neben 20 Prozent Rabatt als Trans-Ocean-Mitglied und weiteren 10 Prozent Frühbucherrabatt versuche ich, Joanna noch einen Einhandseglerrabatt von 20 Prozent, einen Unter-30-Jahre-Rabatt von 30 Prozent und einen weiteren allgemeinen Rabatt von 20 Prozent abzuschwatzen. Leider erfolglos. Aber mein Aufenthalt im Büro wird trotzdem noch besser, als Joannas Vorgesetzte eintritt. Cátia ist in meinen Augen noch eine Nummer mehr als Joanna.

In der festen Überzeugung, hier die richtige Marina-Wahl getroffen zu haben, besichtige ich den Ort um die Marina. Quinta do Lorde wird gerade komplett neu aus dem Boden gestampft. Die Kirche ist Baujahr 2009, die Straßen sind Baujahr 2010 und noch nicht fertig. Das Hotel ist in Bau, der Pool, das Fitnesscenter und die Villen bilden ein Sammelsurium aus halb fertigen Gebäuden. Wenn man ehrlich ist, gibt es hier nichts Fertiges. Gar nichts. Außer dem Verkaufsbüro für Villen, dem Marina-Restaurant und der Bar sowie der Marina-Verwaltung. Für 1,80 Euro bekomme ich in der Bar ein Magnum-Mandel-Eis und 20 Cent Wechselgeld auf einem silbernen Teller serviert. Nicht vergebens zieren fünf Sterne das Logo der Marina.

Mit einer großen Portion Bratkartoffeln, Machart »fast wie bei Oma«, geht der erste Tag auf Madeira zu Ende. Gesehen habe ich von der Insel noch nicht viel, aber das macht nichts. Wind soll während der nächsten Woche fast nicht vorhanden sein, das macht meine Überfahrt zu den Kanaren unmöglich. Aber ich scheine nicht am schlechtesten Ort zu sein, um mir ein wenig die Zeit zu vertreiben und auch die Insel zu erkunden. Am nächsten Morgen glitzern schon die Sonnenstrahlen über dem Hafen. Das klare Wasser erlaubt den Blick bis hinunter auf den Grund, wo sich Seeigel und kleine Fische tummeln. M sieht aus, als würde sie im Wasser schweben. An der Kielflosse kann man unsere Grundberührung mit Irland gut erkennen; das rote Antifouling ist etwas abgekratzt und hat den silbrigen Primer freigelegt. Kein Grund zur Sorge.

In der Marina-Bar gibt es frische Brötchen oder das, was die Leute auf Madeira für Brötchen halten. Vor der gemütlichen Hafenkulisse treffe ich noch drei bekannte Gesichter aus Porto Santo, die ihre Yachten in der Bucht nebenan vor Anker liegen haben und sie am Nachmittag in die Marina verholen möchten. Mit diesen neuen Nachbarn kann der Aufenthalt nur zu einem großen Vergnügen werden. Doch zunächst steht der Vormittag unter dem Motto »Bootspflege«. Anders als meine Wohnung in Hamburg und mein Auto braucht so ein Boot doch ein wenig mehr Aufmerksamkeit. Das Fensterputzen überlasse ich an Bord dem Meer, dem Regen und dem Wasserschlauch. Außerdem habe ich mir vorgenommen, den Ankerkasten in Ordnung zu bringen. In Norwegen habe ich seine Verbindung zur Kabine neu abgedichtet und seinen Deckel mit einem Dichtmittel zugeklebt. Zusätzlich benutzte ich ein wenig Tape. Auf den Shetlands sollte das Problem dann endgültig gelöst werden. Dann in Inverness. Dann auf der Isle of Man. Dann aber wirklich in Dublin und ganz bestimmt in Póvoa de Varzim. Nun kommen wir in die Gebiete, wo auch ich einmal ankern möchte, und in rund vier bis fünf Wochen soll es über den Atlantik gehen. Es wird also Zeit. Um zu verhindern, dass immer weiter Wasser in den Ankerkasten läuft, habe ich mich von der alten Deckeldichtung getrennt und sie durch eine dickere, weichere ausgetauscht. Falls doch ein wenig Wasser in den Kasten laufen sollte (zum Beispiel durch eine nasse Ankerleine nach Gebrauch), kann es durch einen neu gebohrten Abfluss wieder raus. Derzeit ist beides noch »work in progress« – aber es wird. Meine Nachbarn von gegenüber haben ihren Spaß, als sie mich am Ankerkasten arbeiten sehen, denn wenig später ziehen auch sie Kette und Leine aus dem Kasten, legen beides auch auf den Steg und fangen an, ebenfalls ein Leck im Ankerkasten zu reparieren. Leidensgenossen.

Mit einem Farbtopf und Pinsel bewaffnet, geht es anschließend kleineren Roststellen zu Leibe. Heute mit Weiß. Morgen mit Blau. Ms Deck ist mit einer grauen, rauen Farbe bestrichen, einer sogenannten Antirutschfarbe, die für sicheren Stand sorgen soll. Das Grau ist zwar recht hell, aber meine Füße schmorten schon ein wenig, als ich heute fleißig war. Eventuell werde ich M hier noch einmal eine hellere Farbe spendieren. Der Entscheidungsprozess läuft noch – es wird also eher keinen neuen Anstrich, sondern geschmorte Füße geben. Überall hängt frisch gewaschene Wäsche an Bord, und auch die Segel bekommen etwas Service. Die Vorsegel werden am Vorstag gefahren, das ist ein Stahlseil, welches von der Bugspitze bis in die Mastspitze gespannt ist und den Mast festhält. An der vorderen Kante der Segel, dem Vorliek, sind Stagreiter befestigt. Sie werden wie kleine Karabiner am Vorstag eingepickt und lassen das Segel »auf dem Stag reiten«. Die Dinger verschleißen leider schneller, als ich gedacht habe, und so werden ein paar ausgetauscht. Morgen werde ich neue als Reserve einkaufen müssen, man weiß ja nie.

Ein Tag voller Arbeit? Niemals. Vom geschäftigen Treiben an Bord angelockt, verquassele ich eine Stunde mit einem Segler aus England auf dessen Yacht. Um 15 Uhr – so versprach mir die liebe Joanna aus der Marina – würde mein bestelltes Mietauto zur Marina-Bar gebracht. Also sitze ich dort, pünktlich, wie es sich gehört, mit einem Eis und warte auf den netten Mann von der Autovermietung. Zweieinhalb Stunden und drei Cola später habe ich meinen Platz noch nicht verlassen. Der Mietwagen war pünktlich da. Aber um kurz vor drei Uhr gesellten sich die Iren vom anderen Steg zu mir und später auch ein Einhandsegler von den Britischen Jungferninseln. Und so vergeht der Tag. Dieser Ort ist einfach zu gemütlich.

Um sieben Uhr geht es dann doch los zu meiner geplanten Inselfahrt. Abends möchte ich ins Kino. Meine nicht vorhandenen Portugiesischkenntnisse sind dabei kein Problem, denn Filme werden hier nicht übersetzt, sondern mit Untertiteln versehen. Nur zu blöd, wenn man »Vorschau« und »Aktuelles Kinoprogramm« auf der portugiesischen Internetseite des Kinos nicht auseinanderhalten kann. Mein bevorzugter Film läuft erst in drei Wochen an ... Also kein Kino, als Entschädigung heize ich noch ein wenig über die Insel. Ein tolles Panorama mit untergehender Sonne, den orangefarben angeleuchteten Städten an den Berghängen. Ich schalte die Klimaanlage aus, kurble die Fenster herunter und freue mich über den warmen Wind, der durch das Auto zieht. Erinnerungen kommen hoch an meine Zeit in Amerika, dort war die abendliche Stimmung häufig ähnlich. Einige Stunden fahre ich noch durch die Wälder und Orte der Insel, halte einiges in Bildform fest und lenke den Wagen erst wieder in der Dunkelheit zurück zur Marina.

Am zweiten Tage mit dem Auto geht es nach Funchal, eine recht schöne Stadt. Zwischen Palmen und exotischen Blumen wird keine Gelegenheit ausgelassen, den spendierfreudigen Touristen um den einen oder anderen Euro zu erleichtern. Vor den Kaimauern finden sich Hunderte Yachtlogos aus aller Welt auf dem Boden, es ist unmöglich, nicht auf sie zu treten. Das gerade einlaufende Kreuzfahrtschiff Aida Luna öffnet seine Pforten, und ein Strom Touristen erobert den Ort. Zeit, zu fliehen. Ich habe leider keine Straßenkarte von Madeira, und so fahre ich einfach drauflos. In einer groben Übersichtskarte sind die größeren Orte und Städte zu erkennen. Getreu dem Motto: Der Tank ist voll, die Insel rund, und wenn es nicht mehr bergab geht, muss ich rechtzeitig vor dem Wasser bremsen. Sogar einen großen Supermarkt kann ich noch ausfindig machen. Dort versorge ich mich mit Lebensmitteln und Leckereien und belade den gesamten Kofferraum mit Wasserflaschen, den ersten Vorräten für die Atlantiküberquerung.

Madeira ist neben der Blütenpracht auch bekannt für seinen Wein. Es handelt sich dabei – so lerne ich im Internet – um ein mit Weinbrand angereichertes Produkt. Hier gibt es ihn in diversen Sorten, und ich lange bei drei verschiedenen Flaschen zu. Eine kleine Weinprobe veranstalten wir später auf dem Nachbarboot bis spät in die Nacht. Zurück an Bord liegt in der Box neben meiner M die Elmarleen aus England. Irgendwie kommt sie mir bekannt vor, und tatsächlich stelle ich im Internet fest: Sie und ihr Skipper Will haben in diesem Sommer das OSTAR nach berechneter Zeit gewonnen. Nachdem Will nach dem Rennen mit dem Boot wieder zurück nach England gesegelt war, hat er es fahrtensegeltauglich gemacht: Es gab nun wieder einen Innenausbau, einen Fußboden, ein Sonnensegel und einen Kühlschrank an Bord. Dies alles hatte den Regattaambitionen aus Gewichtsgründen weichen müssen. Schwupp, die Freundin aufgeladen, und schon ging es weiter mit der Passatroute in die Karibik. Ich hatte das ganze Rennen verfolgt. Meine Kollegen erinnern sich noch heute daran, wie ich ihnen täglich und unaufgefordert den aktuellen Stand und insbesondere das Vorankommen des einzigen deutschen Teilnehmers mitteilte. Wenn ich mich recht entsinne: Es hat nicht wirklich jemanden interessiert. Das OSTAR ist – insbesondere wegen seiner Natur als Amateurrennen – eine der coolsten Regatten, die es gibt. Vielleicht sollte sich dort eines Tages auch einmal ein Boot mit dem Namen M an den Start begeben ...

Am nächsten Tag will ich eine Runde schwimmen. Der Auskunft aus dem Marina-Büro nach soll ich am besten mein Schlauchboot nehmen und damit aus der Hafenausfahrt fahren, einmal rechts abbiegen, und schon sei ich dort. Ich räume also Feuerlöscher, Isomatte, Bohrmaschine, Stativ und meinen Heizlüfter beiseite, um an das Beiboot zu kommen. Unter Deck sieht es aus wie nach einer riesigen Keilerei. Einige schweißtreibende, luftpumpende Minuten später schwimmt das Beiboot, zum ersten Mal seit einer kurzen Probefahrt in Glückstadt. Mein Schlauchboot habe ich auf den Namen klEYn M getauft. Aus dem Benzinkanister tanke ich etwas Sprit in den Außenborder, und schon geht es los. Kurs Strand. Dort brechen sich leider die Wellen, ich versuche ein Durchkommen an der einen oder anderen Stelle, gebe meine Bemühungen aber auf. Bei einem ähnlichen Versuch ist ein Stegnachbar vor zwei Tagen mit dem Schlauchboot gekentert, hat seine Digitalkamera ruiniert, eine Platzwunde am Kopf und von den Schmerzmitteln auch noch Durchfall davongetragen.

»Er ist kein Freund von halben Sachen«, meinte seine Frau dazu.

Auf dem Rückweg von meinem verpatzten Schwimmspaß halte ich noch einmal beim Einhandseglerkollegen Keith an. Er hat immer einen »tea« parat – jedenfalls wenn die Sonne den Zenit noch nicht überschritten hat, danach gibt es Bier, denn dann ist es ja schon fast Abend. Abends sitze ich unter Deck und kümmere mich um meine Reisedokumentation. Es klopft. Keith lädt auf ein spätes Bier am Mittwoch ein. Anlass ist das Einlaufen zweier Segler, die er in Spanien kennengelernt hat. Da bin ich natürlich dabei. Einige Wochen später werde ich erfahren, dass sie in ihrem 25 Fuß kurzen Segelboot zeitgleich mit dem Tross der Transatlantikregatta ARC zur Überquerung antraten, ungefähr auf halber Strecke einen nicht identifizierten Gegenstand rammten und dabei ihr Ruder und die Selbststeueranlage verloren. Unter Notruder steuernd, konnten sie einen Mayday-Notruf absetzen, den der ARC-Teilnehmer von der Silverbear aufschnappte und die Unglücksraben bis nach St. Lucia in der Karibik geleitete. Eine Geschichte mit Happy End.

Am nächsten Tag sind wir vier zusammen wieder mit einem Mietwagen auf Inselerkundungstour. Zunächst geht es in die Hauptstadt Funchal. Die folgenden zwei Stunden: 27 °C Lufttemperatur sind es an den Steilklippen. Palmen, Bananenbäume und bunte Blumen stehen überall. Wir wollen auf den höchsten befahrbaren Punkt der Insel: 1818 Meter über dem Meer. Serpentinenartig zieht sich die Straße den

Berg hinauf. 22 °C, Mischwald, Eukalyptusbäume. Wenig später stecken wir in den Wolken, 20 °C, Tannen und Farne. Weiter hoch. Porto Santo sieht zum Greifen nah aus, wenngleich sechs Segelstunden entfernt. 17 °C, gelegentliche Regentropfen. Die Bäume sind verschwunden, es wachsen nur noch Büsche. Ganz oben: 10 °C, wir sind in den Wolken, nur noch Gras. Eine beeindruckende Fahrt. Wir wollen oben kurz warten und hoffen, dass die Wolkendecke noch aufreißt. Nach zwei Minuten sitzen wir wieder im Auto und überlegen, die Heizung anzustellen. Es ist wirklich kalt. Schließlich sind wir in T-Shirt und kurzer Hose unterwegs.

Es gibt mehr als genug Segler, die in einem Hafen einfach so hängen bleiben. Sie machen fest und statt wie geplant weiterzusegeln, bleiben sie einfach ein paar Monate oder Jahre an einem Ort. In Póvoa de Varzim habe ich davon einige getroffen. Wenn ich nicht weiterwollen würde: Ich könnte hier in der Marina Quinta do Lorde auch versacken. Es ist so gemütlich hier. Das Personal reißt sich für die Gäste förmlich ein Bein aus, und auch die Gastlieger mögen sich. Zwar beschränkt sich die Kommunikation mit manchen auf ein einfaches »Hallo«, aber jeder kann jeden einem Boot zuordnen.

Dem Bauherrn des Ortes Quinta do Lorde gehört auch die Marina. Auch die Marina in Porto Santo und auch die Fähre, die zwischen Porto Santo und Madeira pendelt. Mitte 2010 soll alles fertiggebaut sein. Inzwischen sind erst zwei Wohnungen verkauft. Die bereits fertiggestellten Wohnungen, die sich in den zur Marina gehörenden Gebäuden befinden, sind alle noch zu haben. Wenn sich unser Unternehmer mit dem ganzen Projekt mal nicht übernommen hat. Ich werde das auf jeden Fall verfolgen.

Am nächsten Tag geht es weiter in Richtung Teneriffa. Dort treffe ich meine Eltern wieder. Ich freue mich schon darauf. Auch werde ich dort Juliane und Ralph kennenlernen. Sie sind die Schwiegereltern eines Freundes und haben sich fest vorgenommen, sich ein wenig mit mir zu beschäftigen, während ich auf der Insel bin. Ob die wissen, auf was sie sich da einlassen? Ich bekomme meine bestellten Bootskarten von Cátia, zahle meine Rechnung, verabschiede mich von allen und lege gegen zwölf Uhr ab. Leinen los. Carlos hilft noch schnell beim Ablegen. Durch die hohen Berge Madeiras erwarten mich zunächst konfuse Winde. Mal weht der Wind stark, mal schwach, mal aus der

einen Richtung, mal aus der anderen. Ständig drehe ich an den Ein-
stellungen der Selbststeueranlage, trimme die Segel. Madeira wird
kleiner, der Wind stabiler. Grob betrachtet weht er von Spanien herüber. Südlich von Madeira liegen noch zwei kleinere Inseln, die noch
einmal für Flauten und böige Abschnitte sorgen, und dann beginnt
ein herrliches Segelstück. Unter Großsegel und Genua pflügt M mit
sechs Knoten durch die tiefblaue See und zieht eine weiße Schneise.
Die Sonne füllt die Segel mit weißem Licht, und hinter meiner Sonnenbrille genieße ich vollkommen zufrieden die Gesamtsituation. Im
weiteren Tagesverlauf nimmt der Wind zu. Die große Genua weicht
einer kleineren, ein Reff binde ich ins Großsegel. Die Abläufe an Bord
funktionieren wie im Schlaf. Eine Minute und 26 Sekunden brauche
ich, um ein Reff ins Großsegel zu binden, etwas länger, um ein Vorsegel zu wechseln – gemessen mit der Stoppuhr, ich bin ein Zahlenjun-
kie. Die Segel werden gelb, als die Sonne das Himmelsgewölbe für den
Mond räumt. Das blau und weiß gurgelnde Kielwasser verliert seine
Farbe, schwarz, weiß und grau sind die Blubberblasen in der Dunkelheit, graue Gischt schießt über das Vorschiff. Für mich ist das einer
der schönsten Orte, an denen ich je war: ein Segelboot in der Dunkelheit auf dem Wasser. In Intervallen von 30 Minuten vergeht die Nacht
wie im Flug, ein herrlicher Sonnenaufgang vertreibt die Müdigkeit.

Diesen Tag verbringe ich in der Koje und lese. Gelegentlich lasse
ich mich an Deck sehen, kontrolliere Kurs und Segelstellung. Das
Etmal ist mit 126 Seemeilen ganz ausgezeichnet. Inzwischen ist M mit
der recht kleinen Arbeitsfock und dem Groß im zweiten Reff unterwegs, denn der Wind hat noch einmal nachgelegt. Obwohl M mit
9,60 Metern nicht zu den größten Yachten gehört, kann ich ihrem
Konstrukteur, Herrn Koopmans, nur beipflichten, wenn er sagt, dass
dieses Boot für solche Touren gebaut wurde. Auch im Atlantikschwell
liegt es stabil im Wasser, lässt sich von hohen Wellen nicht beein-
drucken und vermittelt mir – und das ist das Wichtigste – ein sicheres
Gefühl. Als die Sonne uns später mit den Sternen allein lässt, schalte ich
das Radar ein und aktiviere die Wachzonen. Die ganze Nacht hindurch
ist kein Schiff zu sehen. Wir passieren die Ilhas Selvagens in siche-
rem Abstand. Bei Tageslicht müssten wir sie sehen können. Die mehrere Eilande umfassende Inselgruppe kannte ich vor dem Ablegen auf
Madeira noch gar nicht – ich habe sie auf der Seekarte entdeckt. Mein

Kartenplotter gibt immer einen Alarm, wenn ich eine Kurslinie über zu flaches Wasser lege, und tatsächlich wäre das Passieren der Inseln über Land schwierig geworden. Sie sind ebenfalls portugiesisches Territorium und wegen ihrer schlechten Erreichbarkeit und mangels natürlicher Süßwasservorkommen unbewohnt. Lediglich den Vögeln dienen sie als sicherer Brutplatz und vielen Pflanzenarten als Heimat.

Bei Tagesanbruch ist kein einziges Schiff zu sehen. Das muss sich auch nicht ändern. Kein anderes Boot bedeutet: keine Gefahr. Das GPS berechnet die Ankunftszeit in der Marina San Miguel im Südwesten Teneriffas gegen halb vier morgens. Ärgerlich. Da ich nachts nicht in den Hafen einlaufen will, heißt es, einige Stunden vor der Hafeneinfahrt rumzudümpeln. Darauf habe ich wirklich keine Lust. In die Bucht vor dem Haus von Juliane und Ralph würde ich auch gern fahren. Aber ankern? Bei Nacht? Keine Ahnung von der Gegend? Nein. Das kommt nicht infrage. Also nehme ich Kurs auf die erstbeste Marina auf Teneriffa, die Marina Puerto Chico. Als die Entscheidung fällt, ist Teneriffa bereits zu sehen. Die Spitze des Teide kann ich am Horizont gut ausmachen. Der Teide ist Spaniens höchster Berg. Bemerkenswert, dass viele landeshöchste Berge auf Inseln sind. Der höchste Berg Portugals auf Madeira, der Teide auf Teneriffa, auf Heard Island der höchste Berg Australiens und auf einer Insel bestimmt auch der höchste Berg Englands. Gegen 17 Uhr bugsiere ich M durch ein Ankerfeld von Frachtern, und wenig später laufen wir ein. Die Marina ist sehr klein und das Hafenbüro bereits geschlossen. Der Sicherheitsmann spricht kein einziges Wort Englisch und deutet mit Händen und Füßen, dass ich mein Boot an einen anderen Liegeplatz verholen soll, aber das kann ich ihm glücklicherweise abschlagen. Hier gibt es eine einzige Toilette für Damen und eine für Herren sowie eine einzige Dusche, die Mann und Frau sich teilen müssen – mit kaltem Wasser. Einen Internetanschluss suche ich vergebens, und so greife ich zum Satellitentelefon, um mich bei meinen Eltern und bei Juliane anzumelden. Juliane freut sich sehr über meinen Anruf, hat sie doch den ganzen Tag schon Ausschau nach mir gehalten. Später sollte sich herausstellen, dass sie angenommen hatte, dass ich mit zehn Knoten vorwärtskomme, dann hätte ich schon viel früher da sein müssen. Die Marina liegt mitten in einem Industriegebiet, hier ist wirklich gar nichts los, und auch die Boote sind unbewohnt. Als ich bei einer dieser unbewohnten Yachten unter britischer Flagge anklopfe, steht der Wachmann gleich hinter mir und zeigt grimmig auf mein eigenes Boot. An einer Tankstelle kaufe ich mir eine kalte Cola, dann koche ich Reis mit Gulasch aus der Dose und schaue einen Film an. Willkommen auf den Kanaren, gute Nacht.

Zuhause-Gefühl auf den Kanaren

2. November 2009 bis 21. November 2009

18 Tage 19 Std 4 Min

9,8 %

6 sm

0,1 %

Seemeilen: 2915–2921

Du segelst allein? Du bist verrückt! Ich mag dich!

Seglerin aus Norwegen

Juliane und Ralph sind die Schwiegereltern eines Freundes aus Hamburg. Sie wohnen seit mehreren Jahren zeitweise auf den Kanaren und zeitweise in Berlin. Als sie von meinem Zwischenstopp auf den Kanaren erfuhren, boten sie sich an, mir die Insel zu zeigen und mich mit einer Portion Familienanschluss zu verwöhnen. Kaum, dass sie mich in der Marina abholen, fahren wir zum nächstgelegenen Bootsausrüster, denn Ralph benötigt ein Ersatzteil für sein kleines offenes Fischerboot, und ich suche noch nach einer Gastlandflagge der Kanaren. Mir ist nicht bekannt, ob es überhaupt eine Art Pflicht zur Führung einer Gastlandflagge gibt, aber ich sammle sie gern und lasse sie ebenso gern unter der Saling flattern. Derzeit hängt dort die Flagge Spaniens. Ich zeige den Freunden mein Boot und sie mir Santa Cruz de Tenerife, die Hauptstadt der Inseln. Ich erfahre, dass sich das Touristenleben auf Teneriffa nicht wirklich in der Stadt abspielt, und so ist das hiesige Leben und Treiben von den Einheimischen geprägt. Ein paar Klamotten werfe ich in meinen Rucksack, die nächsten paar Tage bis zur Ankunft meiner Eltern werde ich bei meinen neuen Gasteltern verbringen.

Dort angekommen, werde ich mit einem kalten Bier und WLAN auf der Terrasse hinter dem Haus geparkt. Zeit für E-Mails und Zeit, um meine Webseite ein wenig zu pflegen, doch das fällt schwer. Blauweiß-silbrig glitzernd liegt die Bucht direkt vor der Terrasse. Eine Palme spendet Schatten, und einige kleine offene Fischerboote zurren an ihren Muringbojen. Auf dem Mosaiktisch liegt die aktuelle Ausgabe der Zeitschrift *Yacht*, die sich mit dem Thema »Sabbatical unter Segeln« beschäftigt – und unter anderem auch mit dem Einhandsegler Mennewisch. Es ist nur ein Katzensprung hinunter bis zum Wasser. Eine Treppe führt auf einen für Autofahrer gesperrten Weg, und ein paar Meter weiter kann man schon den Sprung ins Nass wagen. Zum ersten Mal seit den Shetlandinseln schwimme ich wieder im Meer und bekomme im klaren Wasser mit vielen kleinen Fischen schon einen ersten Vorgeschmack auf die Tierwelt, die mich auf der anderen Seite des Atlantiks erwartet. Später am Abend brät der Lachs auf dem Grill, und kleine Eiswürfel schwimmen im mit Gin getränkten Tonicwater.

Viel zu spät erst falle ich in die Federn und schlafe seit Bensersiel das erste Mal wieder in einem Bett, welches nicht schaukelt und breiter ist als 60 Zentimeter. Kein Unterschied. Oder doch ein Unterschied: Das Bad ist direkt nebenan, in die Küche und in das Wohnzimmer sind es ein paar Schritte. Ich habe meine eigene kleine Ferienwohnung mit Blick auf den Atlantik. Es könnte alles viel, viel schlimmer sein. Trotzdem überkommt mich ein kleines schlechtes Gewissen, als ich an M denke, wie sie in der langweiligen Marina Puerto Chico liegt, umgeben von langweiligen Motor- und verlassenen Segelbooten. Ihr steht das lebendige internationale Umfeld, und sie kommt nun irgendwie nicht auf ihre Kosten.

Nach dem ausgiebigen Frühstück lese ich eine E-Mail aus der Heimat: »[...] bald steht der Glühwein warm, und die Weihnachtsmärkte gehen ja auch schon in vier Wochen los.« Für mich ist das alles sehr weit weg. Eine morgendliche Schwimmrunde führt mich einmal durch die Bucht, vorbei an den kleinen Fischerbooten, zum Strand und an den Klippen wieder zurück zum Ausgangspunkt. Ein blauer Krebs flüchtet im Seitwärtsgang vor mir, und die kleinen Fische bekomme ich nicht zu fassen. Sie sind zu schnell für mich. Am Nachmittag muss M in eine andere Marina verholt werden. Den bisherigen Liegeplatz darf ich als Gastlieger nur zwei Tage am Stück benutzen. Aber knapp vier Meilen weiter gibt es die Marina Santa Cruz direkt vor der Stadt. Das ist eine gute Ausgangsbasis, wenn meine Eltern in ein paar Tagen hier aufschlagen werden. Juliane fährt mich hin und verspricht, mich nach dem Verholen in die neue Marina wieder einzusammeln. Hier liegt M neben Freunden: Seglern aus Schottland und der Schweiz, Irland und Schweden. Irgendwie schade, dass ich mich nicht in diesem Getümmel aufhalten werde.

Auf dem Rückweg halten wir noch in einem Sportgeschäft, um Ausrüstung für die Atlantiküberquerung zu organisieren. Eine Grubenlampe (LED-Lampe, die man sich auf den Kopf schnallen kann – erleichtert das Arbeiten an Deck bei Nacht), eine Uhr, damit ich die Nächte auf dem Weg »rüber« nicht durchschlafe (die Eieruhr ist leider kaputt), und eine Zeitschrift gibt es dort. Letztere ist die aktuelle Ausgabe der *Yachting World* mit 30 Tipps für die Atlantiküberquerung. An Bord meines Bootes koche ich in einfachen Aluminium-Campingtöpfen ohne Henkel. Ursprünglich benutzte man eine Art Zange, mit denen man die Töpfe anfassen kann. Mindestens 15 Jahre lagen die Töpfe unbenutzt bei uns zu Hause auf dem Dachboden, und vor meiner Abreise waren die Zangen unauffindbar. In Schottland gab es keine, in Irland nicht und in Portugal auch nicht. Nun bin ich fündig geworden. Endlich keine verbrannten Finger mehr. Es ist doch recht knifflig, einen Topf mit heißem Wasser bei Seegang und Krängung mithilfe eines Handtuchs zu balancieren. Schon wieder ist ein Tag rum. In zwei Tagen kommen bereits meine Eltern.

Besuchstag. Über eine Verspätung des Fliegers ist im Internet nichts zu erfahren. Die Maschine aus Osnabrück soll um kurz nach zehn landen. Und so stehe ich vor dem Gate und warte und warte und warte. Wo sind die denn? Gegen elf Uhr werde ich skeptisch und rufe meinen Vater mit dem Handy an. Ich erfahre: Das Flugzeug landete etwas früher, und somit sind die beiden mit ihrem Mietwagen schon in Santa Cruz. Na super. Sie drehen um und holen ihren Sohn vom Flughafen ab. Verkehrte Welt. 45 Minuten später fahren wir zusammen zu M und gönnen uns einen Schluck Madeirawein zur Begrüßung. Anschließend bewegen wir uns mit dem kleinen Ford Fiesta einmal quer über die Insel nach Puerto de la Cruz, um das Hotel der beiden zu suchen. Sicher wäre es nett, wenn wir näher beieinander wohnen würden, aber den mangelnden Komfort und den herrschenden Platzmangel an Bord möchte ich ihnen nicht antun. Na ja, und mir auch nicht. Wir verfahren uns zigmal in den kleinen Gassen und Straßen des Ortes, dann werden wir fündig. Mit dem Bus geht es für mich spät am Abend zurück nach Santa Cruz, und ich gehe an Bord. Ausschlafen steht zunächst auf dem Plan. Gegen Mittag wollen meine Eltern beim Boot sein. Da es in der Marina kein Internet gibt, finde ich mich nach der kalten Dusche in der Marina bei einem Fast-Food-Restaurant ein. So etwas wie dort habe ich noch nie gesehen: Rund 20 Laptops stehen auf den Tischen des Schnellrestaurants. Alle Computernutzer sehen aus wie Yachties – irgendwie erkennt man sich doch immer.

Wir drei wollen einen Tag lang nichts tun. Der Norden der Insel ist bewölkt. Der Süden eine Wüste. Also gibt es dort eher Sonne. Wir fahren dorthin und wollen in einer Bucht schwimmen, nur leider ist das in der ersten aufgesuchten Bucht unmöglich. Der Ort bei der Bucht zeigt sich uns wie eine Geisterstadt, denn kaum ein Mensch ist zu sehen, eine Vielzahl der Häuser wirkt unbewohnt. Am Ende entdecken wir doch noch eine Badestelle, ein paar Kilometer entfernt.

Nach zwei Tagen mit meinen Eltern lasse ich sie einen Tag die Insel allein entdecken. Um sechs Uhr klingelt der Wecker, und um acht Uhr bin ich auf der Fähre, die am Morgen nach Las Palmas auf Gran Canaria fährt. In der dortigen Marina liegen Bert und Marlene mit ihrer Yacht Heimkehr. Seit mehreren Monaten halten wir engen Kontakt per E-Mail, haben uns aber außer einmal in Glückstadt noch nie gesehen. Wir wollen ungefähr gleichzeitig über den Atlantik segeln und wahrscheinlich dann in unterschiedliche Richtungen weiter. Drei Stunden dauert die Fährfahrt und somit eine Stunde länger als auf dem Fahrplan angegeben. Mit 23 Knoten stampft das Schiff durch die Atlantikdünung, schon nach kurzer Zeit ist Gran Canaria zu sehen. Der Fahrgastraum ist quasi leer, nur hier und da sitzen ein paar Gäste zusammen. Viele schlafen, ich scheine der Einzige zu sein, der das gesamte Gefährt erkundet. Auf dem Achterdeck gibt es einen Pool, in dem rund 30 Zentimeter Wasser stehen, wild von links nach rechts schwappend. Sollten wir untergehen, könnte sich jeder Fahrgast sein eigenes Rettungsboot nehmen – ich hätte dann wieder das Kommando in meinem Boot und wäre kein Passagier mehr. Die Zeit auf Gran Canaria vergeht wie im Flug. Wir tauschen Erfahrungen aus, reden über unsere Reisepläne und vor allem über die bevorstehende Atlantiküberquerung. Eine herrliche Zeit, die leider viel zu schnell vorbei ist. Bereits am Abend geht meine Fähre wieder zurück.

In der Marina in Santa Cruz haben sich vor dem Anleger sechs oder acht Jungs in meinem Alter versammelt. Wie es aussieht, machen sie sich auf die Jagd nach einem kühlen Bier. So gern ich meine Eltern um mich habe, gerne würde ich auch mit den Jungs einen trinken gehen. Generell ist der Aufenthalt auf dieser Insel anders als die in den anderen Häfen. Ich kenne hier niemanden am Steg, bin ein Unbekannter auf einem meist unbewohnten Boot. Mir fehlt der Anschluss zu den anderen Marina-Gästen. Kurz vor der Abreise der Eltern beschließen wir, einen Supermarkt zu plündern, also Vorräte für das anstehende Seestück zu organisieren. Aber was ist das eigentlich für ein Seestück, das da vor mir liegt? Knapp 3000 Seemeilen werden es am Ende werden. Man sagt, dass die Überquerung zwischen 20 und 40 Tage dauern kann. In den Häfen hängen überall Zettel mit ähnlichen Mitteilungen: »Suche Koje für Atlantiküberquerung, egal wohin.« Vor allem junge Leute suchen eine Mitsegelgelegenheit. Am Morgen fand ich am Brett den Zettel einer 23-jährigen Schwedin, mit

Foto. Auf den ersten Blick erfüllt sie alle Anforderungen, um mit mir zum Sprung über den Großen Teich anzusetzen, aber ich bin (leider) Einhandsegler. Zu dumm. Ihre E-Mail-Adresse habe ich aber schnell notiert – vielleicht melde ich mich später in der Karibik bei ihr.

Der Atlantik ruft. Ich werde folgen. Für mein großes Seestück plane ich 30 Tage ein. Proviant wird für 40 Tage an Bord sein. Allein 160 Liter Wasser in Flaschen werde ich irgendwo an Bord verstauen müssen. Wo? Keine Ahnung! Hinzu kommen Säfte und Erfrischungsgetränke. Mangels Kühlmöglichkeit wird es mit der Erfrischung wohl eher mager ausfallen. Ich plane den Landfall in Antigua. English Harbour heißt seit Langem ein Must-see-Ziel auf meiner Reiseagenda.

Von Teneriffa wird es erst einmal Richtung Südwesten gehen, um die Passatwinde zu fangen. Dann weiter nach Westen. Die Passatwinde sind ein recht stabiles Windsystem und blasen angeblich mit steten vier bis fünf Windstärken aus Ost oder Nordost. Derzeit bauen sich diese stabilen Winde auf, dies kann man in den Wetterdaten gut erkennen. An Bord schlummert zwischen den »Segelanweisungen für den Atlantischen Ozean«, ein Werk der Kaiserlichen Marine von 1910, und den Biskaya-Karten eine Seekarte für die Atlantiküberquerung. Diese schlägt verschiedene Routen für die Passage vor, denn so wie mir geht es einigen in den Häfen: Es ist der erste Törn über den Atlantik. Keiner hat einen wirklichen Plan, welchen Kurs man da am besten segelt. Ich entscheide mich im Vertrauen auf die Kenntnisse der Mitarbeiter des Seekartenherstellers für die südliche Route. Angeblich sind gute Winde das ganze Stück über garantiert. Zudem mische ich die Vorschläge mit den Erfahrungen und Erzählungen anderer Segler und werde mich im Ergebnis sogar noch ein wenig südlicher halten.

Ein Segler meint zu mir: »Es ist einfach. Ist der Wind zu stark, segle weiter nach Süden. Ist er schwach, segle weiter nach Norden.«

Klingt idiotensicher, oder? Wie fühlt man sich bei der ganzen Sache? Komisch. Irgendwie ist es noch ganz weit weg.

Voller Abschiedsschmerz sagt meine Mutter noch: »Willst du nicht mit uns zurückfliegen?«

Aber ich freue mich auf die Tage auf See. Erfahrungsgemäß finde ich nach ein paar Tagen meinen Rhythmus. Und dann ist es nur noch plain sailing. Hinzu kommt ein riesiger Respekt vor dem Atlantik, welcher M und mir bisher gnädig gesinnt war, aber auch ganz anders kann. Am Ende wird alles gut werden. Wird es immer.

Zunächst aber zieht jeder von uns mit einem riesigen Einkaufswagen seine Bahnen durch den Supermarkt. Ich habe keine richtige Proviantliste ausgearbeitet, da ich davon ausgehe, die meiste Zeit Nudeln zu essen. Einzig die Zahl von vier Litern Wasser pro Tag begleitet mich auf jedem Schritt bei diesem Einkauf. Wir greifen zu bei den Konserven und Tomatensoßen, bei den Chips und beim Knabberkram. Schokolade kommt dabei nicht in den Korb, da mir eine gekühlte Schokolade am besten schmeckt, und die kann es bei meiner Atlantiküberquerung nicht geben. Vor den Regalen mit Cola, Fanta und Sprite weist mich eine junge Dame darauf hin, dass es für zwei Sechserpackungen Flaschen einen Teller gratis dazu gibt. Das ist super, denke ich, denn Teller brauche ich eh noch, da die alten alle zerbrochen sind. Etwas ungläubig reicht sie mir vier Teller, nachdem einige Gebinde Erfrischungsgetränke im Einkaufswagen gelandet sind. Am Ende des knapp einen Meter langen Kassenbons steht »259,74 Euro« geschrieben. Ein echt teurer Einkauf, aber der Vorrat soll ja auch für 40 Tage reichen.

In der Marina schleppen wir Plastiktüte um Plastiktüte an Bord, stellen zunächst alles auf den freien Flächen unter Deck ab, bis es kaum noch möglich ist, irgendwo zu stehen. Um der Kakerlakengefahr entgegenzuwirken, achte ich streng darauf, dass keine der Plastiktüten irgendwo zwischen Autokofferraum und Yacht auf dem Boden abgestellt wird. Das Tagwerk ist vollbracht. Zusammen fahren wir wieder an die Nordspitze der Insel, wo ich für zwei Nächte im selben Hotel übernachte wie meine Eltern. Wir nehmen den Abschied zum Anlass, uns einmal ordentlich einen zu genehmigen. Der Flieger meiner Eltern geht frühmorgens, und so trennen wir uns vor dem Schlafengehen. Ich sitze im Bus nach Santa Cruz und bin traurig, dass ich nun wieder allein bin, und auch traurig darüber, dass meine Eltern so traurig gucken. So ist das halt, wenn man reist, rede ich mir aufmunternd zu.

Wieder allein, sitze ich später mitten im Chaos, während ich etwas für meine Internetseite schreibe. Literweise Getränke stehen unter Deck herum. Auf der Backbordkoje liegen Tüten mit Vorräten. Auf dem Kartentisch schreit ein Haufen Papier: »Ordne mich!« Omas

Kekse futtere ich nebenbei, die halb geschmolzene Schokolade verteilt sich ganz prima auf den weißen Tasten meines Computers. Man kann genau sehen, welche ich gedrückt habe. Etwas Weihnachtsdeko für M haben meine Eltern dagelassen, ein Paket für Weihnachten, eins für Nikolaus, einen Adventskalender, kiloweise Bordliteratur, eine WLAN-Antenne für besseren Internetzugang im Hafen und einen Sohn mit Heimweh.

In vier oder sechs Tagen soll es losgehen. Über den Atlantik! Entweder Donnerstag oder Samstag. Man segelt an einem Freitag nicht los, sagt der deutsche Seglervolksmund. Interessanterweise ist es bei den Franzosen der Samstag. In Spanien ist es auch ein Freitag, der 13. ist dort aber kein Anlass zur Sorge. Dafür ist Dienstag, der 13. hier ein Unglückstag. Ich halte nicht viel von dem ganzen Hokuspokus, aber man muss sein Glück ja nicht herausfordern. 30 Tage später werden wir hoffentlich Antigua erreicht haben. Sobald die Flagge des kleinen Karibikstaates unter der Steuerbordsaling flattert, ist ein Traum wahr geworden. Noch ist es ein weiter und langer Weg bis dahin, aber ich freue mich darauf. Unterwegs werde ich jeden Tag ein paar Seiten aus meinem Adventskalenderbuch »Das Weihnachtsgeheimnis« von Jostein Gaarder lesen, jeden Tag ein Türchen von meinem Adventskalender aufmachen und die Schokolade herausschlürfen. Unterwegs werde ich den Hamburger Weihnachtsmarkt vermissen. Samt Bratwurststand und Glühwein. Werde mich freuen über jede gesegelte Meile, jeden Sonnenauf- und Sonnenuntergang. Das blaue Wasser. Den leeren Ozean. Die Wegpunkte für die Route werde ich am letzten Tag vor dem Auslaufen in das GPS eingeben. Die Wassertanks füllen. Ein wenig Diesel an Bord nehmen und auch noch den ganzen Kram unter Deck verstauen. Hoffentlich weht am Donnerstag oder Samstag ein angemessener Wind, denn Flaute direkt nach dem Start wäre ein Horror: Noch tagelang Teneriffa am Horizont sehen, eine Qual. Weit draußen auf See ist eine Windstille leichter zu ertragen.

Der Ankerkasten hat seine neue Dichtung bekommen. Nun ist sie nicht mehr notdürftig zusammengeflickt, sondern fast professionell vorzeigbar. Im Internet hatte ich mir ein paar nützliche spanische Wörter rausgesucht und dann beim Yachtausrüster mit dem Spickzettel erfolgreich mein Glück versucht. Das lange erwartete Paket aus der Heimat ist auch eingetroffen. Eine Ersatzbatterie gibt es nun an Bord, den Motor werde ich also unter allen Umständen zünden können. Das heißt auch: Strom all the way!

Drei Tage vor der geplanten Abreise finde ich eine Seekarte Antiguas und sehe sie mir genau an. Meine letzten Wegpunkte stehen nun auch fest und hören auf die Namen »Africa« (eine Boje), »Shirley« (eine Boje), »Hercules« (eine Boje), »Irgendwo in der Bucht von English Harbour«, »Noch mal irgendwo in der Bucht von English Harbour« und »Nelson's Dockyard«. Letzteres ist der Yachthafen, wo ich nach der Überquerung festmachen, Wasser und Diesel bunkern, das Schiff wieder auf Vordermann bringen will. Um anschließend mit M in der Bucht vor Anker zu gehen.

Das Wetter für die Überfahrt habe ich nun auch ständig im Blick. So wie es jetzt ist, darf es die ganze Zeit bleiben. Fast immer drei oder vier Windstärken. Dann könnte ich fast die ganze Zeit mit dem Parasailor segeln. Entgegen meiner ursprünglichen Prognose – zunächst die Position 25 Grad Nord und 25 Grad West anzulaufen –, werde ich wohl doch erst etwas weiter südlicher gehen müssen. Vielleicht bis 22 Grad Nord und 27 Grad West. Aber das entscheide ich unterwegs. Ich freue mich wie ein kleines Kind auf Weihnachten, denn es wird aufregend. Für meine erste Atlantiküberquerung (mit einem Schiff) ist eigentlich alles erledigt, es fehlen nur noch ein paar Kleinigkeiten. Die gesamten Vorbereitungen organisiere ich weitestgehend von »der Terrasse« aus, unterbreche hin und wieder für eine kleine Schwimmrunde oder für andere Ablenkungen – bald wird es erst einmal wieder vorbei sein mit den Annehmlichkeiten. Zwei Tage vor dem Auslaufen habe ich auch die letzten Arbeiten erledigt, Obst und Gemüse gekauft. Nun lagern ein paar Kilo grünes Vegetarisches an Bord unter dem Kommando: Schön der Reihe nach reif werden! Eine Frucht nach der anderen. Dann habe ich länger was davon. Frisch gewaschen habe ich alles, um eventuelles Ungeziefer ins Hafenbecken zu spülen und nicht an Bord zu holen. Ich habe eine riesige Panik vor Kakerlaken. Also nicht vor den Tieren selbst, aber davor, sie auf M zu haben. Daher gibt es auch Kakerlakenschuhe (das sind welche, die ungewaschen nicht an Bord kommen), und auch Kartons kommen nicht an Deck.

Die Vorsegel haben – wo nötig – neue Stagreiter bekommen, die Ersatzpinne ist gebohrt und für einen eventuellen Einsatz bereit, eine Schraube bei der Windselbststeueranlage nachgezogen. Zudem machte ich heute auch einen Tauchgang im Hafenbecken, um das Unterwasserschiff zu schrubben. Vielleicht bringt das saubere Unterwasserschiff einen hundertstel Knoten mehr. Schon im Hafenbecken schwimmend, wollte ich auch gleich die Opferanoden wechseln. Da diese aber noch ganz ordentlich aussehen, werde ich mit der Unterwasserschrauberei noch bis Antigua warten, da ist das Wasser wärmer und noch ein wenig klarer. Alles, was einen Akku hat, wird geladen. Alles ist verstaut. Die vielen Plastiktüten, die es hier beim Einkauf leider und Gott sei Dank in Unmengen kostenlos dazu gibt, habe ich gesammelt, denn sie dienen im Zweifel als Klapperschutz. Klimpern beispielsweise Dosen ständig aneinander: Tüte dazwischen, und schon ist Ruhe.

Zusammen mit Juliane habe ich neulich Abend einen Ballon in den nächtlichen kanarischen Himmel steigen lassen. Das soll Glück bringen, und so freue ich mich darüber, dass er in die richtige Richtung fliegt – wir segeln bald einfach hinterher. Die Engländer am Liegeplatz neben mir sind sehr nett, ich verstehe mich gut mit ihnen. Irgendwann erzählt einer etwas von Ausreisen aus der EU. Das hatte ich ja ganz vergessen. Aber warum muss man auf den Kanaren einreisen? Ist das nicht EU? Viele Segler haben eine mittelschwere Aversion gegen diesen ganzen Einreisekram. Ich nicht. Ich finde das interessant – weil ich es nicht verstehe. Vielleicht liegt es daran, dass die Kanaren eine Freihandelszone sind? Wie auch immer. Der Zollmann gibt mir drei Stempel auf meinen Zettel. Nun bin ich doch noch offiziell am 20. November auf den Kanaren eingereist. Hätte sicher Ärger gegeben, wenn ich mich erst heute gemeldet hätte mit meiner Ankunft vom 3. November. Ich entscheide mich in so einem Fall doch lieber für eine kleine Notlüge, die hält das temperamentvolle spanische Blut ruhig. Zurück auf dem Boot vergleiche ich schnell meine Stempel mit denen meiner Nachbarn und stelle fest, dass sie noch einen zusätzlichen Stempel haben. Es stellt sich heraus, dass ich keinen Ausreisestempel bekommen habe. Also zurück zum Zollmann. Ihn, den nicht Englisch Sprechenden, kann ich irgendwie überzeugen, mir noch einen Stempel zu geben, der meine offizielle Ausreise dokumentiert.

Einem im Hafen liegenden Einhandsegler erzähle ich natürlich noch von dem Prozedere. Vielleicht ist er ähnlich unwissend wie ich. Ist er.

Sein Kommentar: »Jetzt frage ich mich nur, warum mir die Frau von der Marina das beim Einchecken nicht gesagt hat!«

Ein »Danke für die Info« wäre angemessen gewesen. Ein kleines »Vielleicht hat die Dame von der Marina gedacht, dass du selbst über die Vorschriften informiert bist« kommt mir glücklicherweise nicht über die Lippen. Hätte nur noch die Forderung nach fließend mehrsprachigem Personal gefehlt. Egal. Dann schreibe ich noch einen Blog-Eintrag. Daraufhin erreichen mich einige E-Mails, und ich sitze noch mal bei McD, bis ich sie gelesen habe. Da steht noch nicht fest, dass die Abfahrt um 24 Stunden verschoben werden wird. Die eine oder andere E-Mail führt zu einem Kloß im Hals. Zum Beispiel die von meiner Mutter. Wir haben am Abend vorher noch telefoniert, und sie hat mir zusammen mit meinem Vater Glück für die Überfahrt gewünscht. In der E-Mail steht: »Schreib doch noch mal eine Mail, bevor du lossegelst. Wir, Papa, Oma und ich, wünschen dir alles Gute, immer Wind (passenden), viele tolle Erlebnisse (Fische, Sternenhimmel, Morgenrot, Abendrot, blaues Wasser) und ganz vielllllll Spaß. Mama.«

Katharina aus Hamburg, eine Freundin, mailt: »Es scheint, als hättest du die Zeit deines Lebens. Das freut mich sehr für dich.«

Den Tagebucheintrag schreibe ich heute in Ms Cockpit. Neben mir eine Dose »San Miguel«. Ein Bier, welches von hier stammt. Schmeckt einigermaßen. Aber es ist das letzte Bier bis zum »Carib« in der Karibik. Bis dahin ist es noch weit. Ich freue mich, dass ich diese Reise mache, dass ich mein recht komfortables Leben in Deutschland für eine gewisse Zeit aufgegeben habe. Dass ich den Schritt gemacht habe. Wer weiß, wozu das alles hier gut ist. Nicht dass es einen Zweck haben muss. Aber wenn es ex post einen bekommt, freue ich mich sehr. Allein wenn ich unterwegs Frieden mit vielem schließe, Entscheidungen treffe und mir über einiges klar werde, hat es sich gelohnt. Und wenn auch das nichts wird: Es hat sich dann schon wegen der Reise selbst gelohnt. Wegen der Erlebnisse. Wegen der Bilder in meinem Kopf. Wegen der Menschen. Auch wegen der Tiefpunkte. Sie haben mir immer wieder Kraft gegeben.

23 Tage meine See

21. November 2009 bis 14. Dezember 2009

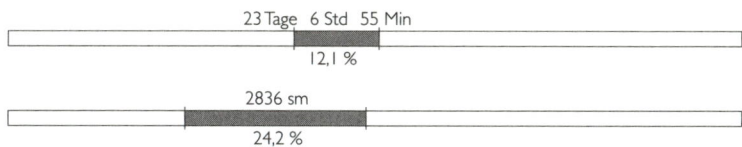

Seemeilen: 2921–5757

Jedes Fahrzeug muss jederzeit durch Sehen und Hören sowie durch jedes andere verfügbare Mittel, das den gegebenen Umständen und Bedingungen entspricht, gehörigen Ausguck halten, der einen vollständigen Überblick über die Lage und die Möglichkeit der Gefahr eines Zusammenstoßes gibt.

Regel 5 der Internationalen Regeln zur Verhütung von Zusammenstößen auf See

Die Marina in Santa Cruz auf Teneriffa ist sehr gut besucht. Man kann fast sagen, dass viele Segler – bis beinahe alle – den Sprung über den Großen Teich planen. Überall wird gehämmert und geschraubt, gebohrt, gefeiert, diskutiert, gestritten und sich wieder vertragen. Zu den Top-Diskussionsthemen gehört die Routenplanung. Im Allgemeinen sagt man, dass von den Kanaren so lange Richtung Süden gesegelt wird, bis die Butter schmilzt. Dann rechts ab und weiter bis zu den karibischen Inseln. Konkret umformuliert heißt das für mich, dass ich bis 22 Grad Nord und 18 Grad West segeln möchte. Im Anschluss daran noch einmal weiter bis 20 Grad Nord und 27 Grad West. Der nächste Wegpunkt liegt dann schon kurz vor Antigua, irgendwo auf 17 Grad Nord. Ich freue mich auf die Atlantiküberquerung, denn schließlich ist dieses lange einsame Seestück einer der Hauptgründe, warum ich das alles hier mache. Und wenn es gut ausgeht, dann geht es anschließend auf zu neuen Abenteuern. Ich habe mich schließlich gerade von Juliane, Ralph und seinen Eltern noch einmal ordentlich aufpäppeln und verwöhnen lassen. M ist in Topform, nachdem letzte Arbeiten an Bord erledigt wurden.

Laut Kartenplotter sind es rund 2711 Seemeilen bis nach Antigua, und da es nicht möglich ist, mit einer Windsteueranlage die genaue Kurslinie zu fahren, rechne ich mit knapp 3000 Seemeilen, das heißt: rund 30 Tage segeln. Vorräte, insbesondere Getränke, habe ich jedoch, wie schon gesagt, für 40 Tage an Bord; mein Worst-case-Szenario. Am 20. November um 13 Uhr soll es losgehen. Das ist ein Freitag. Ich nehme mir fest vor, jeglichen Aberglauben zu ignorieren, freue mich aber trotzdem über die Flaute, die direkt vor dem Hafenausgang auf dem Wasser liegt, denn sie gibt mir Grund genug, meine Abreise um einen Tag – auf Samstag – zu verschieben. Der Blick ins Internet verspricht erst ab Mitternacht ein wenig mehr Wind.

Tag 1
Juliane und Ralph kommen mit ihren Nachbarn zum geplanten Auslaufen am nächsten Tag um 13 Uhr vorbei. Mit einem großen Plakat verabschieden sie mich. Die beiden sind mir in den letzten Tagen wirklich ans Herz gewachsen. Später werde ich in meinem Bordtagebuch notieren, dass sie mir den Abschied von Teneriffa schwer gemacht haben, es mir aber sehr leicht machen, einmal wiederzukommen.

Der Motor springt an, der Rückwärtsgang hakt ein wenig. Das ist auf Madeira schon einmal passiert. Woran das wohl liegt? Das Able-gemanöver gehört sicherlich nicht zu den elegantesten, die ich je bewältigt habe, aber es ist zielführend; M fährt aus dem Hafen. Das Abschiedskommando steht auf der Mole und winkt. Unter Genua 1 und Groß machen wir Meile um Meile gut. In der späten Dämmerung liegt Bahia Abona querab, der Wind nimmt zu. Sechs bis sieben Kno-ten sind für uns sehr schnell. Später in der Nacht führt die Kurslinie durch eine der berühmten Wind Acceleration Areas, jene Gebiete, in denen sich die Windgeschwindigkeit schnell um bis zu zwei Beaufort erhöht, weil sich der Wind wie in einer Düse zwischen den Inseln durchquetscht. Im Viertelstundentakt schlafe ich unter Deck, dann steht das Großsegel back, und ich darf M von Hand wieder auf Kurs bringen. Später gibt es Schlaf im 20-Minuten-Takt. Die zerbrochenen Überreste eines Frühstückstellers und zweier neuer Essteller fliegen über Bord. Sie haben die nächtliche Schaukelei nicht überlebt. Mit Verlust ist bekanntlich überall zu rechnen. Um einen weiteren Polter-abend unter Deck zu verhindern, greife ich beherzt zu Klebeband und verpasse dem Tellerregal einen Rausfallschutz. Segeln in der Dunkel-heit ist auch bei den anfänglichen Startschwierigkeiten ein Erlebnis. Die Lichter Teneriffas werden immer kleiner, aus dem Funkgerät ruft jemand ein lautes »Mario« in die Nacht. Was denken die sich dabei? Schon vor Portugal habe ich diese Verrückten wahrgenommen. Selbst »Tenerife Traffic« ruft zu etwas mehr Funkdisziplin auf. Später gönne ich mir einen Schluck Fanta für den guten Geschmack im Mund, der mit Wasser nachgespült wird; schließlich sind die Zähne geputzt.

Tag 2 – Etmal: 135 Seemeilen
Der erste Seetag endet mit Sonnenschein pünktlich zum Start der ARC, der alljährlichen Rally von Gran Canaria nach St. Lucia. Ver-mutlich werden die schnelleren Yachten Etmale in den ganz hohen 100ern fahren. Derzeit sind sie 150 Seemeilen von unserem Standort entfernt. Ein paar Tage werde ich also noch Ruhe haben, bevor sie mich überholen. Per SMS erhalte ich von meinen Eltern die Informa-tion, dass die ARC-Wetterfrösche 20 Grad Nord und 30 Grad West als Wegpunkt zum Rechtsabbiegen empfehlen. Ich ändere kurzerhand meine Wegpunkte und bin nun auf ARC-Kurs.

Die Etmale sind gar nicht schlecht für ein kleines schweres Stahl-schiff. Als ich die kartentischfüllende Atlantikkarte auf dem Tisch ausbreite und zwischen erstem Kreuz und unserem Start nur knapp ein Zentimeter liegt, realisiere ich: Das ist echt weit! Gern darf es so bleiben mit den Etmalen. Ich ernähre mich von Keksen und Bananen. Dazu gibt es viel Wasser, fünf Liter sind es heute. In den ersten Tagen auf See ist mit mir nicht so viel anzufangen. Ich bin faul und liege rum, bin selbst zum Lesen nicht wirklich zu gebrauchen. Nachts um ein Uhr schallen diverse vulgäre Floskeln durch das Funkgerät, um zwei Uhr James Blunt und um drei Christina Aguilera. Wer für diese Sendung verantwortlich zeichnet, wird nicht übermittelt.

Tag 3 – Etmal: 127 Seemeilen
Sie kommt, die Bordroutine. Langsam stellt sich das gute Gefühl des Aufseeseins ein. Die Bewegungen in starkem, sich kreuzendem Schwell werden einfacher, ich komme in meiner kleinen eigenen Welt des Einhandsegelns an. Die letzten Zeilen von Ralf Husmanns »Nicht mein Tag« lese ich lange vor dem Mittagessen. Da der Autor auch Schöpfer der TV-Serienfigur »Stromberg« ist, überraschen mich die schrägen Charaktere und die bizarren Dialoge wenig. Gegen Ende verliert die Geschichte etwas an Originalität, aber bei vier bis fünf Meter hohen Wellen bin ich gern bereit, Herrn Husmann das nachzusehen. Als Nächstes wühle ich den »Club der toten Dichter« aus der Bordbibliothek. Diese umfasst mehr als 100 Bücher, die ich im Wesentlichen bei Freunden und Bekannten zusammengeliehen habe. Wer hat schon viele ungelesene Bücher zu Hause? Zudem bin ich selbst nicht so der Leser und positiv überrascht, dass die Lektüre durchaus Spaß machen kann.

Zu Mittag gibt es Spaghetti mit Bolognesesoße aus dem Glas. Viele Segler kochen für Ozeanüberquerungen Fleisch ein – so eine Roulade hätte ich mir sonntags auch gern einmal gegönnt. Die »toten Dichter« sind schnell gelesen. Der nächste Kandidat kommt von Erich Maria Remarque. »Das klassische Erlebnisbuch des Frontsoldaten« steht auf der Rückseite des Buches »Im Westen nichts Neues«. Ich weiß ja, wie es gemeint ist. In der Nacht starte ich meinen Schlafrhythmus im Stundentakt. Die letzten beiden Worte im Bordtagebuch für den 23. November: »Alles gut.«

Tag 4 – Etmal: 117 Seemeilen

Am frühen Morgen kommt das erste Segelboot seit den Kanaren in Sicht. Über Funk wollen die dort drüben leider nicht mit mir sprechen. Heute hat mein Bruder Geburtstag. Bei ihm wäre ich nun gern mit einem leckeren Stück Torte oder auch einem kalten Bier – da bin ich gar nicht so wählerisch. 28 wird der alte Sack heute. Meine Glückwünsche übermittle ich per Satellitentelefon.

Recht weit oben im Mast habe ich an der Vorderseite einen Radarreflektor befestigt. Das am Großsegel angeschlagene Großfall hat sich einmal um den Radarreflektor gewickelt und macht ein Reffen oder Ausreffen des Segels unmöglich. Während ich zu lesen versuche, grüble ich parallel über die Lösung dieses Problems nach und verstaue kurze Zeit später eine gelesene Ausgabe der Zeitschrift *Capital* – oder ist es der *Playboy*? – in einer Plastiktüte, befestige daran eine dünne Wäscheleine und werfe diese über die Saling. Klingt simpel, ist aber bei Seegang und notwendigem Festhalten gar nicht so einfach. Drei Versuche später sitze ich schon auf dem Vordeck, knote eine Reserveschot an die Wäscheleine und ziehe sie über die Saling zurück. Dann ist alles ganz einfach: Großfall abschlagen und über die Saling ziehen, Großfall vom Radarreflektor freitüddeln und das Fall wieder über die Saling zurück an das Großsegel bringen. Das ganze schweißtreibende Projekt ist nach vier Stunden abgeschlossen. Gut, dass ich sonst nichts zu tun habe.

Wasser, so weit das Auge reicht, nichts als Wasser. Wahnsinnig schön. Wer braucht schon Berge? Ein kleiner Vogel zieht seine Kreise um M. Was macht der wohl hier draußen? Im Funkgerät wird es ruhiger, mein Boot und ich entfernen uns immer weiter von den üblichen Routen der Berufsschifffahrt. Die holländischen Stimmen, die ich undeutlich aus dem Lautsprecher wahrnehme, gehören wahrscheinlich zu den ersten Yachten aus dem ARC-Pulk. Auf dem Herd köchelt ein würziger Feuertopf, der aber leider viel zu viele Bohnen enthält und bei 25 °C unter Deck nicht wirklich schmeckt – doch der Hunger treibt es rein. Gegen Abend rufe ich meine Freunde Bert und Marlene von der Heimkehr an. Sie sind einen Tag nach mir mit der ARC gestartet, also unterwegs nach St. Lucia, und befinden sich derzeit 137 Seemeilen nordöstlich von mir. Durch ihr Kurzwellengerät ist ihnen mein Neid sicher, sie haben nämlich auch guten Kontakt zu anderen

Yachten auf See und zur ARC-Zentrale. Zeit, den Hochseetratsch auszutauschen.

Ich werde daher erst einmal aufgeklärt: Die kabbelige kreuzige See der letzten Tage resultierte aus dem vorherrschenden Nordostpassat (normal) und Wellen aus einem Tiefdruckgebiet weit nördlich im Atlantik (nicht normal). Für den Notruf, den ich zu hören geglaubt habe, gibt es zwei mögliche Erklärungen: Da wenig mehr als das Wort »Mayday« zu verstehen war, kann es sein, dass er von einer 16 Meter langen ARC-Yacht kam, die am ersten Tag der Regatta einen Ruderbruch hatte. Die Crew der Yacht wurde abgeborgen, und das Boot soll inzwischen gesunken sein. Andererseits kann es auch sein, dass ich den von einer Segelyacht aufgefangenen und weitergeleiteten Notruf gehört habe. Wer weiß das schon. Diese Neuigkeiten werde ich meinen Eltern bei meiner täglichen Positionsmitteilung besser nicht darlegen. Zudem erfahre ich, dass in meiner Nähe rund 60 weitere ARC-Yachten herumsegeln sollen. Bei Heimkehrs gab es heute Bananenpfannkuchen zum Mittagessen. Morgen Mittag wollen wir gemeinsam essen: Ich ankere, und die beiden legen die Hebel auf den Tisch. Zeitlich kann das klappen, technisch wird das mit dem Ankern etwas schwierig. Die Windvorhersage ist passabel, und auch die Wellen sollen weniger werden. Es macht Spaß, mit Bert zu telefonieren.

Ich taufe ein für mich neues Phänomen auf den Begriff »hovern«. Ich weiß nicht, wie es passiert und wie ich es am besten beschreiben soll. Wenn M rechtwinklig zu den Wellen fährt und diese verhältnismäßig langsam sind, kann ich in der Koje spüren, wie das Boot zwei-, dreimal leicht angehoben wird – als ob man in einem gut gefederten Auto über Bodenwellen fährt. Ein irres Gefühl, leider passiert es viel zu selten. Später in der Nacht überholt mich die erste Yacht.

Tag 5 – Etmal: 127 Seemeilen
Aus dem Bordtagebuch: »Schönen Sonnenaufgang vom Eimer-Klomit-Aussicht beobachtet. Sonst ein schaukeliger Tag. Sehr anstrengend. Das Großsegel mag ich nicht setzen, da es bei den kabbeligen Wellen viel zu schnell backstehen kann. Sonst alles gut.«

Tag 6 – Etmal: 120 Seemeilen
Ein Ausrufezeichen steht dick auf dieser Seite des Logbuches. Um

4 Uhr 21 stelle ich fest, dass die Spannungsanzeigen der Verbraucher- und Starterbatterie im roten Bereich stehen. Da ist es wieder, das Stromproblem. Obwohl der Windgenerator die ganze Zeit dreht und ich eigentlich nur Strom mit dem Funkgerät, dem GPS und den Positionslaternen verbrauche, scheint das nicht zu reichen. In Physik war ich nie ein schlechter Schüler. Als es jedoch irgendwann – so ungefähr in der neunten Klasse – um das Thema Strom ging, hätte sich das ändern können, wenn ich nicht nur Zusammenhänge und Formeln auswendig gelernt hätte. Verstanden habe ich das alles nie. Beruflich habe ich mit Geld zu tun. Das ist da, es ist nicht da, oder man redet sich ein, es wäre da. Wesentlich einfacher als der Umgang mit Volt, Strom und Ampere. Drastische Stromsparmaßnahmen werden an Bord eingeleitet. Außer GPS (mit ganz schwacher Hintergrundbeleuchtung) schalte ich alle Stromverbraucher aus und werde so den unfreiwilligen Beweis antreten, dass es auch im Jahre 2009 möglich ist, fast ohne Strom zu leben. Im Bordtagebuch nehme ich das Ganze schon wieder mit Galgenhumor und schreibe: »Atlantiküberquerung ohne Strom, und ich bin dabei. Keine Positionslaternen, kein Licht, keine Musik und kein Film zwischendurch. Toll. Gut aber: eine Eimerdusche und Schweinegulasch mit Reis. Wenigstens etwas.«

Ungefähr 180 Liter Wasser hat M in ihren Wassertanks im Bauch gebunkert. An diesen Vorrat gelangt man aber nur mithilfe der elektrischen Pumpe, die mit wenig Strom leider nicht funktioniert. Glücklicherweise sind die Wassertanks nur als Notvorrat gedacht und in meiner Planung kein lebensnotwendiger Vorrat an Frischwasser. Vielleicht kann ich zumindest der Starterbatterie mit etwas destilliertem Wasser neues Leben einhauchen. Kurzerhand räume ich die Hundekoje frei, stelle das zusammengefaltete Schlauchboot, Angel, Isomatte, drei Paar Flossen samt Taucherbrille und Schnorchel, Kabeltrommel, Landstromkabel, Klappspaten, Ersatzpinne und einen Regenschirm in den Gang und lege so langsam die Batterien frei. Kopfüber, verschwitzt und mit einer kleinen Lampe auf dem Kopf lerne ich, dass die kleinen Guckfenster an den Batterien weiß sind, wenn die Batterien »zu ersetzen« sind. Sie sind jedoch schwarz, und dies weist lediglich auf einen entladenen Zustand hin. Trotzdem verteile ich ein wenig destilliertes Wasser in die sechs Kammern. Schlimmer kann es ja nicht werden.

In der Dunkelheit sitze ich an Deck und sehe zwei grüne Lichter ein bis zwei Seemeilen hinter uns. In der Hoffnung, dass die Batterien diese Verschwendung verzeihen, schalte ich vorsichtshalber das Funkgerät ein und montiere eine batteriebetriebene Leuchte am Achterstag. Kurze Zeit später knistern die ersten Wörter durch den Lautsprecher. Der Skipper erkundigt sich nach dem seltsamen weißen Licht voraus, und wie er es am besten passiert. Außerdem wünscht er mir viel Erfolg bei der Behebung des Stromproblems. Die beiden Yachten ziehen schnell vorbei, und ich kehre zu meinem üblichen Nachtrhythmus zurück. Die Eieruhr klingelt alle 60 Minuten und wird manchmal ignoriert. Ich denke mir dann, dass sich alles gut anfühlt und daher auch gut sein muss. Irgendein Segler meinte mal, dass einen das Boot schon wecken würde, wenn irgendetwas Ungewöhnliches passiert. Er sollte damit recht behalten.

Tag 7 – Etmal: 125 Seemeilen
Am frühen Morgen – es ist noch dunkel – nähern sich sehr seltsame Lichter. Ein grünes und ein rotes Licht übereinander kommen auf M zu. So etwas habe ich noch nie gesehen, schlage daher in der entsprechenden Literatur nach und erfahre, dass in der Regel große Segelyachten dieses Licht führen. Im Laufe des Vormittags stehen die Spannungsanzeigen wieder bei 12 Volt und machen Hoffnung auf ein nun gelöstes Stromproblem. Leider ein Irrtum. Für ein Sonnenbad lege ich mich auf das Vorschiff, beobachte Wolken und Wellen. Ein Schwarm Fliegender Fische schießt vor dem Bug aus dem Wasser, surrend wie Libellen fliegen sie mindestens 30 Meter weit dicht über der Wasseroberfläche, bis sie wieder ins Wasser fallen. Das Sonnenbad auf dem Vorschiff breche ich nach einer halben Stunde wegen Hitze ab, selbst unter Deck ist es nachts nicht kühler als 25 °C.

Die Etmale sind bisher mehr als zufriedenstellend, und wir kommen besser voran als gedacht. Ich zwinge mich jedoch, keine Hochrechnungen anzustellen – am Ende gibt es sonst nur ein langes Gesicht, falls es doch nicht so gut klappt. 30 Tage, das ist der Plan, und falls es besser läuft, gibt es jeden Grund zur Freude. Tag für Tag wird die Linie ab den Kanaren länger. In etwas mehr als einem Tag erreichen wir unseren Wegpunkt und möchten von dort aus fast direkt mit Kurs West nach Antigua segeln. Der kleine Winddreher, den wir hierfür brauchen, lässt noch ein wenig auf sich warten, aber er hat ja noch ein paar Stunden Zeit.

Tag 8 – Etmal: 119 Seemeilen

Gähnende Leere im Logbuch. Außer Mittagsposition, Datum und Etmal finden sich heute keine Angaben darin. Bevor ich ein neues Buch dem Schapp entnehme, muss mein Bart ab. Nach acht Tagen juckt er ein wenig, und ich beschließe, mich trotz Einhandseglerdasein und keinem Menschen in der Nähe nicht verkommen zu lassen. Alle paar Tage eine Rasur und eine Eimerdusche sollten ausreichen, um dieses Ziel zu garantieren.

Ich lese wieder. Die Geschichte in Ken Folletts Buch »Die Brücken der Freiheit« spielt zunächst in Schottland. »Ein kräftiger Südwestwind« begleitet die Jagdgesellschaft in einem der ersten Kapitel. Welch Überraschung, das hätte ich denen auch sagen können; wir hatten in Schottland ausschließlich kräftigen Südwestwind. Per Iridium-Telefon erhalte ich den aktuellen Wetterbericht. Ab der Nacht soll es für ein bis zwei Tage wieder etwas welliger werden.

»Also nicht so schlimm«, sagt mein Vater. Sicher mit dem Laptop auf dem Sofa sitzend, das Kaminfeuer im Hintergrund. Der hat leicht reden, während ich nachts mit Kissen zwischen Leesegeln und Bordwand eingekeilt feststellen kann, dass der Wetterbericht stimmt.

Tag 9 – Etmal: 124 Seemeilen

Seit einiger Zeit sind wir nun auf Westkurs, und der Wind hat wie auf Kommando gedreht. Sehr artig. Nach acht Tagen auf See haben wir fast ein Drittel der Strecke geschafft, ich stelle aber immer noch keine Hochrechnungen an, die bringen Unglück. Je nach vorherrschendem Seegang sitze ich während der Eimerdusche auf dem Kajütdach oder im Cockpit, an einer Leine ist ein Eimer befestigt, mit dem ich das Wasser an Deck hole. Herrlich erfrischend ist das Seewasser und verhältnismäßig warm, im Anschluss lasse ich mich lufttrocknen und rubble mit dem Handtuch das Salz ab.

Gegen Abend nimmt der Wind ein wenig zu. Ich berge den Parasailor und segle nur unter Groß im zweiten Reff mit ausgebaumter Genua 2 in den Abend. Kleinigkeiten können auf See zu einem richtigen Event werden: Zähneputzen bei Vollmond zum Beispiel. Das

Mondlicht taucht alles in ein grauschwarzes Licht. Die Segel sind weiße Flecken in einer dunklen Landschaft. Eine silbrig leuchtende Spur blubbert hinter M in der Dunkelheit. Nach ein paar Hundert Metern ist alles vergessen. Wir sind wieder nur ein kleiner Fleck inmitten von viel Wasser. Die nächsten Menschen, die ein Bett haben, das nicht schaukelt, sind die Astronauten auf der Raumstation ISS.

Tag 10 – Etmal: 128 Seemeilen
In den ganz frühen Morgenstunden nimmt der Wind auf geschätzte sechs bis sieben Beaufort zu. Man kann richtig spüren, wie wir zwei bis drei Wellen abreiten und dann von einer Welle aus dem Norden ein wenig auf die Seite gelegt werden. Draußen riecht es nach Sand – hoffentlich muss ich später nicht das Deck fegen. Im Laufe des Vormittags schwächt der Wind ab, nimmt die Wellen aber nicht mit. Ich beschließe, in der Koje zu verharren, bis der Tag vorbei ist, und lese die letzten Seiten eines dicken Wälzers. Der Wind der letzten Nacht hat den Batterien gutgetan, die Spannungsanzeiger klettern nach oben. Ob das mit dem destillierten Wasser wirklich etwas gebracht hat? Auch das Etmal ist durchaus zufriedenstellend; jetzt stellen wir noch die Wellen ab, und dann kann ich mich an Bord auch wieder frei bewegen. Bisher läuft die Atlantiküberquerung sehr gut. Hier draußen auf dem Ozean zu sein, ist ein tolles Gefühl, isoliert von externen Einflüssen gibt es nur das Boot und mich. Ein friedlicher Ort in atemberaubender Kulisse. Selbst wenn manchmal unruhige Rahmenbedingungen vorherrschen – mit niemandem möchte ich in diesen Tagen tauschen.

Tag 11 – Etmal: 123 Seemeilen
Die kabbelige See des Vortages hat sich verzogen. Um neun Uhr krieche ich mit einem Gefühl, ausgeschlafen zu haben, aus der Koje. Es ist nur schwachwindig, ein geniales Wetter für den Parasailor. Leider nähern sich von hinten haufenweise dunkelgraue Wolken, und der erste Regen ist bereits am Horizont zu erkennen. Mit dem Groß im zweiten Reff und der Genua 2 warte ich auf die herannahende Regenbö. Der einsetzende Regen von hinten ist ungünstig, denn ich muss das Steckschott schließen und sitze unter Deck im Brutkasten. So wird es wärmer und wärmer da unten. Da kann nur schwitzen und

warten helfen. Nach knapp 40 Minuten sind die grauen Wolken weg, die Sonne und der Passatwind wieder da. Mit 6,4 Knoten geht es weiter, Kurs 278 Grad, bald ist Halbzeit. Ich lese »Von der Sucht des Segelns«. Dort geht es im Wesentlichen darum, wie die einzelnen im Buch vorgestellten Personen zum Segeln gekommen sind.

Meine Segelanfänge liegen erst knapp zweieinhalb Jahre zurück, und doch konnte ich schon beim SKS-Praxistörn Rund Rügen merken, dass ich wohl nicht wie der durchschnittliche Segler ticke. Wir haben damals einen Sturm in Seedorf abgewettert und einen Hafentag eingelegt. Dort lag auch eine grüne Reinke, die mit Windgenerator, Solarzellen, mehreren Ankern der massiven Ausführung und ihrem auf Funktionalität ausgerichteten Design nach dem großen Abenteuer rief. Meine Begeisterung für diesen Stahlklotz konnte kein anderer der Törn-Teilnehmer nachvollziehen.

Aus dem Bordtagebuch: »Heute habe ich das erste Türchen im Adventskalender geöffnet und Kapitel eins im ›Weihnachtsgeheimnis‹ gelesen. Zum Essen gab es Gulascheintopf mit Nudeln. Weihnachtsdeko angebracht. Die Stimmung an Bord ist gut.« Ich habe etwas länger als gewöhnlich gebraucht, um meinen Rhythmus zu finden, aber nun habe ich ihn. Ich trotte fernab jeden Zeitgefühls durch den Tag. Wenn es dunkel wird, ist Schlafenszeit, und wenn es hell wird, hört sie auf. Die November-Ausgabe der Zeitschrift Yachting World enthält einen Sonderteil zum Thema Atlantiküberquerung und zur Karibik-Saison. Juliane hat mir diese Ausgabe auf Teneriffa geschenkt und noch ein – wie sie es nennt – Beipäckchen hinzugelegt. Dieses enthält »Tipp 31 zu einer erfolgreichen Atlantiküberquerung«. Die ersten 30 Tipps befinden sich im Heft. Gegen Abend öffne ich das Paket und finde darin einen Haufen Mini-Haribo-Tüten, Knicklichter und ein Rätselheft samt Kugelschreiber. Bis ein Uhr nachts tüftle ich mich durch Sudokus und Kreuzworträtsel, Zahlensalate und Knobelaufgaben. Ein tolles Geschenk für eine Atlantiküberquerung.

Tag 12 – Etmal: 126 Seemeilen
In der Nacht bin ich nur zweimal aufgestanden, um meiner Wachepflicht nachzugehen. Gute Seemannschaft geht wohl anders. Jedoch konnte ich mich bisher immer auf mich selbst verlassen, bin schon mal nach zehn Minuten aufgewacht, weil ich ein komisches Gefühl

hatte, und entdeckte einen Frachter am Horizont. Oder ich schreckte auf und realisierte, dass M fünf Grad vom Kurs abwich. Große Sorgen mache ich mir nicht. Das Etmal ist in den 120ern und damit wieder ausgezeichnet. Laut meiner Großkreiskarte und dem GPS haben wir heute Halbzeit – aber: Keine Hochrechnungen! Der Wind in den letzten Tagen hat den Batterien gutgetan, leider ist es noch nicht genug, um den Motor zu starten. Nach einem jämmerlich leisen Surren des Anlassers ist schon wieder Schluss. Noch sind es mehr als 1000 Seemeilen bis Antigua, also noch kein Grund, um sich Sorgen um den Motor zu machen.

Auf dem Mittagstisch landen heute Bratkartoffeln und Wiener Würstchen. An Bord befindet sich leider kein Kühlschrank, weswegen ich die sechs Würstchen alle auf einmal wegfuttern muss. Dies führt zu einem zweieinhalbstündigen Mittagsschlaf mit anschließenden Magenschmerzen. Oder ist die am Nachmittag vernichtete Packung Butterkekse schuld an den Bauchschmerzen? Sicher nicht. Es gibt jedoch Wichtigeres als das Unwohlsein. Traue ich mich oder traue ich mich nicht? Heute ist Bergfest, und eigentlich müsste ich zu diesem Anlass einen kleinen Schluck zu mir nehmen. Auf See herrscht an Bord der Segelyacht M ein striktes Alkoholverbot. Aber zum Bergfest? Nach viel Hin und Her sitze ich zum Sonnenuntergang mit der Flasche Pineau des Charentes im Cockpit, spendiere dem Wind und der See, M und der Selbststeueranlage einen kleinen Tropfen – mir einen angemessenen Schluck.

Tag 13 – Etmal: 104 Seemeilen
Der Tag beginnt mit einem verschnarchten Winddreher. Seit nunmehr vier Seemeilen reisen wir Richtung Nordnordwest. Zugegebenermaßen ist das bei diesem Seestück nicht gerade die Welt, aber ich ärgere mich. Zum ersten Mal seit fast zwei Wochen fahre ich Vor- und Großsegel auf derselben Seite, und so geht es fast auf Kurs weiter Richtung Westen. Wind ist heute Mangelware, das Groß und die Genua werden nur hin und wieder einmal mit einem Windhauch gefüllt, der Atlantik schaukelt uns gut durch, und die Geräuschkulisse der schlagenden Segel, der an Deck und den Holepunkten ruckelnden Leinen ist unerträglich. Ein paar Tage noch so weiter, und ich bin fix und fertig. Ein Sturm kann das Leben kosten, eine Flaute den Verstand, sagt

der Seglervolksmund. Dazu noch das bisher schlechteste Etmal von 104 Seemeilen – Tag 13 ist kein guter Tag. Kaum zu glauben, wie leidensfähig ich auf dem Weg nach Porto Santo war, denn dort sind wir sieben Tage unter solchen Bedingungen gesegelt. Vielleicht bin ich von den guten Etmalen der bisherigen Tage einfach nur verwöhnt.

Gegen Nachmittag beende ich das Buch »Von der Sucht des Segelns« und urteile: begrenzt empfehlenswert. Zu diesem Buch würde eher ein Titel wie »Tollkühne Geschichten zwischen Wahrheit und Seemannsgarn« passen. Sei es drum. Ein kleiner Vogel (hier auf 19 Grad Nord und 39 Grad West) flattert ganz weit weg herum. Später umkreist noch ein weiterer Piepmatz M, traut sich aber nicht, an Bord zu landen. Ich verschwinde unter Deck, um ihm eine Chance zu geben, aber nach 15 Minuten ist er weg. Wie gern hätte ich ein wenig Wasser und Futter angeboten.

In der Dunkelheit kommt der Wind wieder. Geräuschlos segeln wir durch die Nacht – außer leisen Wassergeräuschen ist nichts wahrzunehmen. Die Wellen heben M am Heck langsam an, laufen unter uns durch, senken das Heck und heben den Bug. Wie ein Baby lasse ich mich so langsam in den Schlaf wiegen. Ein kleines Stück Frieden im weiten Atlantik. Wenn da bloß nicht das Jucken der Kopfhaut wäre. Ich glaube, dass mein Seewassershampoo zu Schuppen führt. Ab morgen werde ich normales Shampoo verwenden.

Tag 14 – Etmal: 111 Seemeilen
Nach dem gestrigen Tag stimmt mich das 111er Etmal freudig, und da es bis in die Karibik nur noch 1200 Seemeilen sein sollen, ist mir fast zum Feiern zumute. Das Buch »Seewetter« kommt nun auch in die Abteilung der gelesenen Bücher. Ein sehr spannendes Buch, aus dem man wirklich etwas lernen kann. Kritisch formuliert könnte man auch sagen, dass ich so ein Buch vor Reisebeginn hätte lesen sollen. Die nächste Lektüre stammt wieder von Ken Follett und heißt »Die Säulen der Erde«. Ich habe noch nie so ein dickes Buch gelesen. Ob ich das durchhalte?

Aus dem alltäglichen Leben an Bord: Die kleinen Geschäfte erledigt man(n) über die Reling. Dazu bin ich – bei starkem Seegang – angeleint. Das Witzige dabei ist, dass ich mich immer wieder erwische, wie ich – hier draußen, wo eh kein Mensch ist – vor der Verrichtung einmal in die Runde schaue. Man möchte ja niemandem direkt vor die Linse – nennen wir das Kind beim Namen – pinkeln.

Tag 15 – Etmal: 123 Seemeilen

So viele wichtige Themen gibt es bei einer Atlantiküberquerung gar nicht. Was gibt es heute zu essen? Was macht der Wind? Was habe ich gelesen? Aber das ist auch das Schöne. Stundenlang betrachte ich die Wolken und die Wellen. Freue mich über jeden Sonnenaufgang und jeden Sonnenuntergang. Immer wieder schön ist die Nacht. Leider wird das Meeresleuchten immer weniger. Dafür sind die Sterne atemberaubend. Hin und wieder zischt eine Sternschnuppe über den nächtlichen Himmel, und wenn es ganz dunkel ist und der Mond eine Auszeit nimmt, bekommt die Milchstraße am Himmel etwas Dreidimensionales. Ich wüsste nicht, dass ich an Land schon einmal so viele Sterne gesehen hätte.

Die Tomatensuppe »Gärtnerinnen Art« schmeckt zusammen mit den Tortillafladen ganz ausgezeichnet. Besondere Köstlichkeiten bekommen an Bord Namen. »Flucht übers Haff« oder »Grippewelle« sind Klassiker. Der letzte Löffel war wohl etwas zu viel für die Schüssel, denn mit der nächsten Welle läuft ein wenig Suppe den Niedergang hinunter und würzt das Polster hinter dem Navi-Tisch. Am Abend säubere ich meine Flipflops mit einem kleinen Bad im Eimer. Dann rolle ich einen weißen Zettel zusammen und stecke ihn in die im Cockpit stehenden Schlappen. Ob der Nikolaus auch mitten auf dem Atlantik einen Wunschzettel abholt? Dieses Jahr bin ich ganz bescheiden, wünsche mir nur eine Ankunft in der Karibik vor Weihnachten, und das noch nicht einmal für mich, sondern eher um meiner Familie einen sorgenfreien Heiligen Abend zu schenken. Bei diesen milden Gedanken erkenne ich in der Dämmerung einen kleinen Heiligenschein über meinem Haupt.

Tag 16 – Etmal: 122 Seemeilen

Tatsächlich! Der Nikolaus hat mich gefunden und bei einem herrlichen Sonnenaufgang einen roten Sack im Cockpit gelassen. Darin ein Päckchen von meinem Bruder und seiner Freundin. Ein Stoff--nashorn, denn »du musst ja mal mit jemandem reden«. Als ich auspacke, fällt ein Schokoladennikolaus heraus. Mehr als eine halbe

Minute überlebt er nicht, der arme Kerl. Von Oma gibt es eine Karte und einen Teekessel. Bis ich wieder einen heißen Tee koche, wird es noch ein paar Wochen dauern, aber stilecht passt das Ding gut in die Kombüse. Meine Eltern haben mir neben Endes »Die unendliche Geschichte« und einem Karibik-Reiseführer noch eine Karte beigelegt, die erst einmal einen ordentlichen Schub Heimweh auslöst. Heute wäre ich gern zu Hause und nicht hier mitten auf dem Großen Teich. Der Kloß im Hals braucht einige Zeit, bis er sich auflöst. Zum Trost gibt es die letzte Dose Schweinegulasch mit frisch gekochtem Reis. Als Nachtisch ein Glas Marmorkuchen, welches mir Hillu von der Destiny bereits in Portugal für die Atlantiküberquerung mitgegeben hat. Lecker.

Über das Satellitentelefon bedanke ich mich – ganz der liebe Enkel – bei Oma für das Nikolausgeschenk und frage mich danach, ob sie das so richtig verstanden hat: Ihr Enkel segelt mitten auf dem Atlantik, Tausende Kilometer von zu Hause entfernt, und sie hat trotzdem gerade mit ihm gesprochen. Eines steht jedenfalls fest: Mit meinem Anruf hat sie nicht gerechnet. Überraschung geglückt.

Pünktlich zur Mittagsposition klingelt das Telefon, und ich habe Bert von der Heimkehr am Hörer. Meinen Vorsprung habe ich um ein paar Meilen ausbauen können, der Wind soll mit 15 bis 20 Knoten aus Osten wehen. Sonst gibt es wenig Spannendes, stellen wir fest, und ich falle nach dem Telefonat schnell wieder in den Bordtrott zurück. Am späten Nachmittag werden noch einmal die Segel geshiftet. Im Vergleich zu den ersten Meilen in der Nordsee gehen die Segelmanöver inzwischen sehr leicht von der Hand. In der Schwüle des Passatwindes sitze ich jedoch nach jedem Segelwechsel erschöpft im Cockpit, und der Schweiß läuft an mir runter. Es ist wirklich warm hier.

Tag 17 – Etmal: 140 Seemeilen
Ein neues M-Rekordetmal: 140 Seemeilen in 24 Stunden ergibt einen Schnitt von 5,8 Knoten. Das kann sich durchaus sehen lassen. Bis Antigua sind es nun noch 840 Seemeilen, meine Ankunft am kommenden Dienstag (in acht Tagen) ist nicht auszuschließen.

Beim Bergen des Großsegels zerfetze ich die Leine des Trans-Ocean-Standers. Nun hängt er zum zweiten Mal seit Reisebeginn direkt unter der Saling. Ein neuer Punkt auf der To-do-Liste also. Weiterhin stelle ich bei der täglichen Rigg-Kontrolle fest, dass sich das Backbord-Unterwant aus dem oberen Terminal zwirbelt. Die ersten Drähte des Stahlseils enden bereits in der Luft. Um das Rigg in Zukunft etwas weniger zu belasten, nehme ich mir nun vor, den Parasailor nicht mehr zu setzen und das Großsegel nur noch bei leichteren Winden zu fahren. Tag 17 wird als Tag der Verschleißerscheinungen in das Bordtagebuch eingehen, denn auch das Unterliek der großen Genua ist auf einer Länge von knapp 40 Zentimetern aufgerissen. Die derzeitige Schwachwindphase nutzend, berge ich das Segel und spendiere ihm großzügig Spinnakertape, um die Naht zu stabilisieren. Nach ein paar Minuten fliegt die Genua wieder am Vorstag, und ein paar weitere Minuten später verabschiedet sich das Tape in die blauen Weiten des Atlantiks.

»Treulose Tomate«, schreie ich hinterher.

Später zieren Regenbogen den östlichen Horizont, und dunkle Wolken schieben sich in unsere Richtung. Vorsichtshalber reduziere ich die Fläche des Vorsegels – bereits ein paar Minuten später frischt der Wind ordentlich auf. Das Stoffnashorn, welches den Namen Horni bekommt, ist schon ganz grün von den Seebewegungen.

Tag 18 – Etmal: 121 Seemeilen

An Bord habe ich mir selbst ein paar Regeln vorgegeben, an die ich mich im Wesentlichen auch gern halte. Heute Morgen stehen drei Knoten auf der Logge, und das ist definitiv zu wenig, und so stehe ich ein wenig später draußen und vergrößere die Segelfläche. Das habe ich nachts vorher noch nie getan, denn es ist gegen die Regeln. Später nervt mich zum ersten Mal seit Reisebeginn das Surren des Windgenerators. Meist ist es ein guter Indikator für Windgeschwindigkeit, und auch jede Abweichung vom Kurs ist sofort hörbar. Nun muss er schweigen – aus das Ding. Den halben Vormittag turne ich bei mäßigem Seegang auf dem Vorschiff und versuche, das angebrochene Want mit einem Fall zu entlasten. Diese sehr schweißtreibende Tätigkeit breche ich nach zwei Stunden erfolglos ab, denn ich bekomme das Fall einfach nicht über die Saling.

Eine Regenbö zieht am Nachmittag durch. Im Anschluss herrscht Windstille. M treibt fast auf der Stelle. Zeit für eine ausgiebige Dusche, frische Klamotten und ein Mittagessen. Heute ist irgendwie nicht mein Tag, das nervende Geräusch des Windgenerators, die Squalls (das sind Gewitterzellen, drei heute insgesamt) und die Windstille, abends Kopfschmerzen.

Tag 19 – Etmal: 114 Seemeilen
»Keine Lust, etwas aufzuschreiben« steht im Bordtagebuch. Es gelingt mir, das Want mit einem Fall zu unterstützen, jedoch verliere ich dabei einen Fünf-Liter-Wasserkanister. Das Gute an den sieben heute durchziehenden Squalls ist, dass wir gut vorankommen. Zu Spitzenzeiten stehen 7,4 Knoten auf der Logge. Die Stimmung an Bord ist nach dem gestrigen Tief wieder bestens. Die Literatur, die es zum Thema Hochseesegeln gibt, ist vielfältig. Sie reicht von tollen Reiseberichten bis hin zu fast spirituellen Leitfäden. Nicht selten erfahren Segler eine »Öffnung ihrer Seelen« oder andere tiefemotionale Momente, die sie dann gern in dramatische Worte umsetzen. Mir geht so etwas dann immer ein wenig zu weit. Meine Ansprüche sind eher bodenständig. Ich möchte über den Atlantik segeln. Dabei genieße ich das blaue Wasser, die Wellen, die Natur. Ich freue mich über Kleinigkeiten wie einen Vogel oder einen Schwarm Fliegender Fische oder ein gutes Etmal. Mir gefällt die Einfachheit des Ozeansegelns. Hier gibt es wenig Wichtiges, es geht lediglich darum, das Boot am Laufen zu halten, und zwar 24 Stunden am Tag, sieben Tage die Woche, ohne Pausen. Hier hat man Zeit.

Tag 20 – Etmal: 119 Seemeilen
Das Wetter wird wieder freundlicher, bis zum Sonnenuntergang gab es nur zwei Squalls. Gegen Abend gebe ich meinen Eltern wie immer meine Position und das Etmal durch. Auch wenn mir das Einhandsegeln gut gefällt, freue ich mich doch immer über einen kleinen Schnack am Telefon. Inzwischen habe ich das 1100 Seiten umfassende Werk von Ken Follett durch. Ich bewundere die Kreativität des Autors; Stoff für so viele Seiten muss man sich erst einmal ausdenken.

Tag 21 – Etmal: 118 Seemeilen
Ein Vogel zieht ein paar Runden um M, fällt dann senkrecht ins Wasser und taucht nicht mehr auf. Armer Kerl. Das Wetter ist wieder

unbeständiger geworden und bringt fast alle 50 Minuten eine neue Squall. Die bisher stärkste Front zieht um 13 Uhr 50 durch und bringt eine ganze Menge Regen mit sich, den ich nutze, um mich im Cockpit sitzend ein wenig nassregnen zu lassen. Die Heimkehr ist nun 200 Seemeilen südlich von mir und hat auch noch rund 350 Seemeilen bis zum Ziel zu segeln. Auch die Freunde sind bisher nicht schadenfrei davongekommen: Die Passatsegel sind eingerissen, der Wassermacher streikt, und nun macht auch der Autopilot ein paar Schwierigkeiten.

Auf der Speisekarte stehen heute – welche Überraschung – Spaghetti Bolognese oder Spax-Bolo, wie dieses Gericht bei mir an Bord heißt. Zum Nachtisch Apfelmus. Mit meinem Proviant bin ich bisher ganz zufrieden, lediglich sieben Tüten der Salz-Essig-Chips waren etwas zu viel des Guten, die Dinger kann ich nicht mehr sehen. Ganz begeistert bin ich von den grünen Orangen, die sich besonders gut halten sollen. Noch nach 21 Tagen schmecken sie hervorragend. Die letzte Frucht hebe ich mir auf, bis Antigua in Sicht kommt.

Ich könnte ewig so weitersegeln. Immer weiter. In meinem Alltagstrott hier auf See fehlt mir auch nicht die Gesellschaft anderer Menschen. Vielleicht sollte ich mir bereits jetzt ein gutes Argument zurechtlegen, falls ich einmal in einem Vorstellungsgespräch gefragt werden sollte, was ich von Arbeiten im Team halte und wie mein Einhandtörn dazu passt. Das könnte schwierig werden. Je näher wir dem Land kommen, desto mehr verlagert sich der Blick. Nun geht er nach vorn. Wann kommen wir an? Was gibt es dort für Liegeplätze?

Tag 22 – Etmal: 124 Seemeilen
Verwöhnt von den 120er Etmalen der letzten Zeit habe ich mir schon eine eventuelle Ankunft am Montagabend ausgerechnet. Doch nun schwächelt der Wind, das GPS rechnet vor: Dienstag kommen wir an. Das Leben als Einhandsegler sagt mir sehr zu, doch so kurz vor dem Ziel (es sind noch knapp 220 Seemeilen) will ich nur noch eins: ankommen. Ich freue mich auf eine lange Dusche, auf einen Internetzugang und auf ein kaltes Bier. Die letzten beiden gern gleichzeitig.

Die Nähe zum Land kündigt sich bereits durch zunehmenden Schiffsverkehr an. Eine Ketsch segelt knapp eine Seemeile Backbord voraus auf gleichem Kurs. Die muss mich wohl während einer meiner

Unter-Deck-Phasen überholt haben. Wie nachlässig doch mein Wach-
dienst geworden ist. Etwas später habe ich in einigen Meilen Entfernung einen leeren Bulker auf Gegenkurs. Wo will der denn hin, frage
ich mich noch, dann ändert er seinen Kurs nach Süden. Das macht
schon mehr Sinn. Eventuell läuft er nach Afrika oder Brasilien, für
Capesize (eine Größenangabe für Frachtschiffe, die zu groß sind für
den Panama- oder Suezkanal und daher um die Kaps fahren müssen)
ist er definitiv zu klein. Um der zunehmenden Schifffahrt Rechnung
zu tragen, verkürze ich den Wachrhythmus wieder auf 30 Minuten.

Tag 23 – Etmal: 114 Seemeilen
Noch 133 Seemeilen bis Antigua. Ich stehe den ganzen Tag an Deck
und halte Ausschau. Ist da schon Land in Sicht? Natürlich totaler
Blödsinn, aber es ist nicht mehr weit. Wenn alles gut geht, sind wir in
24 Stunden da.

Da gibt es nur noch das kleine Problem mit dem Motor, denn ohne
Strom springt der nicht an. Lobster ist ein alter Motor aus dem Hause
BUKH; das Gute ist, man kann ihn auch ankurbeln. Der erste Versuch scheitert, ich kann die Kurbel nicht einmal eine halbe Umdrehung bewegen. Als ich mich an die Worte von Joe aus Póvoa de Varzim erinnere, lege ich den Dekompressionshebel nach hinten und
kurble erneut. Nichts. Versuch drei endet mit einem kurzen Knattern,
das schon fast nach »ich möchte anspringen« klingt. Aber zunächst
brauche ich eine Pause, denn das ist wirklich anstrengend. Versuch
vier ist fast erfolgreich, und nach Versuch fünf schreie ich vor Freude.
Herrlich. Nun lasse ich die Batterien eine Stunde laden und kann der
Ankunft in Antigua ganz gelassen entgegensehen. Der Motor läuft
ohne Probleme. Alle Bedenken sind verflogen. Nun gibt es nur noch
eine Aufgabe zu bewältigen: bei Tageslicht ankommen. Trotz des
angeknacksten Riggs setze ich daher das Groß, da es aber im sehr
kabbeligen Seegang ständig backsteht, muss ich es knapp eine Stunde
später wieder bergen.

Tag 24 – Etmal: 119 Seemeilen
Man gewöhnt sich an alles. Auch an starken Seegang, aber was hier
gerade vor meiner »Haustür« passiert, verdient das Prädikat unerträglich. Die Wellen kommen aus allen Himmelsrichtungen und treffen

sich genau unter Ms Kiel. Ein unstetes Hin und Her, Vor und Zurück. Am Nachmittag werfe ich den Motor – der heute ganz normal mit dem Anlasser anspringt – an, um eine Ankunft in Antigua noch vor Sonnenuntergang zu gewährleisten. Das ist mir ganz wichtig. Derzeit wird der Ozean flacher. Vorhin waren es noch 5000 Meter, nun haben wir die 3000-Meter-Tiefenlinie hinter uns, und die 1000er-Linie wartet schon. Vielleicht kommt der Seegang auch daher. Aus den Stauräumen im Bug krame ich einen Wasserkanister hervor, der mit fünf Litern Frischwasser gefüllt ist, und trage ihn ins Cockpit. Eine ausgiebige Eimerdusche ergießt sich über meinen salzigen Körper, Eimer für Eimer. Mit dem Frischwasser brauche ich nicht mehr zu sparen, und so nutze ich den Vorrat zum Nachspülen. Meine ordentlichen Klamotten hatte ich in einem wasserdichten Seesack verstaut. Ich entscheide mich für ein frisch riechendes T-Shirt und eine saubere kurze Hose, auch meine Haare bekommen eine Portion Gel, und beim Blick in den Spiegel stelle ich fest: Fertig für den Landgang.

Um 14 Uhr 25 ist Land in Sicht, noch klein und grau präsentiert sich Antigua am Horizont. Eine Segelyacht überholt mich, die Besatzung winkt freundlich herüber. Die Einfahrt nach English Harbour sei nicht ganz einfach, steht auf der Rückseite meiner Seekarte. Langsam tuckert M in die Hafeneinfahrt, wir lassen das Riff an Steuerbord und das alte Fort an Backbord liegen. Ein weißer Strand, Palmen, ankernde Yachten. So habe ich mir das vorgestellt. In Nelson's Dockyard habe ich einen Liegeplatz reservieren lassen, und irgendwie ist es hier sehr gut besucht. Zu allem Überfluss liegen die Yachten alle stern-to, heißt: mit dem Heck zur Pier und vorn mit dem Anker. Ich habe noch nie geankert und werde zwischen den ziemlich großen Yachten auch ganz sicher nicht heute damit anfangen. Die Sonne geht langsam unter, und bald tut sich eine kleine Lücke auf zwischen einer 100 Fuß und einer 70 Fuß langen Yacht. Die Crew des größeren der beiden großen Segelboote sitzt an Deck. Per Handzeichen kann ich ihnen zu verstehen geben, dass ich an ihnen anlegen möchte – mit dem Bug zur Pier. Das freundliche Herüberwinken interpretiere ich als »ja«, und schon fahre ich langsam in die Lücke. Meine Liegeplatznachbarn nehmen die Leinen an.

Ich bin allein über den Atlantik gesegelt. 23 Tage, sechs Stunden, 55 Minuten und 2836 Seemeilen.

»Wo kommst du denn her?«, werde ich von nebenan auf Englisch gefragt.

»Von den Kanaren!«

»Dann möchtest du nun sicher ein kühles Bier, oder?«

Da bin ich natürlich nicht abgeneigt. Die elfköpfige Besatzung sitzt an Deck, als ich eine Dose Piton-Bier in die Hand gedrückt bekomme. Beim Öffnen spritzt das Bier über M und mich.

»Ich habe die Dose geschüttelt, das ist wie Champagner. Herzlichen Glückwunsch zur Atlantiküberquerung und willkommen in der Karibik!«

Ja und jetzt?

14. Dezember 2009 bis 21. Dezember 2009

6 Tage 17 Std 35 Min

3,5 %

3 sm

0,02 %

Seemeilen: 5757–5760

Segler sollten beachten, dass Raubüberfälle auf ankernde oder sich in Küstennähe befindende Schiffe bzw. Fälle von Piraterie in der Ostkaribik sporadisch vorkommen und entsprechende Maßnahmen ergreifen (Vorsicht mit spontanen Gästen an Bord, Eigensicherung bei Nacht). Notrufe an die Polizei/Küstenwache über 911 (Mobiltelefon) sind möglicherweise zuverlässiger als Dringlichkeitsrufe über mobilen Seefunk.

Landesspezifische Sicherheitshinweise des Auswärtigen Amtes für Antigua und Barbuda

Meinen ersten Schritt an Land absolviere ich unter den kritischen Augen der Nachbarschaft. Ob er wohl torkelt, fragen sie sich ganz offensichtlich. Tut er nicht. Ich habe auch schon einmal davon gehört, dass die ersten Schritte an Land nach einem längeren Seestück etwas schwerfallen sollen, aber mir nicht. Ich laufe in die Arme von Shaun. Er ist hier der Dockmaster, trägt eine Schlabberjeans und ist der erste Einheimische, mit dem ich in der Karibik rede. Er erklärt mir, wo ich das Marina-Büro finde und dass ich mich am besten sofort beim Zoll und bei der Einwanderungsbehörde melden soll.

Das mache ich natürlich gern. Es sind nur ein paar Schritte von Ms Liegeplatz bis zum Verwaltungsgebäude, welches in der Mitte von Nelson's Dockyard in English Harbour steht. Hier war vor langer Zeit der legendäre Lord Horatio Nelson stationiert, der in der Schlacht von Trafalgar vor der Küste Spaniens die britische Flotte führte und am Ende des Gefechtes starb. Sein Körper wurde der Legende nach in einem Rumfass konserviert und nach London zum Staatsbegräbnis überführt. Der verbliebene Rum wurde an die Crew ausgeschenkt und fand unter der Bezeichnung Nelson's Blood Einzug in die Geschichtsbücher. Die Gebäude und Anlagen in English Harbour sind liebevoll restauriert, Blumen blühen allerorts, und die großen Yachten geben der Umgebung ein elegantes Flair. Hierzu passt so gar nicht der grummelig dreinschauende Officer, der mir ein paar Formulare in die Hand drückt. Er wirkt noch ein wenig unfreundlicher, als ich nach einem Stift frage. Ähnlich nett ist auch die Dame an der Kasse, bei der ich eine Gebühr für die Einreise, den Stempel im Reisepass, den Liegeplatz und die Nationalparkgebühr abdrücken darf. Ihre Laune bessert sich erst, als sie den Namen meines Bootes auf den Schiffspapieren liest.

»M? Dein Boot heißt M?«, fragt sie laut und kann sich vor Lachen gar nicht mehr beruhigen, während sie die letzten Stempel auf die Papiere knallt.

Mit knurrendem Magen gehe ich auf Erkundungstour. Ich finde einen kleinen Supermarkt, ein Café, ein Hotel und auf dem Weg nach Falmouth Harbour ein Restaurant neben dem anderen. An der Südküste Antiguas ist eine große Bucht, die durch eine Landzunge geteilt wird. Der Teil östlich der Landzunge heißt English Harbour, der auf der anderen Seite Falmouth Harbour. Um von dem einen Ort zum anderen zu gelangen, braucht man nur zehn Minuten zu Fuß. Eine Pizzeria macht einen guten Eindruck, ich trete ein, riskiere einen Rundumblick und werde von ein paar Männern an ihren Tisch gerufen. Sie sind Deutsche, vor ein paar Tagen angekommen und eine lustige Runde. Meine letzte Pizza habe ich auf den Shetlandinseln gegessen, oder besser gesagt: hinuntergewürgt, aber diese Pizza hier schmeckt ausgezeichnet. Vielleicht bin ich durch die letzten vier Wochen mit Nudeln und Konserven aber auch einfach nur anspruchsloser geworden. Später am Abend skype ich über eine stabile Internetverbindung mit meinen Eltern. Als sie mich fragen, was ich denn so den ganzen Tag über auf dem Atlantik gemacht habe, antworte ich ehrlich, dass ich das gar nicht so genau weiß. Die Tage verrannen einfach. Als wir unser Gespräch um drei Uhr morgens deutscher Zeit beenden, wird mir klar, wie erleichtert meine Eltern offenbar darüber sind, dass ich wieder sicher an Land bin. Andernfalls hätten sie sicherlich nicht so lange mit mir telefoniert – schließlich müssen sie schon in wenigen Stunden wieder aufstehen und zur Arbeit fahren.

Am nächsten Tag lerne ich schon wieder etwas zum Thema »andere Länder, andere Sitten«. Für die Duschen in der Marina muss ich mir zunächst für zwei Dollar ein Duschticket bei einer übergewichtigen, unfreundlichen Dame kaufen. Warum hält sich eigentlich das Gerücht so hartnäckig in der Welt, dass die Menschen in der Karibik alle so freundlich seien? Mir kommen sie eher an den Geldscheinen interessiert vor, die man als Tourist mit sich trägt. Die Duschen spenden nur kaltes Wasser, und ich teile sie mir mit Moskitos. Traumhaft.

Später knote ich aus einer Schot eine Schlaufenleiter und ziehe sie am Großfall hoch in den Mast. Nachdem ich es beim dritten Versuch geschafft habe, das angebrochene Unterwant unter der Saling loszuschrauben, sitze ich, aus allen Poren schwitzend, an Deck und staune über meine eigene Kondition. Vor Törnbeginn wäre mir diese Kletteraktion sicher nicht gelungen. Ein älterer Mann mit der hier typischen Hautfarbe und grauen Rastalocken steht auf einmal vor meiner Yacht und fragt nach dem Skipper, grinst, als ich mich als solcher vorstelle, und erkundigt sich, ob er mir die eine oder andere Arbeit an Bord abnehmen könne: den Lack aufpolieren, überhaupt alle Malerarbeiten, Segelwartung und was er nicht alles aufzählt. Ich lehne dankend ab, obgleich mir bewusst ist, dass ich hier an Bord noch einiges zu tun habe, bevor M wieder in einem guten Zustand ist. Sie hat die Atlantiküberquerung technisch sehr gut gemeistert, außer den Batterien und dem Unterwant beschränkt sich die Schadenbilanz auf Kleinigkeiten. Ein paar Rostflecken. Die Bordwand ist voller Salz, weiße Schlieren überziehen den dunkelblauen Lack. Die Luft steht. Nicht der kleinste Hauch pustet durch den Hafen, bereits morgens um neun Uhr sind es über 28 °C, und die Luftfeuchtigkeit ist sehr hoch. Allein das Anziehen eines T-Shirts führt zu schweren Schweißausbrüchen. Unter Deck ist es kaum auszuhalten, und an Deck knallt die Sonne auf mich herunter. Ich suche mein Heil in der Flucht und erkunde die Gegend. Weit komme ich jedoch nicht, denn die Yachten in Falmouth Harbour fesseln meine Aufmerksamkeit.

Ein riesiges Boot liegt neben dem nächsten. Ich erkenne die Mirabella V, die größte einmastige Segelyacht der Welt: Sie ist rund 75 Meter lang und hat einen Mast von fast 90 Metern Höhe. Trotz ihrer enormen Ausmaße wirkt sie elegant. Aber besser als die Segelyachten sehen die Motoryachten aus. Meines Erachtens erschöpft sich ab einer gewissen Größe der Charme jedes Segelschiffes. Mehrere Motoryachten in der Größenkategorie jenseits der 60 Meter liegen an der Pier. Ich schaue mir die Alpha Nero, die Selen und die graue Skat näher an. Grob geschätzt könnte man einige Tausend Menschen mit dem hier schwimmenden und yachtgewordenen Geld ein ganzes Jahr durchfüttern. Seit meiner frühen Kindheit bin ich ganz euphorisch, wenn es um so große Boote geht. Ein Meter Yacht kostet in dieser Kategorie ab einer Million Euro. Zudem sagt man, dass die Fixkosten im Jahr rund zehn Prozent der Anschaffungskosten betragen. Heißt: Ein 80-Meter-Kahn kostet acht Millionen im Jahr, und man ist noch keine Meile damit gefahren. Einmal volltanken verschlingt da gern mal mehrere Hunderttausend Dollar. Jedem, der an dieser Stelle pikiert über den vermeintlich zur Schau getragenen Luxus negativ urteilen will, sei entgegengehalten: Jede dieser Yachten hat eine Crew von zehn oder mehr Personen, schafft also Arbeitsplätze und unterhält eine ganze Industrie für Zubehör, Zulieferer und Dienstleister.

Direkt neben den Stegen finde ich einen kleinen Supermarkt. Dicht gedrängt stehen hier Ketchup-Flaschen und Konserven nebeneinander, Obst und Gemüse werden gekühlt angeboten und sehen trotzdem

nicht so frisch aus wie in Hamburg. Die Kunden schieben sich durch
die Gänge. Allesamt Touristen – schätze ich nach der Hautfarbe.

Ich greife beim gefrorenen Burgerfleisch zu und packe noch Paprika, Salat, Gurke und Burgerbrötchen dazu – 18 Dollar. Ich bemerke,
dass es in diesem Supermarkt einen kleinen Preisaufschlag für Touristen gibt. Überfressen sitze ich später im Cockpit und bin irgendwie
nicht so gut drauf. Glücksgefühle, Momente der Erleichterung, des
Stolzes, der Freude – mit der geglückten Atlantiküberquerung ging ein
Traum in Erfüllung, habe ich so viel erreicht, fühle aber nichts dergleichen. So etwas habe ich häufig gehört von Seglern, wenn es um den
ersten Landfall auf der anderen Seite des Atlantiks ging. Als ich nach
23 Tagen wieder festen Boden unter den Füßen hatte, fühlte ich mich
so, als wäre ich gerade mal von Bensersiel nach Langeoog gesegelt.
Keine Erleichterung stellte sich ein, keine extreme Müdigkeit, nur die
Frage: »Und jetzt?« Die Atlantiküberquerung war ein geniales Erlebnis. Jetzt bin ich auf der Suche nach einer neuen seglerischen Herausforderung. Ein kleines emotionales Loch in der Karibik hält mich
gefangen. Die Schwüle trägt nicht gerade zu guter Stimmung bei.
Sie ist unerträglich. Ebenso unerträglich sind die unzähligen kleinen
Stiche an meinen Füßen und den Waden. Aus dem Radio klingt »Let
it snow« in einer Reggae-Version – ach stimmt, bald ist ja Weihnachten. Die einfache Schönheit der See vermissend, sitze ich im Cockpit
und sehe die sich spiegelnden Laternen im spiegelglatten Wasser. Ich
sehne mich nach dem Atlantik, ich vermisse die Bewegungen an Bord,
das tägliche Eintragen der Position, das Reffen, das Abpulen der klebrigen Fliegenden Fische jeden Morgen vom Deck. Ich habe das Ziel
erreicht. Und jetzt? Jetzt kommt Weihnachten. Vielleicht ist auch dies
der Grund meiner Unzufriedenheit. Zum ersten Mal in meinem Leben
bin ich Weihnachten allein. Dieses Fest unterliegt in unserer Familie
einem jährlich wiederkehrenden Ritual. Stets versuchen mein Bruder
und ich Argumente zu finden, um uns vor dem Gang in die Kirche
zu drücken. Jedes Mal scheitern wir. Jedes Mal drängt meine Mutter
darauf, besonders pünktlich in die Kirche zu gehen: »Weil wir sonst
keinen Platz mehr bekommen.« Ja und jetzt? Jetzt habe ich vielleicht
einfach ein wenig Heimweh.

Bert von der Heimkehr sagt, dass Weihnachten ohne Winter und
Familie nicht funktioniert und er die Feiertage dieses Jahr einfach igno-

rieren will. Nachdenklich schaue ich über die dunkle Bucht, nehme einen großen Schluck karibischen Bieres zu mir. »Leiden auf hohem Niveau«, werfe ich mir vor und klettere etwas bedrückt in die Koje.

Am nächsten Tag landet eine E-Mail in meinem Postfach, deren Absender, Magnus, mir unbekannt ist. Er hat aus dem Internet von einem gemeinsamen australischen Bekannten von meiner geglückten Atlantiküberquerung erfahren, sendet mir seine besten Wünsche und fragt an, ob ich am Abend nicht Lust auf ein kleines Bier hätte. Das habe ich natürlich (immer), und meine Neugierde steigt, als ich in Magnus' E-Mail-Signatur lese, dass er der Ingenieur auf der Motoryacht Skat ist. Welch glückliche Fügung, denke ich und mache mich abends auf den Weg nach Falmouth Harbour, schlendere vorbei an den dicken Yachten und gut aussehenden jungen Damen zum Dock E, wo ganz am Ende die graue Yacht liegt. Ein großes Hinweisschild lässt mich wissen, dass es sich hier um eine »private yacht« handelt, und der Zusatz »no boarding« deutet darauf hin, dass es sich nicht um einen Taubenschlag handelt. Ich drücke auf die Klingel, ein Crewmitglied empfängt mich, und ein paar Minuten später stehe ich – barfuß, denn Schuhe sind nicht erlaubt – auf dem Teakdeck und werde in die klimatisierten Räume der Crewmitglieder geführt. Kurze Zeit später habe ich die halbe Crew kennengelernt, ein Bier in der Hand und Glückwünsche vom Kapitän zur Atlantiküberquerung erhalten. Magnus spendiert mir eine Sightseeingtour durch die Yacht. Da gibt es Kühlräume, die so groß sind wie meine Wohnung in Hamburg, drei Klimaanlagen, mehrere Jetskis und Segelboote. Etwas Spaß muss sein. Die Crew besteht aus – wenn ich mich recht erinnere – 16 Leuten. Zwei mehr, wenn der Hubschrauber auch an Bord ist. Damit kommt der Eigner. Die Skat ist 71 Meter lang. Am Tag verbraucht sie um die sieben Tonnen (selbst hergestelltes) Frischwasser, vermutlich wird ein Großteil dazu verwendet, um die Yacht sauber zu halten. Es blitzt und blinkt an allen Ecken. Die verchromten Poller lassen keinen einzigen Wassertropfen erkennen. Für die Atlantiküberquerung hat die Skat sieben Tage gebraucht bei über 14 Knoten im Schnitt. Unterwegs gab es immer Fernsehen und Internet. Die Schaukelei sei auch nicht der Rede wert gewesen, erklärt mir Magnus, denn schließlich sind unter Wasser Stabilisatoren eingebaut, die welleninduzierte Bewegungen des Schiffes unterdrücken können. Die Tour geht weiter: Crewunter-

künfte, Whirlpool, Hubschrauberdeck, Fitnessstudio, ein Raum für
die Neoprenanzüge, die Brücke. Zu gern hätte ich ein Foto von mir auf
dem Captain's Chair gemacht, aber ich muss die Kamera in der Tasche
lassen. Wegen Wahrung der Privatsphäre. Wir beenden die Tour am
Ausgangsort, wo der Kapitän gerade ein kleines Bier zu sich nimmt,
ein paar Jungs im Internet surfen und ein paar bildschöne junge
Damen Weihnachtskarten schreiben. Zusammen schlendern wir später um den halben Hafen. Ein Menschenauflauf verrät, dass im Skullduggery, so heißt die Bar, etwas los sein muss. Sie liegt am Ende eines
hölzernen Steges, der rund 50 Meter in die Bucht hineinragt. Espresso
Martini ist der Drink, der hier zurzeit angesagt ist.

»Ja, ich weiß, klingt fies, ist aber super«, sagt Magnus, und schon
sind die ersten beiden dieser Cocktails bestellt, für die diese Bar
angeblich weltberühmt ist.

Eine ungefähr 25-jährige Schwedin nimmt einen Becher und füllt
ihn mit zwei Schnapsgläsern Rum, zwei Wodkas und noch zwei anderen alkoholischen Getränken. Das Ganze wird mit Eiswürfeln und
zwei Tassen frischem Espresso lange geschüttelt, auf die Gläser verteilt – und prost. Dieser Espresso Martini schafft es auf Anhieb auf den
ersten Platz meiner Lieblingscocktailliste! Wir genießen einen und
einen zweiten, einen dritten und noch einen weiteren. Dann wird es
Zeit, den Heimweg anzutreten.

Mein Kurs führt mich über den Holzsteg zurück bis zur Tankstelle,
dann rechts ab und einfach nur weiter geradeaus, bis ich fast in mein
eigenes Boot falle. Unterwegs nimmt ein Einheimischer Kontakt mit
mir auf und versucht, mir ein weißes Pulver zu verkaufen. Total bekifft
blickt er mich an und bietet ein Gramm Kokain zum Preis von 40 amerikanischen Dollar an. Da ich weder beurteilen kann, ob es sich tatsächlich um Koks handelt, und auch nicht weiß, ob es sich hierbei
um einen guten Preis handelt, und auch gar kein Interesse am Erwerb
und am Konsum des Stoffes habe, lehne ich dankend ab und kann
den Abstand zwischen mir und dem Dealer schnell vergrößern. Der
Espresso Martini hat ziemlich zugeschlagen, und bevor ich die Nachtruhe antrete, beuge ich mich noch einmal über die Reling und versuche, den Grund des Hafenbeckens im Mondschein zu erkennen.

Am nächsten Morgen brauche ich ganz dringend ein ordentliches Frühstück. Rührei mit Toast wirkt perfekt gegen die morgend-

liche »Müdigkeit«. Wenig später stehe ich an Land und pumpe mein Schlauchboot auf. Mit einem Schwamm, einem Mittel, das ich sonst nur verwende, um Rostflecken zu entfernen, und viel Seewasser mache ich mich daran, die Salzflecken von Ms Rumpf zu entfernen. Meine Liegeplatznachbarn klären mich jedoch schnell auf, dass es sich nicht um Salz, sondern um Kalk handelt. Erfahrungsgemäß können Salzflecken schnell und unkompliziert mit Wasser und einem Schwamm entfernt werden. Aber diese Flecken haben es wirklich in sich und lassen sich nur mit dem säurehaltigen Rostentferner beseitigen. Also doch Kalk? In meinem Segelhandbuch für den Atlantischen Ozean lese ich, dass das Wasser auf der Passatroute über den Atlantik tatsächlich sehr kalkhaltig ist. Hin und wieder atme ich einen kleinen Hieb des Reinigers ein und quäle mich von einem zum anderen kleinen Hustenreiz. Eine Last, die ich für ein sauberes Boot gern auf mich nehme. Weitere Arbeiten bestimmen den Tagesablauf. Beim Rigger bestelle ich ein neues Want, das angeblich bereits am nächsten Tag fertig sein soll. Ich bin gespannt. Auf dem Rückweg kaufe ich schnell noch 15 Postkarten und liefere meine Schmutzwäsche in der Wäscherei ab. Grundsätzlich sehe ich mich durchaus imstande, meine Wäsche selber zu waschen, aber die unfreundliche Dame, die auch die Duschtickets verkauft, hat angeboten, dass sie meine Wäsche des letzten Monats wäscht, trocknet und zusammenlegt. Rund zehn amerikanische Dollar, also ca. sieben Euro, sind ein fairer Preis, ich schlage zu. Gut, dass meine Mutter nie auf die Idee gekommen ist, für diese Dienstleistung Geld zu berechnen. In den vielen Jahren, in denen ich ihren Service in Anspruch genommen habe, wäre da wohl mein gesamtes Erbe draufgegangen.

So schnell wie die Sonne hier morgens aus dem Wasser klettert, so schnell verschwindet sie abends wieder. Ruck, zuck ist es dunkel. Um keine ungeliebten Tiere anzulocken, verlege ich meine Postkartenaktion in die Bar direkt vor meinem Boot und genieße einen eiskalten Eistee. Die Bar verströmt ein urig gemütliches Flair. Die Hinterlassenschaften, wie sie die Segler auf Madeira an die Kaimauern pinseln, schreibt man hier an die ehemals weiße Decke der Bar. Ich bin allerdings zu faul, um mich hier zu verewigen.

»Du schreibst aber viele Postkarten«, höre ich eine Stimme von rechts. Die Crew einer der größeren Segelyachten aus der Nachbarschaft ist eingetroffen und freut sich auf ein Bier.

»Du kannst mir gerne helfen«, antworte ich und bitte das Mädel, eine Postkarte zu schreiben.

Und sie spielt tatsächlich mit. Ebenso drei weitere Crewmitglieder und ein einheimischer Segelmacher. Letzterer hat in seinem Leben offensichtlich noch nie eine Postkarte verfasst und gleich das Adressfeld mit seinen besten »seasonal greetings« beschmiert. Beim gemeinsamen Abendessen mit Teilen der Skat-Crew erkundigt sich der Captain nach meinen Eindrücken und Erfahrungen, fragt ebenso nach den Schäden, die an Bord entstanden sind. Dass meine Batterien kaputt sind, hält er für »no problem«, denn schließlich habe man bei ihm an Bord gerade welche austauschen lassen, die alte könnte ich haben.

»Brauchst du sonst noch was? Diesel? Wasser?«

»Wasser immer und auch gern ein paar Liter Diesel«, antworte ich und ernte Gelächter, als ich die Frage nach dem »Wie viel Diesel?« mit »40 Liter« beantworte. »Ich glaube, die haben wir noch über.«

Das Mad Moongoose ist eine weitere Partylocation der Yachtcrews in Falmouth Harbour. Fröhliche, braun gebrannte Menschen feiern den Tag. Und das jeden Tag. Ganz offensichtlich werden Australierinnen und Schwedinnen ebenso wie Amerikanerinnen und Südamerikanerinnen gern als Stewardessen an Bord von Megayachten eingestellt. Und ganz zufälligerweise komme ich als »Captain« einer »Sailing Yacht« ganz gut an. In meinem Fall ist das noch nicht einmal gelogen und ein Grund, diesen Ort noch das ein oder andere Mal vor meiner Abreise anzusteuern. Oh, wie schön ist es in der Karibik!

Bevor ich M in den Nachbarhafen verhole, muss ich noch ausklarieren, denn ich möchte nur noch einen Tag bleiben. Der Frau an der Kasse reiche ich meine Unterlagen.

»Hast du den Betrag bis zum hier eingezeichneten Datum schon bezahlt?«, möchte sie wissen.

»Zumindest steht hinten ein ›Bezahlt‹-Stempel auf der Rückseite«, entgegne ich und bemerke, wie sich mein sitzendes Gegenüber auf dreifache Größe aufplustert.

»Nicht so, Mr. Menwish. Ich stelle Fragen, Sie antworten. So funktioniert das hier und nicht anders. Haben wir uns verstanden?«

Ich halte inne. Wäge kurz ab, ob es Sinn macht, sie darauf hinzuweisen, dass sie meinen Namen entweder richtig oder gar nicht aussprechen soll, entscheide dann aber, dass ein »Yes, I am sorry, Ma'am«

die einzig sinnvolle Reaktion ist. Fortan gebe ich deutliche Antworten und scheine den Drachen damit ein wenig gebändigt zu haben. Ich nehme mir vor, in Zukunft ein wenig Valium einzuwerfen, bevor ich zum Einklarieren gehe. Und bald bin ich frei zur Weiterfahrt.

Für die versprochene Bootsreparatur hat die Crew der Skat schon die nötigen Vorbereitungen getroffen. Die Badeplattform ist runtergefahren, und Fender sind positioniert. Unter Motor schiebt M sich langsam aus English Harbour, rechts rum, und der Atlantikschwell schaukelt uns mit knapp fünf Knoten die Küste Antiguas entlang. Da ist es wieder: das tiefe Blau der See. Das Rauschen des Wassers und der Wind um die Nase. Wieder rechts ab, und Magnus steuert M zwischen den Tonnen und den ankernden Yachten hindurch. Bevor ich selbst das Steuer wieder übernehme und M an der Skat anlege, lässt er mich noch wissen, dass ein neuer Anstrich der Skat rund drei Millionen Dollar kostet. Nur einen kurzen Moment später liegt M an der Badeplattform. Die beiden Techniker entern das Schiff und verrichten ihre Arbeit, während ich das absurde Bild zweier Yachten, die unterschiedlicher nicht sein könnten, vom Schlauchboot aus in digitalen Bildern festhalte.

Danach kündigt sich eine Premiere an, denn ich möchte zum ersten Mal in meinem Leben ankern. 16 Kilo Stahl, die wir seit nun mehr als 11 000 Kilometern mit uns herumschleppen, plumpsen ins Wasser und ziehen fünf Meter Kettenvorlauf hinter sich her. Im Rückwärtsgang buddelt sich der Anker langsam in den Grund, Meter um Meter gebe ich Ankerleine nach. Sollte halten, denke ich. So ganz wohl ist mir bei der ganzen Angelegenheit noch nicht. Vorher lag M immer an einem schweren Steg oder an einer dicken Kaimauer. Meist haben drei oder vier Leinen das Boot gehalten, und nun ist es – gefühlt – nur ein Meter weiße Leine, die vorn über die Bugrolle läuft und irgendwo im Wasser verschwindet. Und das soll halten? Nachts lasse ich das GPS mitlaufen und alle fünf Minuten einen Wegpunkt setzen. Na dann, eine angenehme Nachtruhe.

Ein neuer Tag, ein neuer Nachbar. Ein schwarz-rot-goldener Adenauer flattert am nächsten Morgen direkt neben M. Eine Yacht aus Hamburg, und dank Internet habe ich schnell alle weiteren Informationen zusammen über Besatzung, Ausrüstung und Route. Ich habe an diesem Tag noch ein paar weitere administrative Aufgaben zu erledigen, dann will ich weiter nach St. Barth, um dort Weihnachten zu verbringen. Ein paar Tage habe ich bis zum Fest noch Zeit.

Beim Rigger hole ich das neu gefertigte Want ab. Zusätzlich lasse ich mir noch ein Stahlseil zur Sicherung meines Beibootes anfertigen. In den Räumen des Riggers dröhnen Reggae-Beats aus den Lautsprechern, die Mitarbeiter lungern eher rum, als dass sie geschäftig herumwuseln. Die Uhren ticken eben anders unter der karibischen Sonne. So besteht auch die ganze Werkstatt nicht aus einem hölzernen oder steinernen Gebäude, sondern aus aneinandergeschobenen Containern. Ein buntes Schild bewirbt die Containerburg als »Antigua Rigging«. Ich kann mich jedenfalls nicht beschweren: Das Want und das Sicherungskabel bekomme ich für weniger als 150 Dollar, rund 100 Euro zum damaligen Zeitpunkt, und die Arbeit wird innerhalb von 24 Stunden ausgeführt. An Bord geht es wieder die Schlaufenleiter hoch, schweißtriefend verrichte ich mit einer Hand die Montage, während ich mich mit der anderen Hand am Mast festzuhalten versuche. Operation geglückt. Fachwissen vortäuschend, kontrolliere ich die Spannung der Wanten, ziehe hier und dort ein wenig nach. Selbstgerecht attestiere ich mir eine gute Arbeit und M den Zustand »wieder topfit nach Atlantiküberquerung«. Mit dem Dingi fahre ich von Ms Ankerplatz aus zum Skullduggery, dem Espresso-Martini-Laden, um dort das Dingi festzumachen. Zu Fuß geht es dann wieder Richtung English Harbour, wo meine Wäsche zur Abholung bereitliegt. Kleinigkeiten des Alltagslebens werden mit Schlauchboot und ohne Auto, Fahrrad oder U-Bahn zu großen Projekten. Gut gelaunt versuche ich, ein nettes Gespräch mit der unfreundlichen Dame von der Wäscherei anzufangen. Was denn für eine Art Weihnachtsstimmung hier in der Wärme aufkommen würde, obwohl man Santa Claus immer in Schnee und einem dicken Mantel sehen würde, möchte ich gern wissen, während ich die verlangten zehn Dollar aus dem Portemonnaie suche. Zwölf Dollar gebe ich der Frau und halte ein Trinkgeld von 20 Prozent für durchaus ausreichend.

Tiefe Falten ziehen sich über ihre Stirn, sie tippt wie wild auf einem Taschenrechner herum und antwortet knurrig: »Im Moment gar keine Weihnachtsstimmung – du musst mir mehr Trinkgeld geben.«

»Sind 20 Prozent nicht genug?«, erkundige ich mich.

Sie tippt wieder auf ihrem Taschenrechner herum, hält inne, grinst, schiebt mir meinen Plastiksack mit Wäsche rüber und sagt: »Weihnachten ist anders geworden. Früher war es ein aufregendes Fest. Die Kinder waren fröhlich und aufgeregt. Heute sind sie groß, und Weihnachten hat seine Magie verloren.«

20 Prozent reichen also doch. Wieder bin ich ein wenig enttäuscht über die käufliche Freundlichkeit der Einheimischen und ziehe mit meiner Wäsche ab. Ich mache klEYn M wieder an ihrem Mutterschiff fest, und es dauert nicht mehr lange, bis die Sonne hinter dem Cherry Hill untergehen wird. Fein säuberlich hat die Lady aus der Wäscherei meine Wäsche zusammengelegt, und annähernd so ordentlich verstaue ich alles in den Schapps an Bord. Wo sind nur die Socken? Hat die etwa meine Socken unterschlagen? Kurz vor einem Wutausbruch halte ich inne und realisiere, dass ich seit mehr als drei Monaten keine Socken mehr getragen habe.

Obwohl M fast in der Mitte von Falmouth Harbour liegt, habe ich mit meiner neuen WLAN-Antenne einen soliden Internetempfang. Es ist schön, auch vor Anker E-Mails abrufen zu können. Außerdem nutze ich die Verbindung ins World Wide Web gern, um das eine oder andere Update auf meine Webseite zu laden und gelegentlich zu telefonieren. Zu Hause in Deutschland trage ich regelmäßig zwei Mobiltelefone mit mir herum. Ein privates und eines, das ich beruflich nutze. Wenngleich ich zu Hause heftig und gern von den Möglichkeiten der modernen Kommunikation Gebrauch mache, stört es mich hier sehr wenig, dass ich nicht erreichbar bin, aber die anderen erreichen kann. Eine Einladung zum Sundowner auf der Badeplattform der Skat erreicht mich über Kanal 16 aus der Funke. Gern nehme ich an, sitze ein paar Minuten später neben einem Teil der Crew und trinke ein kaltes Bier. Die Sonne geht unter. Der letzte Tag auf Antigua ist zu Ende. Morgen geht es weiter nach St. Barth, meiner Weihnachtsinsel.

Windarme Weihnachten

21. Dezember 2009 bis 27. Dezember 2009

6 Tage I Std 5 Min

3,1 %

12 sm

0,1 %

Seemeilen: 5760–5772

Espresso Martini: 2 cl Vodka, 2 cl Kaffeelikör und einen Espresso zusammen mit Eiswürfeln kalt schütteln. Sobald der Drink kalt ist, ohne das Eis im Glas servieren.

Am nächsten Morgen riskiere ich noch einen Blick auf die Wetterdaten. Der schwache Wind, der eigentlich vorhergesagt war, ist einer kompletten Flaute gewichen. Nicht ein kleines Lüftchen von hier bis zur kleinen französischen Insel St. Barth. Aber hier in Falmouth Harbour möchte ich auch nicht bleiben. Ich disponiere spontan um und verlege Weihnachten nach Jolly Harbour auf Antigua und Silvester nach St. Barth.

Der Weg nach Jolly Harbour wird uns aus der Bucht Falmouth Harbours hinausführen und weiter entlang der Südküste auf die Westseite der Insel. Auf ungefähr der halben Höhe Antiguas befindet sich der kleine Ort. Ich habe erfahren, dass es dort sogar einen Supermarkt geben soll, der die Bezeichnung tatsächlich verdient. Dank der neuen Batterien springt der Motor sofort an. Auf dem Vorschiff stehend, hole ich die Ankerleine Stück für Stück ein. Die andere deutsche Yacht scheint direkt über meinem Anker zu liegen, und so muss ich sie mit den Händen etwas zur Seite schieben und habe ein paar Meter später meine gesamte Ankerleine und den Anker wieder an Bord und im Ankerkasten verstaut. Auf geht's.

Die Segel kann ich heute unter dem Baumkleid beziehungsweise im Segelsack lassen. Die Vorhersage ist korrekt, weder Wind noch Welle erwarten uns. Ich lasse den elektrischen Autopiloten steuern, entledige mich des T-Shirts und lasse die Sonne meinen karibischen Teint designen – langsam werde ich braun. Die Route führt durch den Ziegenkopf-Kanal, der eigentlich kein wirklicher Kanal ist. Er bezeichnet die Durchfahrt zwischen einem Riff und der Insel Antigua, und bei zehn Metern Wassertiefe kann ich Ms Schatten auf dem Grund sehen, kristallklar und grüntürkis ist das Wasser. Voraus ist in einigen Kilometern Entfernung der aktive Vulkan Soufrière der Insel Montserrat zu erkennen. Im Karibik-Reiseführer lese ich, dass – natürlich – Segelgroßmeister Kolumbus der Insel ihren Namen gegeben hat: nach einem Kloster in den Bergen bei Barcelona. Jahrelang war das kleine Eiland Hochburg des internationalen Jetsets, bis der Vulkan den ganzen Süden unter einer dicken Lavadecke begrub. Inzwischen spült ein Vulkantourismus wieder Geld in die Staatskassen. Eigentlich scheint Montserrat eine Reise wert zu sein, aber was tun, falls der Vulkan gerade Lava spuckt? Vielleicht nicht einer der besten Orte für die Festtage.

Nach etwas mehr als zwei Stunden sehe ich die erste Tonne, die den Weg in das Fahrwasser nach Jolly Harbour markiert. Mehrere Yachten liegen dort bereits vor Anker, aber ich möchte gern in die Marina und folge der engen Wasserstraße noch ein paar Hundert Meter. Rechts und links befinden sich schöne Häuser mit Stegen direkt vor dem Grundstück. In der Marina sind noch viele Liegeplätze frei. Angelegt wird im Hafen wie in Dänemark: Bug- oder Heckleinen werden am festen Steg befestigt, und die anderen Leinen werden um Pfähle geworfen, die im Wasser stehen. Ich halte ein solches Anlegemanöver für einen Einhandsegler für sehr schwierig bis unmöglich, insbesondere weil die Pfähle nicht nur weit auseinander stehen, sondern auch eher für 50-Fuß-Yachten gedacht sind. Ich entscheide mich daher lieber dafür, M längsseits am Ende des Anlegers festzumachen.

Zuerst führt mich mein Weg zum Einklarieren, denn schließlich bin ich schon aus Antigua ausgereist. Ich tische den Beamten die Geschichte auf, dass ich über Nacht bei Montserrat vor Anker lag, das Land aber nicht betreten habe und nun wieder einklarieren möchte.

»Kein Problem«, erklärt der Beamte.

Die Formalitäten nehmen ihren Gang, bis der Uniformierte entdeckt, dass ich gar keine Stempel für die Ausklarierung habe. Natürlich kann ich anhand meiner Unterlagen nachweisen, dass das Verfahren korrekt abgewickelt wurde. Was nun? Er ist wie von der Hummel gestochen. Es wird beratschlagt. Es wird telefoniert und diskutiert. 20 Minuten später bekomme ich meinen Ausreise- und meinen Einreisestempel. Wie kompliziert man das Leben machen kann. Fast schade, dass ich bisher nie eine Yacht in Deutschland einklarieren musste. Den Spaß würde ich gern mal ausprobieren. Der Angestellte der Marina-Verwaltung möchte, dass ich für meinen jetzigen Liegeplatz das Doppelte der normalen Gebühren zahle, weil die Enden der Stege nun einmal teurer sind. Ich verspreche, einen neuen Liegeplatz aufzusuchen. Vom Beiboot aus befestige ich Leinen an einem Pfahl und am Steg. Das Ziel ist, M um drei Liegeplätze zu verholen, indem ich sie an den beiden neu befestigten Leinen einfach parallel von ihrem jetzigen Liegeplatz wegziehe. Das Vorhaben gelingt super, und mein Boot liegt perfekt in einer Box. Beim Anbringen der zweiten Vorleine halte ich mich am Bugkorb fest, während ich auf dem Steg stehe. M bewegt sich langsam von mir weg. Immer größer wird der Abstand zwischen Steg und Boot. Ich versuche, es zu mir zurückzuziehen, aber es gelingt nicht. Ich falle mit einem großen Platscher ins Hafenbecken – das zweite ungewollte Badevergnügen in meinem Seglerleben. Aber es könnte schlimmer sein. Das Wasser ist warm, meine Wertsachen liegen sicher an Deck, und auch die Klamotten trocknen schnell in der karibischen Sonne.

Am nächsten Morgen, dem 23. Dezember, steuere ich zunächst den Supermarkt an. Und er verdient diesen Namen wirklich. Eine Schweizerin betreibt ihn, und man findet hier nicht nur eine ausreichende Auswahl an frischem Obst und Gemüse, sondern auch Schokolade, Chips und sonstige Süßwaren. Frisch gebackenes Brot liegt auch zum Kauf aus. In der Spirituosenabteilung greife ich bei einer Flasche English Harbour Rum zu. Außerdem kaufe ich noch zwei Sprühflaschen von einem Produkt namens Off. Off ist das karibische Pendant zum deutschen Autan und soll nicht nur gegen Mücken und Sandfliegen helfen, sondern sogar ein wenig angenehmer riechen als das deutsche Anti-Mückenzeug. Ich kann nur hoffen, dass es wirkt, denn die Insektenplage ist hier nahezu unerträglich.

Meine Entdeckungstour geht mit gefülltem Rucksack an den Strand. Türkisfarben liegt der Atlantik vor mir, schneeweiß ist der Strand. Ein Einheimischer möchte mir einen Liegestuhl für 10 Ostkaribische Dollar andrehen. Ich lehne dankend ab. Im Sand sitzend, blicke ich auf die Morris Bay, futtere ein Croissant und einen Muffin zum Frühstück. An diesem Strand könnte man gut und gern einen Prospekt für einen Reisekatalog machen, aber es wäre eine reine Mogelpackung. Auch wenn das Wasser farbenfroh leuchtet, ist es nicht klar. Die Gezeiten und die kleinen Wellen wühlen weißen Sand auf, der das Wasser milchig wirken lässt, wenn man es genau betrachtet. Ich sitze ein paar Minuten still mit ausgestreckten Beinen im Sand, fühle mit den Füßen den warmen Bodenbelag und beobachte im Wasser spielende Kinder und deren Eltern, die sich am Strand mit dem einen oder anderen Cocktail schon morgens volllaufen lassen. Schnell ist mir langweilig.

Jolly Harbour wirkt belebter und urbaner als Englisch Harbour, was auch an den relativ normalen Versorgungseinrichtungen liegen kann. In der Marina gibt es nicht nur einen Landanschluss für Strom, den ich wegen des nicht vorhandenen Steckers leider nicht nutzen kann, sondern auch gleich noch zwei weitere Dosen für einen Internetzugang und für Kabelfernsehen. Generell sind nicht nur daran die immer mehr in Reichweite liegenden USA zu erkennen. Kauft man sich hier beispielsweise ein Sandwich, steht auf dem Papier ein Hinweis, dass das Sandwich unter Umständen und je nach Machart sehr heiß sein könnte. Ich fühle mich dann immer ganz schlau, wenn ich laut denke: »Das weiß ich doch!« Vor Weihnachten schaffe ich es auch, endlich ein geöffnetes Postoffice aufzusuchen und die bereits geschriebenen Karten abzusenden. Dies kostet pro Karte umgerechnet ungefähr 0,25 Euro. Ob die Karten jemals ankommen werden?

Schon ist der Heilige Abend gekommen. Mit dem Dingi fahre ich zum Haus meiner Supermarktbekanntschaften Ute und Dö, welches direkt am Wasser liegt und auf einem sandigen und palmenbestandenen Grundstück steht. An einem Steg vor dem Haus liegt ein Motorsegler, der farblich genau mit dem Haus abgestimmt zu sein scheint. Dö empfängt mich mit einem alkoholhaltigen Erfrischungsgetränk, welches wir uns unter den Sonnenschirmen mit den Füßen im Sand schmecken lassen. Eine schöne Art, den Weihnachtstag zu verbringen, und ein massiver Kontrast zum schneebedeckten Deutschland. Die Feierlichkeiten zum Heiligen Abend erlebe ich zusammen mit fünf Deutschen an Bord eines stattlichen Katamarans. Es gibt Truthahn mit Klößen und Rotkohl, also ein richtiges Weihnachtsessen. Schnell vergeht die Zeit, und noch vor Mitternacht liege ich in der Koje. Der 25. Dezember ist der wichtigere Weihnachtstag in den amerikanischen und amerikanisierten Teilen der Welt, also auch hier. Dann gibt es die Geschenke, und auch an mich hat jemand gedacht. An Deck steht eine kleine Tüte, die ich neugierig öffne und in der ich ein Gesellschaftsspiel namens Bananagrams finde. Wie nett, denke ich, da hat mir jemand wirklich eine Freude machen wollen, denn mit einem Geschenk hatte ich nicht gerechnet.

Gleich danach folgen die üblichen Behördengänge, um meine Verbindung zu Antigua zu kappen. Im Marina-Büro begleiche ich meine Rechnung, in den Verschlägen von Zoll, Einwanderungsbehörde und Nationalparkverwaltung bekomme ich meine Stempel – auf gefühlten 23 Blättern Papier – und bin »free to go«. Leinen los, auf zu neuen Zielen. Diese fallen bescheiden aus, möchte ich M doch nur zum Anleger vor dem Haus von Ute und Dö verholen. Dort mache ich nach vier

Minuten wieder fest und werde mit fröhlichen Weihnachtswünschen bedacht und einer Cola-Rum, welche wir an Deck des Motorseglers zu uns nehmen. Gegen 14 Uhr besteigen wir dann einen Landrover Defender, fahren aus Jolly Harbour hinaus und über eine pittoreske Straße die Küste Antiguas entlang. Ich weiß nicht, wo es hingeht, lasse mich überraschen, genieße den Ausblick auf die grüne Natur im Binnenland und das herrliche Wasser draußen in der Karibischen See. Wir passieren kleine Ortschaften mit teilweise stark heruntergekommenen Häusern – es ist zu erkennen, dass es zwischen Deutschland und Antigua ein Wohlstandsgefälle gibt.

»Warum stehen manche der Häuser hier auf Stelzen?«, frage ich.

»Es ist auf Antigua nur dann erlaubt, Häuser zu bauen, wenn man das Grundstück dazu auch besitzt. Ärmere Menschen bekommen von der Regierung einen Ort zugewiesen, an dem sie sich niederlassen dürfen – mit Stelzen oder unterlegten Blöcken interpretieren sie die Bauvorschriften so, dass diese Häuser in einer gewissen Weise mobil sind und also nicht gegen die Regeln verstoßen.«

Wir erreichen ein einladendes Restaurant direkt am Strand und nehmen Platz an einem Tisch, der uns den Blick auf die See öffnet. Voll ist es hier, die Leute strahlen und freuen sich, die Bedienungen tragen Weihnachtsmannmützen, ausgelassen wird an den Tischen gegessen und getrunken. Wir schließen uns an, stoßen mit einem Glas Champagner auf ein schönes Weihnachtsfest an und bestellen einen Truthahn mit den klassischen Beilagen. Unser Tisch befindet sich mitten auf einer hölzernen, überdachten Veranda, rund 50 Menschen haben dort Platz. Meine Flipflops schiebe ich über den Holzboden und merke, wie der Sand darunter knirscht, das Geländer um die Veranda herum ist mit Muscheln besetzt.

»Oh, wie schön ist Weihnachten«, füge ich unserem erneuten »Prost« – diesmal mit Gin Tonic – hinzu.

Wir sitzen noch zusammen, als sich die Sonne abends mit gelbem Schein am Horizont verabschiedet. Laut klingeln die Eiswürfel an der dünnen Außenhaut der Cocktailgläser, während wir zuschauen, wie ein Green Flash die Nacht einläutet. Dieses ist ein nicht häufig zu beobachtendes Lichtspektakel, welches auftreten kann, wenn die Sonne mit ihrer letzten sichtbaren Kante unter der Kimm verschwindet und genau in diesem Moment ein kleiner grüner Lichtschein auftritt. Warum das passiert, kann ich leider nicht erklären, ich habe aber stets gehofft, es noch einmal zu sehen.

Ein ungewöhnliches Weihnachtsfest geht zu Ende, als ich M am Ende des zweiten Weihnachtstages vom Steg meiner neuen Freundinnen abstoße und mich direkt vor dem Grundstück an eine zur Marina gehörende Muringtonne lege. Ich möchte den beiden als Gastlieger vor ihrem Haus nicht auf die Nerven gehen.

Zwischen den Tagen

27. Dezember 2009 bis 3. Januar 2010

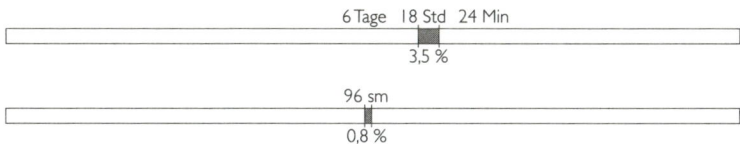

6 Tage 18 Std 24 Min

3,5 %

96 sm

0,8 %

Seemeilen: 5772–5868

Schiffsnamen werden in der Regel so gewählt, dass für die Schiffseigner eine Bedeutung im Schiffsnamen enthalten ist. Diese Bedeutungen enthalten oft Wünsche für das Schiff (**Fortuna, Felicitas** etc.), Erinnerungen an Personen (**Gorch Fock, Friedrich der Große, Blücher** etc.), geografische Namen, Tiernamen, Namen aus der Mystik und aus vielen weiteren Bereichen. – Namen wie **Octopus** wären damit erklärt, was Namen wie **Pelorus** (eine Art Kompass), **Ice** (Wunschdenken bei karibischen Temperaturen?) oder gar **C2** (Cornelia? Camilla? Carla? Chantal? Nummer 2) über die Namensgeber aussagen, erschließt sich mir leider dennoch nicht.

Wikipedia plus eigene weiterführende Gedanken

Zeit, Antigua zu verlassen. An meine Tage auf der ersten Karibikinsel werde ich gern zurückblicken. Das Wetter mit seiner Schwüle war doch zunächst gewöhnungsbedürftig, und auch diese fiesen Moskitos brauchten mit Off erst einmal das richtige Gegenmittel. Am 27. Dezember 2009 werfe ich wieder die Leinen los. Wegen der anhaltenden Windstille muss ich den Motor mal wieder ankurbeln – ein Ritual, an das ich mich inzwischen gewöhnt habe.

Langsam steuere ich M zurück durch den Kanal, vorbei an den schönen Häusern und an den ankernden Yachten. Der erste Wegpunkt ist an der roten Fahrwassertonne, die nach Jolly Harbour führt, schnell erreicht. Vor uns liegt eine Nacht auf See. Eine Zeit, der ich wieder gern entgegensehe und auf die ich mich wieder freue. Aus den Lautsprechern dröhnt der »Piña-Colada«-Song, ich liege an Deck und lasse mir die nachmittägliche Sonne auf den Pelz scheinen. Rund 80 Seemeilen sind es von Antigua nach St. Barth. Auf unserem fast direkt nach Nordwesten zeigenden Kurs werden wir an unserer Backbordseite die kleinen Inselstaaten St. Kitts, Nevis und Saba liegen lassen. An Steuerbord wird Barbuda liegen, während ich vorbeiziehe. Wenngleich alle Inseln außerhalb der Sichtweite liegen werden, ist es doch immer etwas Schönes, eine Seereise auch mit dem Finger auf der Seekarte mitzuerleben. Manchmal ist es mir Befriedigung genug, einfach nur zu wissen, dass ich in der Nähe eines Ortes war.

Die gesamte Nacht über blubbert der Motor. Kaum ein Hauch Wind schiebt M durch die Dunkelheit, in der wir von einigen Kreuzfahrtschiffen begleitet werden. In der Regel sind diese Schiffe schnell da und auch schnell wieder vorbei, doch nun ist es leider etwas anders. Abends laufen die mit dickbäuchigen Amerikanern in Sandalen und weißen Tennissocken beladenen Vergnügungstempel in St. John, Antigua, aus und müssen am Morgen die nächste Insel erreicht haben. Die Fahrzeit von normalerweise einigen Stunden wird des Nachts durch langsame Fahrt bis zum Sonnenaufgang hinausgezögert, dann öffnen sich die Tore, Menschenmassen strömen in die Duty-free-Läden, kaufen Rum und T-Shirts in den Hauptstädten der Inseln und futtern schnell etwas Vertrautes bei Burger King. Abends macht das Schiff wieder das Maul auf, verschlingt die Massen von inzwischen leicht angetrunkenen Strohhutträgern und macht sich auf zu neuen Zielen. Nicht meine Art, zu reisen, aber das soll jeder so halten, wie er will. Im üblichen

Halbstundenrhythmus werfe ich einen Blick in die Runde, kontrolliere Kurs und Öldruck. Alles ist gut in dieser Nacht. Ein leichter Schwell aus nördlicher Richtung hebt und senkt M fast unmerklich und – zu meiner Freude – ohne die Geschwindigkeit zu beeinträchtigen. Passend zum Sonnenaufgang taucht ein grauer Fels vor dem Bug auf, St. Barth ist nicht mehr weit. St. Barth gehört auch zu jenen Inseln der Karibik, wo die Prominenz und das Kapital Urlaub machen. Also warum nicht einmal vorbeischauen? Die Hauptstadt des kleinen Inselstaates mit nur knapp 7000 Einwohnern ist Gustavia, und genau dort will ich für ein paar Nächte ankern. Bereits bevor die Umrisse der Insel klar erkennbar werden, fallen mir die großen und majestätischen Yachten auf, die hier vor Anker liegen. Als ich die Flagge Frankreichs und die gelbe Q-Flagge unter die Steuerbordsaling knote, kann ich die Octopus, die 126 Meter lange Yacht von Microsoft-Mitgründer Paul Allen erkennen, die neben zwei Hubschrauberlandeplätzen auch ein kleines U-Boot beherbergt. Zudem gibt sich die »nur« 78 Meter lange C2 die Ehre. Diese Yacht ist brandneu und ebenso wie die Octopus in einer deutschen Werft gebaut worden. Roman Abramowitschs 115-Meter-Riese Pelorus ankert unter Land und in direkter Nachbarschaft zur vergleichsweise bescheidenen 90-Meter-Yacht Ice. Ich könnte mich tagelang mit diesen Schiffen beschäftigen. Mit knurrendem Magen passiere ich eine verhältnismäßig kleine Yacht, auf deren Achterdeck den Gästen gerade von einem Steward mit weißen Handschuhen das Frühstück gereicht wird. Die erste Erkenntnis am 28. Dezember: Als Skipper eines 9,60 Meter kurzen Segelbötchens beschäftige ich mich zu viel mit Dingen, die weit über meiner Gehaltsklasse liegen.

Im Zickzack steuere ich M zwischen den ankernden Booten hindurch, schieße hier und dort ein kleines Erinnerungsfoto und halte dabei Ausschau nach einem geeigneten Ankerplatz. Ein ungewöhnlich hoher Schwell steht vor dem Hauptörtchen und macht mir Ankerneuling das Leben schwer. Geschätzt ankern hier knapp 150 Yachten, viele davon haben eine ähnliche Größe wie M. Ich traue mich bei diesen Wellen nicht, das Eisen auf den Grund zu werfen, und gebe meinen Plan auf, hier Silvester zu verbringen. Die Fahrt geht also weiter. Wiederum im Zickzackkurs zirkeln M und ich uns aus dem Ankerfeld und der Ansammlung unterschiedlichster Flaggen, die bei den einzelnen

Yachten am Heck wehen. Eine interessante internationale Gemein-
schaft. Dann kommt Sint Maarten in Sicht. Die nächste Insel entlang
der Perlenkette der Westindies ist geteilt in zwei Länder: Saint Martin
ist der französische Teil der Insel, Sint Maarten der niederländische.
Wenngleich Franzosen und Niederländer heute freundlich und fried-
lich zusammen auf dem Eiland leben, gab es früher bitterbösen Streit
darum, welcher Teil der Insel denn nun wem gehört. Der Legende
nach haben beide Parteien je einen Läufer ausgewählt. Beide traten in
entgegengesetzten Richtungen zur Inselumrundung an. Dort, wo sie
aufeinandertrafen, wurde die Grenze gezogen. Was lernen wir aus der
Geschichte? Wenn du an einem Wettrennen teilnimmst, dann trinke
leichten Rotwein und keinen Genever, denn diese Getränke sollen die
Läufer in ihren Feldflaschen gehabt haben, und der Rotwein gewann.

Ich steuere den niederländischen Teil der Insel an und gehe in
der großen Lagune vor Anker. Das westliche Ende der binationalen
Insel ist flach und eher karg. In der Mitte gibt es eine Art großen See,
der über zwei Verbindungen, schmale kurze Kanäle, mit dem Atlantik erreichbar ist. Einer dieser Kanäle liegt im niederländischen, der
andere im französischen Teil der Insel. Dieser See heißt Grand Étang
de Simpsonbaai und ist für M nur über die niederländische Seite befahrbar, da die Franzosen den Kanal nicht tief genug ausgebaggert haben.
Ich setze die Segel und stelle den Motor ab, als M am Le Pain de Sucre
vorbeizieht. Meile um Meile komme ich meinem Ziel näher. Ich futtere
einige Kekse, um den größten Hunger zu stillen; sicher gibt es auf Sint
Maarten was Leckeres zu essen, und ich kann mir hier die Kocherei
sparen. Die Le Grand Bleu, eine weitere Yacht der Größer-als-100-Me-
ter-Kategorie, zieht vorbei und gewährt mir einen Blick auf das mehr
als 20 Meter lange Boot, das man dort als Spielzeug mit an Bord führt.

Den Angaben in meiner Seekarte zufolge öffnet die Brücke in die
Lagune erst in knapp zwei Stunden. Ich suche daher einen Ankerplatz
in der Simpson Baai, lasse den Anker auf den Grund rauschen und
hoffe, dass er sich eingräbt. Dieser Ankerei vertraue ich noch nicht.
Ob das Ding wirklich hält? Einem Buch habe ich einmal entnommen,
dass ein Anker nicht halten wird, wenn an der Ankerkette ein Ruckeln
zu spüren ist, welches durch das Holpern des Ankers über Grund ent-
steht. Die Ankerleine ruckelt tatsächlich, aber ich kann nicht genau
sagen, ob dies an den Wellen liegt oder am Anker. Ankeralarm, Kekse,

warten. Unter Deck hole ich etwas Schlaf aus der durchsegelten Nacht nach, wache jedoch alle paar Minuten auf, kontrolliere Position und Ankerpeilung. Falls ich nicht ziemlich schnell etwas Vertrauen in mein Ankern gewinne, stehen mir viele schlaflose Nächte bevor. Der hinter M liegende Saugbagger trägt übrigens auch nicht zu einer entspannten Stimmung bei – ein Zusammenstoß würde sicherlich ordentlichen Schaden anrichten. Lautes Reden reißt mich aus meinem Minutenschlaf. Über Funk erkundigt sich ein Skipper nach den Öffnungszeiten der Brücke, der Schiffsname und die Stimmen kommen mir bekannt vor, und als ich an Deck stehe, lässt die Yacht Fortytwo, die ich schon von Antigua her kenne, gerade ihren Anker in den Grund. Über Funk werde ich zum Essen eingeladen. Eine Einladung, die ich gern annehme. Aber wie komme ich da schnell rüber? Zum Schwimmen habe ich bei dem trüben Wasser und bei dem herumtreibenden Gestrüpp keine Lust, und so turne ich bei ordentlichem Wellengang auf dem Vorschiff herum, pumpe das Beiboot auf und wuchte den Außenborder aus der Halterung. Obwohl der 2,30 PS schwache Viertakter nur ein paar Kilogramm wiegt, empfinde ich es doch als anstrengend, ihn im Schlauchboot stehend aus der Halterung im Heckkorb zu heben und in der dafür vorgesehenen Halterung am Beiboot zu arretieren. Aber die Aktion gelingt, und ich kann rüberknattern und einen leckeren Tomaten-Mozzarella-Salat mit Knoblauchbrot kosten.

Wie auf eine Perlenschnur gereiht zieht ein Tross von Segelbooten und Motoryachten durch den engen Kanal hinein in die Lagune. Gleich nach der Durchfahrt verteilen sie sich in unterschiedliche Richtungen. Größere Yachten verschlägt es in die Simpson-Bay-Marina oder auf die Isle de Sol, kleinere Boote, also auch M, suchen sich einen kleinen Spot inmitten des riesigen Ankerfeldes. Ich starte einen neuen Ankerversuch, und bereits beim ersten Versuch scheint das Ding zu halten. Nach nunmehr knapp 100 Seemeilen bin ich auf den niederländischen Antillen angekommen, die Dunkelheit breitet sich aus, und ich verziehe mich in meine Koje.

Ein neuer Morgen, ein neuer Plan. Wenn wir hier zwar in niederländischen Gewässern ankern, ganz in der Nähe jedoch die Trikolore weht, dann muss es auch Baguettes und Croissants geben. Mit klEYn M düse ich einmal quer durch die Lagune nach Marigot, der Hauptstadt des französischen Teils der Insel. Der Ort schläft noch. Ich knote die Leine meines Schlauchboots in der Marina Port la Royale fest, werfe die Flipflops an Land und krabble auf den Steg. Cartier und Chanel säumen den Weg zum Bäcker, ebenso Rolex und Versace. Steuerliche Erleichterungen laden zum Shoppen ein, aber mir mangelt es am nötigen Budget für einen exzessiven Einkauf, und außerdem habe ich auch keinen Bock auf das Zeug. Allein der Gedanke an ein leckeres, fettiges, französisches Croissant ist mir heute Morgen Antrieb genug, um durch die engen Straßen zu ziehen. Ich frage bei einigen skurrilen Gestalten nach dem Weg zum Bäcker und werde auch fündig.

»Bonjour, quatre croissants et trois baguettes, s'il vous plaît«, gebe ich mit meinem besten Sonntagslächeln von mir.

Die dunkelhäutige Verkäuferin grinst. »Don't you speak English?«

»I do speak English, but I thought this is France.«

»It is, but my French is not too good«, sagt sie.

Ich wiederhole meine Bestellung auf Englisch und kann schon bald, nachdem ich in Euro bezahlt habe, den Weg zurück zu meinem kleinen Beiboot antreten. Die Croissants siffen die Papiertüte schnell ein wenig durch. So müssen sie sein. Problemlos finde ich den Weg zurück zur Marina und erinnere mich dabei an schöne Frankreichurlaube. Erdbeermarmelade und Butter, das weiß ich, gibt es auch bei der Fortywo an Bord. Bei mir gibt es diese Lebensmittel mangels Kühlmöglichkeit eher selten. Meine Absicht, die Crew mit dem Abtreten von zwei Croissants und zwei Baguettes davon zu überzeugen, einen Einhandsegler zum Frühstück einzuladen, geht auf, und nur kurze Zeit später futtere ich meine geliebten Croissants mit Butter und Salz und meine Baguettes mit Erdbeermarmelade. Gestärkt und voller Tatendrang sattle ich mein Schlauchboot und erkunde das andere Ende der Bucht. Sint Maarten ist eine Art Ersatzteillager für Seereisende. Ein Segelmacherladen reiht sich an den nächsten, ein Yachtausrüster an den anderen. Auf meiner Einkaufsliste stehen eine LED-Ankerlaterne, eine Ankerkette und eine Sonnendusche. Die Ankerlaterne ist mit knapp 50 Dollar alles andere als billig, aber ein notweniges Übel. Es ist Vorschrift, dass jedes ankernde Segelboot des Nachts ein weißes Rundumlicht führt, um andere Verkehrsteilnehmer auf seine Existenz hinzuweisen. In Ms Mast befindet sich derzeit eine normale Lampe, die sehr viel Strom frisst. Die muss ersetzt werden. Zu meinem Glück hat der Ausrüster Budget Marine gerade eine Ankerkette auf Lager, die er für einen besonders günstigen Preis verkauft. Der Grund liegt darin, dass die Kettenglieder nicht geeicht sind und somit nicht durch die Führung einer Ankerwinsch passen. Da M keine solche Ankerwinsch hat, greife ich zu und lege das Schlauchboot einige Zentimeter tiefer, während 80 Fuß einer 10-Millimeter-Ankerkette für den Transport klargemacht werden. Die letzte Solardusche, die hier auf Lager liegt, kann ich auch noch ergattern. Sie ist im Grunde kaum mehr als ein schwarzer Plastikbeutel, der rund zehn Liter Wasser fasst. Am oberen Ende kann man den Beutel aufhängen, und am unteren Ende gibt es ein Ventil. Der Sack wird mit Wasser gefüllt, in die Sonne gehängt, und der Rest erklärt sich von selbst. Für ein paar Dollar erreiche ich so einen enormen Komfortzugewinn an Bord, schon mein immer länger werdendes Haupthaar verlangt danach. Mit den neuen Errungenschaften habe ich nun endgültig das Gefühl, auf M vollständig autark leben zu können. Freiheit!

Die Burgerbraterei mit dem goldenen M beeindruckt in regelmäßigen Abständen. Wenngleich noch fraglich ist, inwieweit es der Fast-Food-Kette gelungen ist oder gelingen wird, ein »gesundes« Image ihrer Produkte zu vermitteln, hat sie es in Deutschland mit McCafé zumindest geschafft, zu einem der größten Kaffeekocher des Landes zu werden. Und vom kostenlosen Internetzugang bin ich total begeistert. Bereits in Großbritannien konnte ich früher die Vorzüge genießen, und hier in der Karibik geht es weiter. Der Plan ist einfach: Kostenloses Internet lockt Touristen, und neben dem Surfen, Chatten und Bloggen wird getrunken und gegessen. Jedenfalls bei mir funktioniert es.

Als mein Vater mich am Telefon fragt, ob das Einklarieren gut geklappt habe, fällt mir ein, dass ich die Formalitäten ganz vergessen habe. Also krame ich die notwendigen Unterlagen zusammen und mache mich wieder im Beiboot auf zum entsprechenden Gebäude. Auf halbem Weg stottert der kleine Außenborder und geht aus. Was ist das? Ein Blick in den Tank beantwortet die Frage. Glücklicherweise befindet sich unweit eine Shell-Tankstelle mit einem Anleger. Gegen den Wind rudernd, bewältige ich mein heutiges Sportprogramm, schraube den Motor ab und trage ihn zur Zapfsäule. Komisch guckt hier keiner, denn ich bin nicht der Einzige, der hier mit seinem Motor am Hahn steht. Ein Liter Super kostet rund 1,70 Niederländische

Antillen-Gulden. Das entspricht knapp einem US-Dollar oder 80 Cent
(Euro). Ein Durcheinander ist das hier mit den Währungen! Bei den
Behörden dauert es ewig. Die durchaus unfreundliche – das scheint ein
Einstellungskriterium zu sein – Frau lässt mich ungelogen fünf Minuten unbeachtet vor ihrem Schalter stehen, während sie ein Eis futtert
und mit einem Kollegen plaudert, eine SMS tippt und die Stichwörter
»Cocktails« und »Golf« auf einem Post-it notiert. Parallel kratzt sie mit
ihren künstlichen Fingernägeln sinnlos auf der Tastatur herum. Viel zu
lang sind diese Fingernägel, und jeder Ringfinger ist noch mit einem
kleinen grünen Drachen aus Nagellack verziert. Zugegeben passt das
Grün des Drachens ganz hervorragend zu ihrem engen grünen Ober-
teil, aber wie gern würde ich ihr sagen, dass diese Fingernägel eher in
die Herbertstraße in Hamburg gehören und weniger in ein Einklarie-
rungsbüro. Kann man aber von einer Frau auf der anderen Seite des
Großen Teiches erwarten, dass sie die Herbertstraße kennt? Ihre Stirn
legt sich in Falten, als sie meine Schiffspapiere durchblättert.

»Your boat's name is M?«, möchte sie wissen.

Ich bestätige, sie beginnt lautstark zu lachen, ihr ganzer Körper
bebt – das habe ich doch genau so schon einmal auf einer anderen
Insel mitgemacht. Ein kleiner Tipp an alle zukünftigen Fahrtensegler:
Gebt eurem Boot nur einen einzelnen Buchstaben als Namen, und ihr
habt bei den Behörden gewonnen. Mein grüner Drachen zumindest ist
sofort wie ausgewechselt und wird zu einer der freundlichsten Frauen,
die ich bis dahin getroffen habe. So einfach kann das Leben sein. Für
knapp 30 Dollar darf ich eine Woche ankern in der Bucht und die Brü-
ckenpassage bezahlen, aber dafür ist der Rückweg aus der Bucht auch
schon inklusive. Den Kassenbon tackert die Lady an das Einklarie-
rungsformular und schreibt mit einem roten Stift den Vermerk »Do
not remove« darauf, das heißt: »Nicht entfernen.« Was wohl passieren
würde, wenn ich den Zettel abmache und an einer anderen Stelle wieder antackere? Kein Wunder, dass die Beamten alle so mies gelaunt
sind. Wenn sich nur ein Drittel aller Segler so einen Spaß aus diesem
Akt macht wie ich, dann müssen sie ja angefressen sein.

Zurück an Bord, sammle ich meinen Nachbarn ein und lasse mich
von ihm hoch in den Mast ziehen, um die Glühbirne auszuwechseln und
mir dann auch noch beim Austauschen der Ankerkette helfen zu lassen. Statt von fünf Metern Ankerkette und einer 50 Meter langen Anker-

leine wird M nun von einer schweren und 80 Fuß langen Kette gehalten. Ich werde in dieser Nacht endlich tief und fest schlafen können. Die Tage plätschern in der Karibik so vor sich hin. Wenn der Tag zwischen acht und neun Uhr beginnt, dauert es bis mindestens zehn Uhr, bis der »Morgen« mit dem üblichen Frühstücken, Duschen und Hin- und Herräumen von irgendwelchen Dingen vorbei ist. Dann ist es bereits an der Zeit, sich Gedanken über das Mittagessen zu machen. Und auch das dauert alles viel länger als in der Heimat. Da ich ohne Kühlmöglichkeiten lebe, müssen alle frischen Zutaten täglich im Supermarkt eingekauft werden. An- und Abreise mit dem Beiboot und ein kleiner Plausch mit anderen Seglern nehmen gern eine Stunde in Anspruch. Dann ist Nachmittag, dann ist Abend, dann ist Schlafenszeit. Nicht umsonst wird neun Uhr abends als »sailor's midnight« bezeichnet.

Am letzten Tag des Jahres möchte ich die Hauptstadt des niederländischen Teils der Insel besuchen: Philipsburg. Ursprünglich wollte ich die Insel mit einem Mietwagen erkunden, aber ich scheine beim anstehenden Jahreswechsel nicht der Einzige mit dieser Idee zu sein. Kein Auto ist zu bekommen. Also nehme ich den Bus.

An der Tankstelle rät man mir: »Stell dich an die Straße und winke, wenn ein Bus kommt. Sie kommen ungefähr alle 20 Minuten.«

Ein paar Minuten später stehe ich an der Straße. Ein Bully kommt vorbei. Auf dem Kennzeichen steht »BUS«, darüber der Satz »The friendly Island«. Ein Stück Pappe mit einem handgeschriebenen »Philipsburg« liegt hinter der Windschutzscheibe auf dem Armaturenbrett. Das ist mein Bus! Er hält. Also Schiebetür aufmachen und rein. Ich blicke in neun dunkelhäutige und zwei weiße Gesichter. Ich nehme Platz, und kurze Zeit später sind schon 15 Leute im Bus. Aus dem Radio dröhnen Steeldrum-Klänge, und die Hälfte der Insassen wiegt sich sitzend zu den Beats. Aussteigende Gäste drücken dem Fahrer Geld in die Hand. Nur: Wie viel? Ich frage die Frau neben mir.

»Zwei Dollar.«

Rechts neben mir widerspricht einer: »Nein, 1,50 US-Dollar, er ist doch erst da und da zugestiegen.«

»Das stimmt!«, kommt es aus der Reihe hinter mir.

»Ich würde auch 1,50 amerikanische Dollar geben«, meint der Typ in der Reihe vor mir.

Eines der weißen Gesichter dreht sich zu mir. Schweden, wie sich später herausstellt. Sie freuen sich, dass ich die Frage gestellt habe. Ihr Rätselraten um den richtigen Fahrpreis ging wohl schon ein paar Haltestellen vorher los. Jemand fuchtelt mit einem Zehn-Dollar-Schein vor meinem Gesicht herum.

»Gib das mal weiter zum Fahrer.«

So wandert der Schein nach vorn.

»Wo bist du zugestiegen?«, brüllt der Chauffeur gegen die Klänge des Radios.

Das Wechselgeld wandert durch die Reihen zurück, und langsam leert sich der Bus. Die Schwedin fragt eine etwa 60-jährige Passagierin, wo wir denn für »downtown« aussteigen müssen. Gleich die nächste Haltestelle. Sie wird uns dann Richtung »downtown« begleiten. Das ist nett. Und zu dritt haben wir von der rüstigen Dame ja auch nichts zu befürchten, es sei denn, sie lotst uns zu ihren schätzungsweise acht Söhnen, die dann kurzen Prozess mit uns machen. Eine Art Touristenfalle, ein schönes Business. Aber wir sind ja auf der »friendly island«, was soll also passieren? Wir trotten unserer beleibten Führerin hinterher. Sie betrachtet unterwegs noch schnell hier eine Bluse (Größe S), hier ein Kleid (hauteng mit Ausschnitt bis zum Bauchnabel) und noch ein paar lacklederne rote Schuhe (mit Absätzen, die bei ihr sicher zu mehrfachen Oberschenkelbrüchen führen würden). Schon sind wir da, danken für die Hilfe und tschüs.

Ein Laden reiht sich an den nächsten. Fünf Kreuzfahrtschiffe liegen im Hafen von Philipsburg. Alle haben ihre Passagiere zum Shoppen entlassen. Tonnenweise Mount-Gay-Rum, Johnnie-Walker-Whisky, Ray-Ban-Sonnenbrillen, Ralph-Lauren-Poloshirts und Longchamp-Handtaschen werden zu den schwimmenden Hotels geschleppt. Natürlich auch Uhren, das ein oder andere iPhone und Souvenirs. Zur Erholung von dem ganzen Stress gibt es in unzähligen Bars noch einen Drink zur Erfrischung. Ein reges Treiben in Philipsburg und irgendwie nicht so schön wie der Ankerplatz in der Bucht. Meine Shoppingaktivitäten halten sich aus den bereits genannten Gründen wieder in Grenzen, und ich mache mich auf den Heimweg. Ein weiblicher Fahrgast steigt zu. Ihr Jeansrock ist so eng, dass sie beim Einsteigen in den – diesmal wesentlich klapprigeren – Bully ins Straucheln gerät. Sie stolpert gegen einen Fahrgast, der sie liebevoll zurück in den Gang schubst, und rempelt dann meine Sitznachbarin an. Diese schiebt die Jeansrocklady dann mit einem Klaps auf den Hintern Richtung Rückbank, wo sie mit einem lauten Scheppern Platz nimmt. Ob die sich alle kennen? Schon ist der gesamte Bus im Gespräch, nur leider verstehe ich kein Wort. Ich identifiziere die Sprache ex post und nach dem Ausschlussprinzip als Papiamento. Was auch immer das ist.

Ich schaffe es gerade noch vor Sonnenuntergang zurück aufs Boot. Die Nachbarn haben zur Silvesterparty geladen, und da bin ich natürlich gern dabei. Obgleich ich mir aus den Feierlichkeiten zum Jahreswechsel nicht viel mache, so ist doch ein Abend in Gesellschaft immer etwas Feines. Gegen Mitternacht knallen die Korken, explodieren die Böller, schallen die Neujahrswünsche. Ich blicke zurück auf ein spannendes Jahr. Ich habe mich zum Blauwassersegler gemausert und aus dem beruflichen Alltag ausgeklinkt. Nun schreiben wir schon das Jahr 2010, und ehe ich es realisiere, wird diese Reise schon wieder vorbei sein. Na dann – Prosit Neujahr!

Weiter soll es gehen, aber zuvor steht noch ein touristisches Highlight auf der Insel an, und dies ist keine besonders schöne Grotte, kein Denkmal oder volkstümliches Schauspiel, sondern einfach »nur« der Flughafen der Insel. Bilder von landenden Flugzeugen auf dem Princess Juliana Airport hat jeder schon einmal gesehen: Menschen stehen am Strand und haben die landenden Flugzeuge zum Greifen nah direkt über sich. Das möchte ich gern sehen. Mit dem Bus-Bully fahre ich in Richtung Mahó Baai. Ein kleiner Fußmarsch, und schon verrät eine Menschentraube, dass es hier etwas Besonderes gibt. Warnschilder weisen auf die Gefahren hin, die der »jet blast« erzeugen kann, sogar von gefährlichen Verletzungen bis hin zum Tod ist die Rede. Aber bekanntlich wird auf Schildern immer viel gewarnt, und so wirklich ernst nimmt das niemand. Die Szenerie ist interessant. Ein knapp 50 Meter breiter Strand endet direkt an einer kleinen Straße, die nur einspurig befahrbar und zudem auch noch mit Sandverwehungen verziert ist. Es folgt eine Leitplanke, auf der ein paar Halbstarke stehen und sich am angrenzenden Zaun des Flughafens festhalten. Keine zehn Meter weiter beginnt die Landebahn. Dort wartet gerade ein größeres Flugzeug auf den Start. Als die Turbinen aufheulen, stehe ich mitten auf dem Strand und fotografiere direkt den Hintern des Airbus. Es wird laut, es riecht nach Abgasen, es wird warm. Sand fliegt durch die

Gegend, ich drehe mich mit dem Rücken zum Flugzeug, schütze die Kamera, indem ich sie in mein T-Shirt einwickle, und trete die Flucht zur Seite an. Eine Sandwand liegt inzwischen über dem Strand, Menschen kullern ins Wasser, Mützen fliegen durch die Gegend, und die drei Jungs auf der Leitplanke hängen nahezu waagerecht in der Luft, klammern sich mit den Händen am Zaun fest. Gut, manche Hinweisschilder sollte man doch ernst nehmen. Ein tolles Schauspiel. Ich habe natürlich meine Lektion gelernt und stehe nun nicht mehr direkt hinter den Flugzeugen, sondern nur noch an der Seite des Strandes, halte die Kamera drauf und kann mich köstlich über die am Strand rollenden Menschen amüsieren. Zwei geschäftstüchtige Locals haben an jeder Seite des Strandes eine Bar errichtet. Ein Surfbrett steckt senkrecht im Sand und verrät auf der einen Seite die Ankunfts- und Abflugzeiten der größeren Maschinen, während auf der anderen Seite des Brettes ein Hinweis vermerkt ist, dass Frauen kostenlose Drinks bekommen, wenn sie oben ohne bestellen. Ich habe mich genau umgesehen, aber an Geldmangel schien an diesem Nachmittag niemand zu leiden – der einen oder anderen Dame hätte ich gern die Handtasche geklaut.

Ruck, zuck ist auch der letzte Tag auf Sint Maarten vorbei. Das Ausklarieren erfolgt schnell, unkompliziert und kostenpflichtig. Mir wird ein Formular ausgestellt, auf dem steht, dass »Aan Dirk Mennewisch wordt toegestaan met zijn zeilschip genaand M te vertrekken naar Anguilla«. Herrlich, diese Sprache, und auch ohne Niederländischkenntnisse leicht zu verstehen. Wobei ich mir an dieser Stelle die Frage stelle, inwieweit eine niederländische Behörde einem deutschen Staatsbürger erlauben kann, sein Boot in einen anderen Staat zu verholen. Das wird sicher ein Geheimnis der Behörde bleiben.

Anguilla, Karibik

3. Januar 2010 bis 4. Januar 2010

1 Tag 7 Std 40 Min

0,7 %

1 3 sm

0,1 %

Seemeilen: 5868–5881

Anzahl unterschiedlicher Medikamente
in der Bordapotheke: 36

Genutzte Medikamente:
Schmerzgel   (halbe Tube)
Wund- und Heilsalbe   (halbe Tube)
Erkältungstabletten   (2 Stück)

Um neun Uhr morgens passiert M die Brücke, sozusagen die Pforte, die uns hinaus auf den Atlantik lässt. Wieder einmal weht kein Wind. Wo kommt eigentlich das Gerücht her, dass hier stets ein angenehmer östlicher Wind um die vier Windstärken vorherrscht? Seit ich hier bin, habe ich diesen Wind noch nicht gesehen, gefühlt, gesegelt. Auf meiner Seekarte habe ich die Strecke nach Anguilla mit knapp zwölf Seemeilen abgezirkelt und anschließend in den Kartenplotter eingetragen. Nach der Brücke geht es rechts ab und entlang der Südküste Sint Maartens. Kaum ein Kräuseln ist auf dem Wasser zu erkennen, nur ein langer alter Schwell von knapp einem halben Meter Höhe hebt und senkt M in einem gleichmäßigen Takt. Die Sonne brennt mir auf den Pelz. Es ist so heiß! Ich schütte mir zwei Eimer Seewasser über den Kopf und genieße die kühlende Wirkung des nassen T-Shirts. Die Fortytwo motort etwas weiter voraus. Ob wir heute Abend wohl etwas auf den Grill legen können? Ich krame die Angel aus der Hundekoje, suche laienhaft einen Köder aus, knote ihn an die Schnur und lasse die Leine knapp 75 oder 100 Meter hinter uns auslaufen. Wenn das man gut geht. Am westlichsten Punkt der Insel, dem Pointe du Canonnier, feuern die Franzosen heute mal keine Kanone auf uns ab, obwohl der Name das signalisiert. Den letzten Wegpunkt der Tour kann ich nun schon direkt anliegen lassen, und ein kleiner Windhauch lässt mich Großsegel und Genua zusätzlich zum Motor setzen. Als eine Schildkröte direkt neben M den Hals aus dem Wasser streckt und einmal hörbar durchatmet, fällt mir ein unter Motor laufender Katamaran auf, der von der Seite auf uns zuhält. Was hat denn der für einen Auftrag, frage ich mich irritiert und vermute, dass es gleich ziemlich eng werden wird. An Deck räkeln sich zwei etwas in die Jahre gekommene Bikinischönheiten, und ein etwa gleichaltriger Herr dreht fleißig am Steuer, während er mir wütend die Faust entgegenstreckt.

»C'est ma priorité!«, schreit er.

Seine Vorfahrt? Niemals!

»Pourquoi ça?«, brülle ich zurück, ernte aber nur eine abwinkende Handbewegung.

Erst jetzt merke ich, dass sich die Spule an der Angel dreht. Ein Fisch? Nein, wohl eher die Schwerter des Katamarans. Nach einem beherzten Schnitt mit der schnell hervorgekramten Schere verliere ich fast zwei Drittel meiner Angelschnur und einen der Köder. Seit wann weicht ein Segelboot einem Motorboot, überlege ich in dem Versuch zu verstehen, was der Franzose mir sagen wollte. Gut, auch ich lief unter Motor, aber das konnte er ja angesichts meiner gesetzten Segel nicht wissen, und im Grunde hat der Franzmann natürlich recht: Ich hätte tatsächlich ausweichen müssen. Ein Feind mehr seit Reisebeginn, doch was soll das?

Rendezvous Bay heißt diese schöne Bucht an der Südküste Anguillas. Und mit Anguilla erreiche ich schon wieder einen neuen Staat. Die passende Gastlandflagge konnte ich auf Sint Maarten erstehen. Sie besteht im Wesentlichen aus dem Blue Ensign und führt in der Ecke rechts unten noch ein Logo, in dem drei Fische eine Runde schwimmen. Die Insel ist mit knapp über 13 000 Einwohnern alles andere als riesig und verdankt ihren Namen – bald wird es langweilig – Kolumbus, der sie ihrer schlanken Form wegen Anguilla, dem spanischen Wort für Aal, getauft hat. Ich plane, nur einen Tag hierzubleiben. In der übernächsten Nacht soll es wieder ein wenig Wind geben, der mir Anreiz genug sein wird, die Weiterfahrt zu den Britischen Jungferninseln anzutreten. Nachdem ich mich überzeugt habe, dass der Anker hält, springe ich unter Deck, krame Schnorchel, Taucherbrille und Flossen hervor. Die vier Teile fliegen über Bord, und ich springe hinterher. Herrlich erfrischend ist das Wasser und zugleich weder kalt noch warm. Einfach herrlich. Seesterne liegen haufenweise auf dem Grund, ebenso einige Conch-Muscheln. Diese gelten hier auf den Inseln als eine Art Nationalessen ähnlich unserer Bratwurst. An das Innenleben der kalkigen Gehäuse habe ich mich aber noch nicht rangetraut. Es sind schließlich Schnecken, weich, glibberig, unförmig. Es gibt sie roh und gehackt mit Salat, frittiert mit Panade in einer Optik wie Quarkbällchen oder gebraten. Dann sehen sie aus wie Rührei. Die Einheimischen scheinen ganz verrückt darauf zu sein, und auch ich werde mich bestimmt irgendwann einmal diesem Genuss stellen. Aber man muss ja nicht gleich alles am ersten Tag erledigen.

80 Fuß Ankerkette sind bei einer Wassertiefe von drei Metern sicher ein wenig übertrieben, aber ich habe für die gesamte Kettenlänge bezahlt und somit soll auch die ganze Kette baden. Ich ziehe mich an ihr entlang hinunter bis zum Anker, drehe ein paar Runden um M, taste das Ruder ab und die Schraube, wische etwas Algenbewuchs vom

Antifouling ab, hebe den einen oder anderen Seestern vom Boden und unterziehe alles einer eingehenden, wenn auch nur optischen Untersuchung. Zähle kleine Conch-Muscheln, die um M herumkriechen, fahre mit den Fingern durch den Sand am Grund und schlucke den ein oder anderen Schwung Salzwasser, der mir beim Grinsen vor Freude am Schnorchel vorbei in den Mund strömt. Wie schön es ist, kreuz und quer um sein Boot herumzuschwimmen, in kristallklarem Wasser, unter der tropischen Sonne! Das Beste daran: Ich habe M selbst hierhergesegelt. Ganz genau beobachte ich den Grund, als ich zur Fortytwo hinüberschwimme. Schöne Steine, schöne Muscheln und immer wieder die schönen Kringel und Schlieren, die die Sonne auf den Grund zeichnet. Ein Seestern flattert wie eine Feder im Wind wieder zurück auf den Grund. So habe ich mir das Wasser in der Karibik vorgestellt. Als ich an Bord klettere, wird mir schon ein kühles Bier gereicht.

In meinem Blog werde ich an diesem Abend schreiben: »Auf Anguilla die Karibik gefunden.« Die Rendezvous Bay habe ich nicht durch Zufall gewählt. Auf der Insel gibt es leider nur zwei Möglichkeiten, einzuklarieren. Auf der Nordseite, wo in der Nacht ein höherer Schwell einlaufen soll, und auf der Südseite, wo wir gerade ankern. Blowing Point Harbour ist daher das Ziel, welches ich zusammen mit dem Skipper meiner Ankernachbarn in meinem Schlauchboot ansteuere. Wir gehen am östlichen Ende der Rendezvous Bay beim Royal Anguilla Yacht Club per Dingi an Land und wollen den Rest des Weges zu Fuß hinter uns bringen. An einem kleinen Betondock landen wir an. Ich habe keine Angst, dass mir hier jemand mein kleines Boot entwenden könnte, die Insel macht einen sehr friedlichen, ruhigen, ja fast verlassenen Eindruck. Der Klub wirkt verwaist, die Souvenirshirts liegen ausgeblichen hinter den Scheiben. Bunte Blumen ranken an den weißen Häusern empor – noch habe ich keinen Menschen gesehen. Schritt für Schritt erobern wir das Land. Das Verwaltungsbüro in einer Art Wohnsiedlung ist geöffnet, und dort treffen wir auf drei Leute, die wir nach dem Weg fragen.

»Über Land dürft ihr auf keinen Fall hingehen. Ihr müsst auf dem Seeweg zum Zoll. Bevor ihr nicht einklariert habt, dürft ihr nicht auf die Insel«, erfahren wir von der attraktiven jungen Frau, die hinter dem Schreibtisch sitzt und sicher Lust hätte, mit mir heute Abend einen trinken zu gehen. Aber natürlich traue ich mich nicht, zu fragen. Aus meinen bisherigen Erfahrungen hier in der Karibik habe ich gelernt, dass es in der Regel keine gute Idee ist, sich mit den Uniformierten anzulegen. Jede Uniform zählt hier was – und mit solchen Leuten verscherzt man es sich besser nicht. Wir knattern also mit klEYn M einmal um eine kleine Landzunge und Richtung Blowing Point Harbour. Die eine oder andere Welle steigt über die Seite ein, und nach ein paar Minuten bin ich relativ nass, aber das stört einen hier ja nicht weiter. Gleichzeitig mit unserer Ankunft erreicht eine Fähre den kleinen Naturhafen und entlässt ungefähr zehn mit Tüten bepackte Menschen auf die Insel. Wir schließen uns dem Strom an und finden uns kurze Zeit später in einer Art Flughafenankunftshalle wieder. Verschiedene Schalter mit grimmig dreinschauenden Angestellten, ein Metalldetektor, Fließbänder. Was ist denn hier los? Mit meiner nassen Hose, den Flipflops und meiner Urlaubsstimmung komme ich mir hier fast deplatziert vor.

»Wir würden hier gerne einklarieren«, erkläre ich einer der Diensthabenden.

»Kommt ihr von der Fähre?«

»Nein, wir sind mit dem eigenen Boot angereist.«

»Das Formular muss jeder in sechs Durchschlägen ausfüllen«, spricht sie und reicht uns zwölf Exemplare eines komischen grünen Zettels. Zum Glück reicht sie uns auch Durchschlagpapier. Wir stellen klar, dass wir zwar zusammen hier sind, aber doch von verschiedenen Yachten kommen, dass wir heute ein- und wegen unserer morgigen Abreise auch sofort wieder ausklarieren möchten. Wir warten. Und warten. Wir warten weiter. Sie blättert in Unterlagen und in Richtlinien, bis sie schlussendlich einen Betrag von knapp 30 amerikanischen Dollar für das Prozedere berechnet.

Meine Stimmung geht in den Keller. Was war jetzt daran so schwierig? Sind wir die einzigen Yachten, die je einklarieren? Doch wir bekommen unsere Stempel und wollen gerade das Gebäude wieder verlassen, als die – laut Namensschild – Supervisorin uns aufhält.

»Wo sind eure Boote?«

»In der Rendezvous Bay.«

»Ich muss sie sehen. Warum liegen die Boote nicht hier im Hafen?«

»Wie, Sie müssen sie sehen?«

»Ich muss beurteilen, ob die Angaben richtig sind, und ich muss die Boote nach unerlaubten Gegenständen durchsuchen. Ich will sie kontrollieren.«

Ich denke an das niedrige Wasser hier im Hafen und habe einen Geistesblitz: »Kein Problem. Kommen Sie mit Ihrem Boot sofort in der Rendezvous Bay vorbei zur Kontrolle. Mein Boot hat einen Tiefgang von sieben Fuß (etwas übertrieben), ich kann nicht in den Hafen einlaufen.«

Das sitzt. Die Supervisorin dampft ab. Wir sind frei. Selten hat mich ein Einklarierungsprozedere so entnervt wie dieses. Aber es ist alles gut gegangen. Wir haben ein- und ausklariert und halten auch noch die Hälfte der ausgefüllten Dokumente in der Hand – was auch immer wir damit machen sollen. Unsere Entrüstung über die Schikane ist schnell verflogen, als wir wieder mit dem Schlauchboot unterwegs sind. Das herrlich klare Wasser, ein Foto-Zwischenstopp auf einer kleinen Sandbank und die Freude, die mich beim Anblick meines Segelbootes überkommt, führen augenblicklich wieder zu guter Laune.

Den Rest des Nachmittags verbringe ich mit der Erkundung der Bucht, mit Schwimmen und mit dem Sammeln des einen oder anderen Andenkens. Hier ist es wirklich schön. Später sitze ich an Deck und versuche, ein Internetsignal mit meiner WLAN-Antenne einzufangen. Wenngleich sich dies erst einmal als schwierig herausstellt, so kann ich dann doch noch als sicher ungebetener Gast auf das Netz der inzwischen in der Bucht ankernden Superyacht zugreifen und ein paar E-Mails versenden und die aktuellen Wetterdaten runterladen. Mit eintretender Dämmerung fahre ich zur Fortytwo hinüber und genehmige mir den einen oder anderen Drink (zu viel). Dazu gibt es Spaghetti mit einer Mangold-Sahne-Soße, die ziemlich genial schmecken. Die Eigner sind wirklich ein drolliges Paar. Genauso schräg wie nett, genauso seltsam wie unterhaltsam. Wir verabreden uns für den nächsten Morgen, um gemeinsam mit einem Mietwagen die Insel zu erkunden. Doch auf Anguilla gibt es laut Reiseführer nicht viel zu besichtigen: »Sehenswürdigkeiten sind [...] rar, und selbst die Naturkulisse ist wenig spektakulär [...].«

Im Prinzip haben die Autoren recht. Bereits während unseres Fußmarsches nach Blowing Point Harbour können wir wenig Spektakuläres erkennen. Einige verlassen wirkende Häuser säumen den

Wegesrand. Hier und da liegt etwas Müll im Grün, und die Hoch-
spannungsleitungen wecken nicht gerade Vertrauen in die technische Infrastruktur des Landes. Am Hafen fragen wir uns zu einer
Autovermietung durch und landen bei Monsel, der uns nur zu gern
einen Wagen vermietet. Natürlich nehmen wir das billigste Angebot
und dürfen uns zwischen einem weißen Toyota Corolla mit zerbro-
chener Stoßstange, teilweise zerschlitzten Sitzen, 149 000 Kilometern
Laufleistung und einem anderen Auto entscheiden, welches eine noch
größere Krücke ist. Aber was soll's. Auf der Ladefläche seines Pick-up
schreibend, stellt Monsel mir eine »Temporary Driver's Licence« aus.
Dass auf dem Lappen noch das Jahr 2009 steht, interessiert dabei
wenig. Wir beginnen unsere Inselrundfahrt.

In Road Bay, dem zweiten Einklarierungsort, versuchen wir, etwas
zu essen zu bekommen, aber alle Restaurants haben noch geschlossen. Von Keith habe ich auf Madeira den Tipp erhalten, auf Anguilla
unbedingt in Roy's Bar ein Steak zu essen. Die Aussicht darauf, beim
Vertilgen eines saftigen Stückes Fleisch mit den Füßen im Sand eines
Strandes zu wühlen, verstärkt mein Hungergefühl. Weiter geht es auf
unserer Erkundungstour. Wir finden in den Hügeln (der höchste Punkt
Anguillas befindet sich 65 Meter über dem Meeresspiegel) ein kleines
französisch anmutendes Restaurant. Auf der Veranda des Gebäudes
lassen wir uns ein ansehnliches Frühstück mit frisch gepresstem
Orangensaft schmecken. Gestärkt setzen wir erneut unsere Erkundungstour fort. Die Hauptstadt heißt The Valley und besteht nur aus
einer kleinen Dorfstraße mit dem einen oder anderen Haus. Viel ist
hier wirklich nicht los. Vereinzelt schleichen ein paar Menschen über
die Straße, nur vor der einzigen Bank im Ort sieht man Leben. Im kleinen Souvenirladen kritzle ich ein paar Worte auf eine Postkarte, adres-
siere sie an meine Oma und werfe sie in den Postkasten. Wie lange es
wohl dauern wird, bis das Ding in der Heimat ankommt? Eigentlicher
Sinn und Zweck meines Aufenthaltes auf dieser Insel ist ein Besuch bei
der Pyrat Rum Destillery, wo eine der besseren karibischen Rumsorten
abgefüllt werden soll. An der gelben Fassade des ziemlich bescheiden wirkenden Gebäudes finde ich ein in Pastellfarben gemaltes Fir-
menschild, welches eine Flasche Rum und einen freundlich in die
Welt schauenden Buddha neben dem Firmennamen abbildet. Tür auf
und schon besoffen: Im Gebäude liegt ein Alkoholdunst in der Luft,

der eigentlich jede spätere Weiterfahrt mit dem Auto verbietet. Verschiedene Gläser mit unterschiedlichen Rumsorten werden uns zum Verkosten angeboten. Tatsächlich schmeckt der Rum wirklich gut, irgendwie nach Vanille und nach was auch immer. Ich nehme spontan eine kleine Flasche mit.

Die Spritztour geht wieder weiter. Eine holprige Straße folgt der nächsten. Unsere Suche nach einem vernünftigen Supermarkt geben wir ohne Erfolg auf, können aber auf dem örtlichen Flughafen 13 Privatjets zählen. An einem Strand, der uns von der Bedienung in unserem Frühstücksrestaurant als »besonders schön« empfohlen wurde, verdrücken wir einen Burger zum Mittagessen, und schon am frühen Nachmittag beenden wir unsere Inselerkundung und stellen den Mietwagen wie vereinbart mit steckendem Schlüssel auf dem Parkplatz vor der Fähre ab. Wer sollte hier schon ein Auto klauen? Auf dem Rückweg zu klEYn M, die geduldig an der Mole wartet, legen wir noch einen kleinen Stopp im Royal Anguilla International Yacht Club ein. Dort erfahren wir, dass dieser Klub erst kurz vor der Finanzkrise errichtet worden ist und mangels Mitgliedern und ausbleibenden Touristen fast sofort wieder schließen musste. Jetzt, da die Krise fast überstanden ist, soll es aber wieder richtig losgehen. Freundlich gibt die Chefin Auskunft über die Insel, schenkt mir noch ein von der Sonne ausgeblichenes Poloshirt mit Klub-Logo (sie hat keine anderen mehr) und wünscht uns eine gute Weiterreise.

Diese möchte ich am Abend noch antreten. Ich lade die beiden Fortytwos an ihrem Boot ab und wünsche ihnen eine gute Weiterreise. Auch sie wollen Kurs nehmen auf die Britischen Jungferninseln, jedoch zu einem anderen Eiland als ich. Es ist wirklich nett, Yachties zu kennen und sie an dem einen oder anderen Ort wieder zu treffen, aber grundsätzlich reise ich doch lieber allein. Ich habe von Weltumseglern gelesen, die im Konvoi aus mehreren Booten unterwegs waren. Das ist wirklich nicht mein Ding. Zurück an Bord geht klEYn M nach Ventilöffnung die Luft aus, ich schraube den Außenborder wieder an der Seereling fest, erledige den Abwasch und habe danach nicht so wirklich Lust weiterzusegeln. Warum, weiß ich nicht, ich habe einfach nur keine Lust. Inzwischen liegen die Fortytwo und M allein in der Bucht, alle anderen Yachten sind bereits ausgeflogen. Eine angenehme Ruhe breitet sich aus, große Gelassenheit überkommt mich und macht das Abschiednehmen schwer. Hier ist es wirklich schön. Wie schon so oft, kurble ich den Motor an. Warum weht hier kein Wind, der mir die Akkus vollmachen kann? In meinem unsichtbaren Notizbuch für alles, das ich bei der nächsten Segelreise besser machen muss, notiere ich, dass ich nie mehr hochseesegelnd unterwegs sein möchte ohne Windgenerator, Solarzellen und eine weitere Stromquelle, die sowohl von der Natur als auch von der Hauptmaschine unabhängig ist. Beim Versuch, den Rückwärtsgang einzulegen, scheint das Getriebe etwas zu haken. Ein Klicken und Reiben ist zu hören, als ob irgendwelche Zahnräder nicht richtig ineinandergreifen. Erst beim vierten Versuch kuppelt der Rückwärtsgang ein. Seltsam. Ich hole Kette und Anker ein. Ist das anstrengend! Vielleicht sollte ich das als neusten Fitnesstrend aus der Karibik mit nach Hause bringen: Kettenziehen für starke Arme und ein breites Kreuz, die Stunde 100 Euro! Vielleicht kann ich mir dann auch bald eine 80-Meter-Yacht leisten? Aber vorerst heißt es back to reality: Knapp 90 Seemeilen trennen mich von Tortola, dem Zentrum der Britischen Jungferninseln. Dort befindet sich einer der wenigen Orte, in denen die Zollformalitäten erledigt werden können.

Die anstehende Nacht unter Segeln scheint unspektakulär und windarm zu werden. Einige Wolken hängen am Himmel, während ich die westlichste Ecke Anguillas hinter mir lasse. Die Fortytwo ist noch in Sichtweite, als ich ein ungewöhnliches Bild an der Backbordseite entdecke. Was ist denn das? Aus einer der Wolken am Himmel zwirbelt sich eine schmale, dünne Röhre senkrecht nach unten. Über Funk erreicht mich ein Signal von den Freunden, die fragen, ob ich auch sehe, was sie sehen. Es fallen Begriffe wie Windhose und sogar Tornado – worst case. Nicht immer muss sich daraus aber etwas Schlimmes entwickeln, und mit einsetzender Dunkelheit verlieren die Dinger meist ihre Kraft. Nun denn. Ich beschließe, das Phänomen weiter zu beobachten und bei eingetretener Dunkelheit zu definieren, dass es verschwunden ist. Warum soll ich mich verrückt machen, wenn ich den Tornado bei Nacht eh nicht sehen kann? In der *Neuen Osnabrücker Zeitung* wird nach der Schilderung auf meiner Internetseite ein halbseitiger Artikel unter dem Titel »Tornado am Horizont« erscheinen, was mir doch ein wenig übertrieben vorkommt, und in einer Klarstellung räume ich mit diesem Seemannsgarn auf.

Bei Freunden

4. Januar 2010 bis 14. Januar 2010

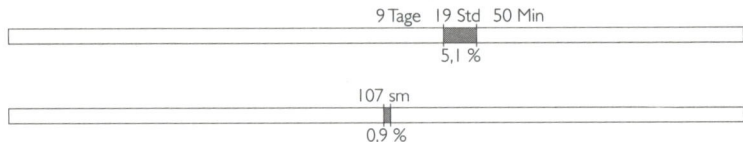

Seemeilen: 5881–5988

»Haiti – ein Land stirbt.«

Titel des Magazins Spiegel, 3/2010, nach dem verherenden Erdbeben im Januar 2010

Mit der einbrechenden Dunkelheit versinkt unsere Umwelt im Nichts, nur ein weißes Licht tänzelt vor M hin und her, es ist die Positionslaterne der Fortytwo. Im Leichtwind segeln wir gemütlich unsere Meilen ab, kaum eine Welle stört den ruhigen Abend, selbst der Windgenerator macht nicht den üblichen Terror, sondern surrt leise vor sich hin. Die CD mit karibischen Klängen, welche ich auf Antigua gebrannt habe, dreht im CD-Spieler ihre Runden und singt mich in den Schlaf. Im Vertrauen darauf, dass die Fortytwo nachts keine Dummheiten macht, halte ich einen halbstündigen Wachrhythmus für ausreichend und freue mich, dass das weiße Licht langsam kleiner wird und schlussendlich der rote Sektor des Lichtkegels zu sehen ist – wir sind also schneller als die anderen. Mit dem Morgengrauen kommt auch ein ordentlicher Wind auf, und so erreiche ich die Marina auf Tortola schneller als erwartet. Es sind mehrere kleine Inseln zu erkennen, die alle bergig in den Himmel ragen, auf Kanal 16 wird so viel gesprochen, dass ich die Funke kurzerhand deaktiviere. Über Telefon habe ich mich bereits vor der Ankunft um einen Liegeplatz gekümmert und gewundert, wie verdutzt meine Gesprächspartnerin war, als ich die Länge meiner Yacht angab. Für den Liegeplatz versprach sie, mir nur die Hälfte zu berechnen, denn M sei ja sehr klein und der einzige freie Platz für Boote um die 70 Fuß geeignet. Ich freute mich.

Langsam steuere ich nun zwischen den ankernden Kreuzfahrtschiffen hindurch und peile den freien Liegeplatz an. Den Radeffekt der Schraube nutzen wollend, versuche ich, Ms Bug herumzuziehen, aber der Rückwärtsgang lässt sich nicht einkuppeln, wir rammen den Steg, und M wird mich an dieses Anlegemanöver noch lange erinnern, denn eine Beule und etwas abgekratzter Lack zieren nun den Bug an der Backbordseite. Mir ist nicht ganz klar, was mit dem Rückwärtsgang los ist. Bereits auf Anguilla brauchte ich ein paar Versuche, bis er sich einkuppeln ließ. Ich hoffe, dass es kein Getriebeschaden ist – das könnte (zu) teuer werden. Die Marina ist kostengünstig, aber ich wäre nicht ich, wenn ich nicht auch etwas zu meckern hätte. Hier gibt es nämlich gar nichts. Keinen Strom, kein Wasser, keine sanitären Einrichtungen und auch kein Internet. Zunächst setze ich in der Bar The Pub auf der gegenüberliegenden Seite der Straße eine E-Mail an Keith ab, den Einhandsegler, den ich auf Madeira getroffen habe, und informiere ihn über meine Ankunft. Er lebt hier auf der Insel, und irgendwo hier liegt auch sein Boot. Es wäre schön, wenn wir uns treffen könnten. Dann folgt der obligatorische Gang zu den Behörden in Road Town, der Hauptstadt Tortolas und der Britischen Jungferninseln, von Insidern BVI genannt. Der Ort ist von meinem Boot aus zu sehen, doch muss ich einmal um die gesamte Bucht herumlaufen. Auf den Britischen Jungferninseln zahlt man ausschließlich mit dem amerikanischen Dollar, und auch sonst wirken die Autos, die Gebäude, die Menschen wesentlich amerikanischer als in den bisher von mir besuchten Inselstaaten.

Road Town kann man für karibische Verhältnisse fast schon als belebt bezeichnen. Hunderte Touristen wuseln umher, erkunden den Ort und jagen den Souvenirs hinterher – da schließe ich mich gern an und decke mich mit ein paar Postkarten ein, die ich bei Gelegenheit verschicken werde. Direkt am Wasser haben die Behörden ihre Residenz. Hier stürze ich mich wieder in den Einklarierungswahnsinn, fülle wieder Formulare aus, gebe einen Durchschlag bei dem einen Schalter ab und nehme weitere Durchschläge mit zu den nächsten Schaltern. Hier und dort muss ich Fragen beantworten, dann noch weitere Formulare beschriften. Glücklicherweise ist die Amtsstube klimatisiert, und ein Getränkeautomat verkauft Erfrischendes. Eine drollige Frau sitzt hinter einem Schreibtisch. Sie hat die Macht, sie hat den Stempel, um meine Qualen zu beenden. Ein einziges weiteres Formular muss ich ausfüllen, welches sie mir aber nur gegen die Formulargebühr von einem Dollar überreicht. Als ich ordentlich und mit meinem eigenen mitgebrachten Stift (ja, ich bin lernfähig) Buchstabe um Buchstabe eingetragen habe, gebe ich ihr den Zettel zurück, sie wirft einen kurzen Blick darauf und versenkt ihn dann in einer umzugskartongroßen Pappkiste, in der weitere Dokumente lagern. Großartig, denke ich, hier ist nun der Beweis, dass die ganzen Formalitäten eigentlich niemanden interessieren. Um kein Geld der Welt werde ich glauben, dass irgendjemand sich um diese Blätter kümmern wird. Sicher wird nichts in einen Computer eingetragen, sicher nichts sortiert, sicher wird man auch niemals irgendetwas wiederfinden können. Aber mir soll es egal sein, ich darf nun eine Woche auf den BVI bleiben.

Glücklich lasse ich mich in The Pub nieder, um das Internet zu besuchen, und beobachte dabei Pelikane, die wie Irre im Sturzflug in

das Wasser eintauchen, dann das Wasser aus ihren aufgeblähten Kehl-
säcken herauslassen und die gefangenen Fische hinunterschlucken.
An Land sehen diese Tiere eher tollpatschig und hilflos aus, in der Luft
zeigen sie beinahe akrobatische Fähigkeiten. Eine E-Mail von Keith
liegt in meinem Postfach. Er ist derzeit noch in England, wird aber
in drei Tagen auf Tortola aufschlagen und sich freuen, falls ich dann
noch vor Ort bin. Das sollte sich einrichten lassen, denke ich mir. Er
empfiehlt mir, mein Boot in die Nanny-Cay-Marina zu verholen oder
bei Miles und Anne vorbeizugehen, falls es in der Marina keinen Platz
mehr geben sollte. Bereits am nächsten Morgen geht es also weiter
nach Nanny Cay, doch zunächst kämpfe ich wieder mit dem Rückwärtsgang. Irgendjemand muss sich das ansehen, beschließe ich, mit
dem Problem selbstverständlich überfordert. Nach einigen Versuchen
geht der Gang rein, und M tuckert nach Nanny Cay; ich nehme den
ersten freien Liegeplatz, den ich so langsam ansteuere, dass ich M gut
mithilfe der Festmacherleinen bremsen kann – der Rückwärtsgang
kann mich mal. Doch der Dockmaster springt mir sofort entgegen,
fragt nach einer Reservierung und möchte mich gleich wieder Richtung Hafenausfahrt schicken, als ich diese Frage verneine. Ich kann
eine Viertelstunde Zeit raushandeln, suche Miles und Anne auf, die
bereits über Keith von meiner Ankunft erfahren haben. Anne rennt
sofort ins Marina-Büro und kommt nur ein paar Minuten später mit
dem Marina-Manager wieder, der mir gern einen Liegeplatz zuweist.
Läuft doch!

Am Liegeplatz angekommen, geht mein erster Weg ins Internet.
Wo ist der Wind? Es kann doch nicht sein, dass mein gesamter Auf-
enthalt in der Karibik von einem so lachhaften Lüftchen begleitet wird.
Zugegeben, hin und wieder zog eine Kaltfront durch und bescherte
vier bis sechs Windstärken, aber alle, wirklich alle Windatlanten und
Wetterkarten kennen in diesem Revier nur ein einziges Thema: öst-
liche Winde um 20 Knoten. Eine Lüge! Eine ganz, ganz schlimme
Lüge. Was gibt es Schlimmeres als ein Segelboot und dann keinen
Wind? Das ist wie ein Unfall ohne Schaulustige, die Royals ohne Skan-
dal oder na ja ... Hier jedenfalls ist der Wind nicht. Meine Wetterinformationen erhalte ich von einer Webseite, die mir für viele Regionen eine Windvorschau der nächsten Woche ermöglicht. Auch ich
habe natürlich meine Erfahrungen mit Wetterberichten gemacht, bin

zutiefst enttäuscht worden von Radiomoderatoren und dem »sonnigen Wochenende« oder von dem Wettermann, der mit der Schneepro-
gnose die Hoffnung auf einen Tag ohne Schule weckte. Überraschen-
derweise ist es mit der Seewetterprognose nicht anders. Ich bezweifle,
dass diese Wetterberichte falscher sind als die Vorhersagen von ARD
und ZDF, aber ich verfolge sie eben intensiver als den Wetterbericht zu
Hause; zumindest möchte ich eine Tendenz ableiten können. Auf dem
Bildschirm meines immer grauer werdenden weißen Laptops baut
sich ein buntes Bild zusammen. Ein herrlich segelbarer Wind befindet
sich knapp 200 Seemeilen nordöstlich der BVI. Mit jedem Klick auf die
Taste springt die Windvorschau weitere drei Stunden in die Zukunft
und lässt den schönen Wind einfach parallel zur Kette der Antillen
nach Süden ziehen. Also: Warten, ausharren, Zeit vertreiben.

Mein erster Marina-Erkundungsgang ist mehr als positiv. Es ist
sehr ordentlich hier, es gibt einen Mandelbaum, einen Supermarkt
(kaltes Bier für einen Dollar), und die sanitären Einrichtungen erhalten von mir eine Auszeichnung, befinden sich zudem in einer zeitlich
und räumlich durchaus angenehmen Distanz zum Boot. Von einem
Gang gehen rechts und links Türen zu richtigen Badezimmern ab.
Darin genieße ich modernste Toiletten, Waschbecken und Duschen,
die so einladend wirken, dass ich mich voller Freude dorthin begebe.
Das ist wirklich eine Wohltat.

Die Wolken schieben sich bald etwas zusammen, der letzte Hauch
Wind schläft ein, in der Marina steht die Luft, es ist heiß. Nachts
müsste ich eigentlich unbekleidet schlafen, doch die Moskitos würden mir bis zum Morgen das Blut vergiften. Zu den letzten Abend-
handlungen gehört hier nicht nur das Zähneputzen, sondern auch das
Einsprühen mit Off – sonst überlebe ich vielleicht nicht. Am nächsten
Tag baue ich auf M einen Moskitoschutz für den Niedergang und die
Luke im Vorschiff, dann vertreibe ich mir die Zeit an Deck mit kleineren Wartungsarbeiten und freue mich über die ungemein charmante
und witzige Australierin, die auf einmal vor M steht und mir eine kalte
Cola in die Hand drückt.

»Mein Mann arbeitet am Boot, und ich habe keine Lust, ihm zu helfen, und deswegen habe ich beschlossen, dass ich eine Cola mit dir
trinke.«

Die Idee finde ich super, biete an, die Cola mit Rum zu strecken,

16 Im Süden wird es wärmer:
T-Shirt und Shorts statt Ölzeug.

17 Nelson's Dockyard in English
Harbour, Antigua. Nach 23 Tagen, 6 Stunden und 5 Minuten
machen wir wieder an Land fest.

18 Yachten in der Karibik: Schöne
Motive entschädigen für die
Anstrengungen der Reise.

17

19

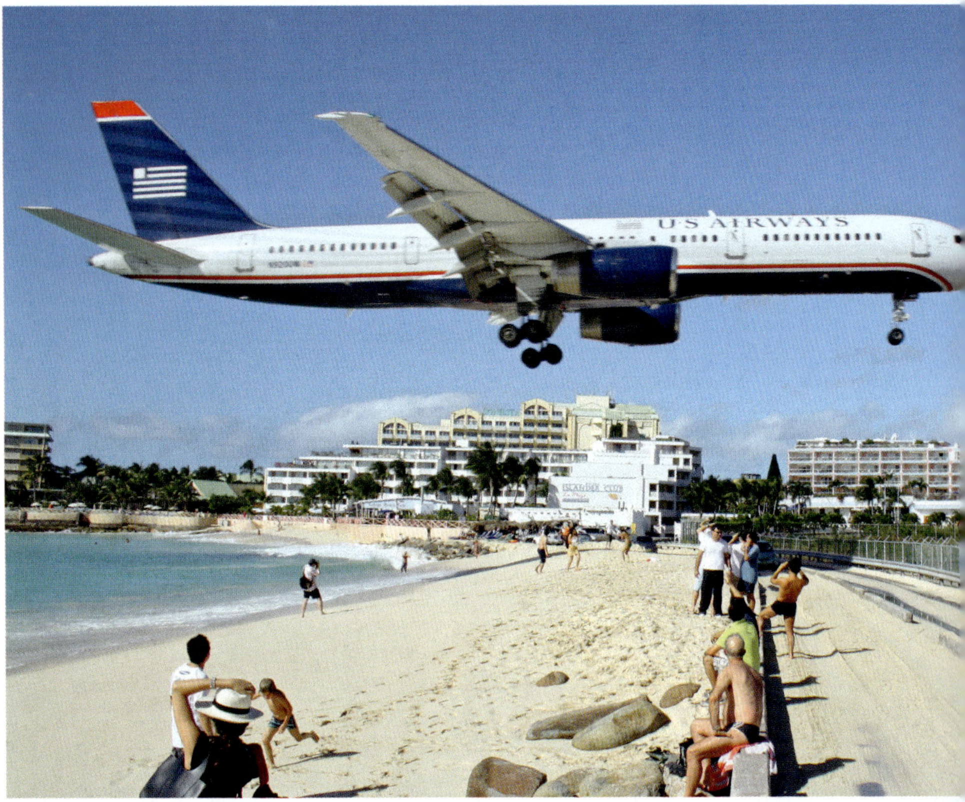

20

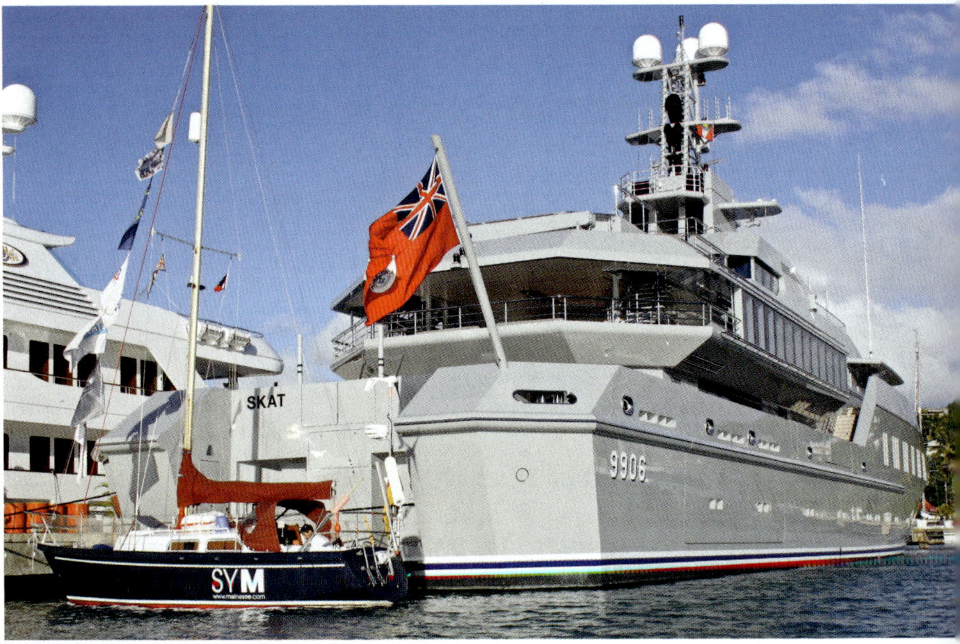

19 Mahó Baai auf Sint Maarten: Die Flugzeuge starten und landen – gefühlt – nur ein paar Meter über den Passanten.

20 Meine Yacht. Also die kleine, im Vordergrund.

21 Die Leute auf den Antillen wissen, wie man feiert. Von der Leichtigkeit können wir uns in Deutschland eine Scheibe abschneiden.

22 **M** vor Anker in den Exuma Cays, Bahamas. Hinter dem Riff kommt der Atlantik, dann Portugal.

23 **M** im Travellift für eine kleine Reparatur am Propeller. In Sachen Schnelligkeit und Professionalität gewinnen die Jungs aus der Karibik locker gegen viele deutsche Marinas und Werften.

24 Flipper, bitte artig in die Kamera gucken.

25 Der Skipper frühstückt zufrieden »Arme Ritter« und Orangensaft aus großen Konserven.

26 Wir sind eingeweht auf Warderick Wells Cay. Langsam gehen
die Vorräte zu Ende. Mit dem Dingi kaufe ich an Land ein paar
weitere Minuten WLAN-Zugang.

27 Frachterfahrt über den Atlantik. **M** steht an Deck und macht
400er Etmale.

26

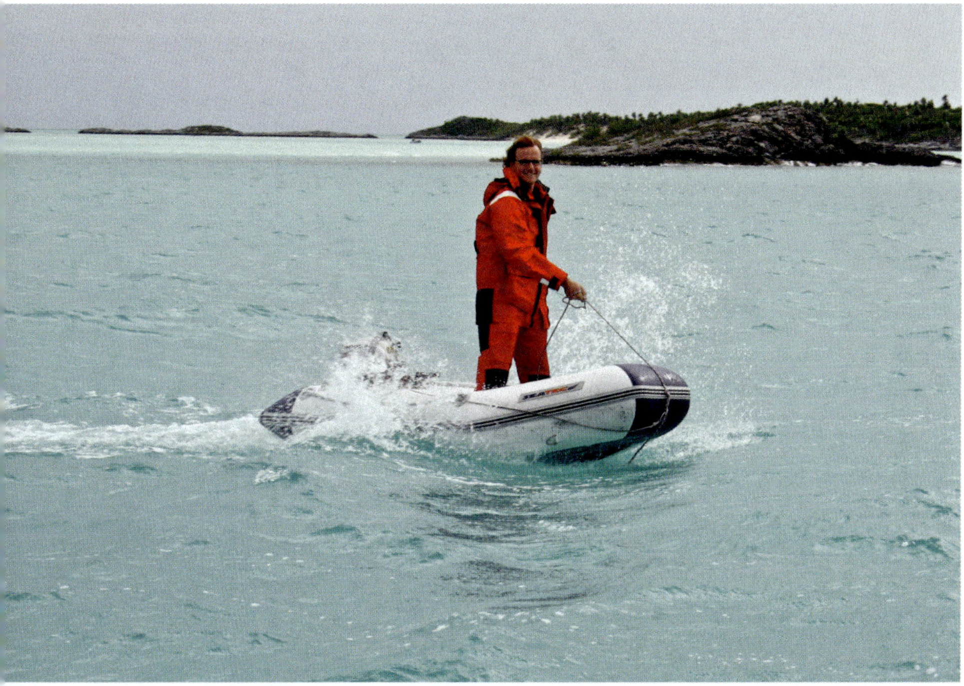

27

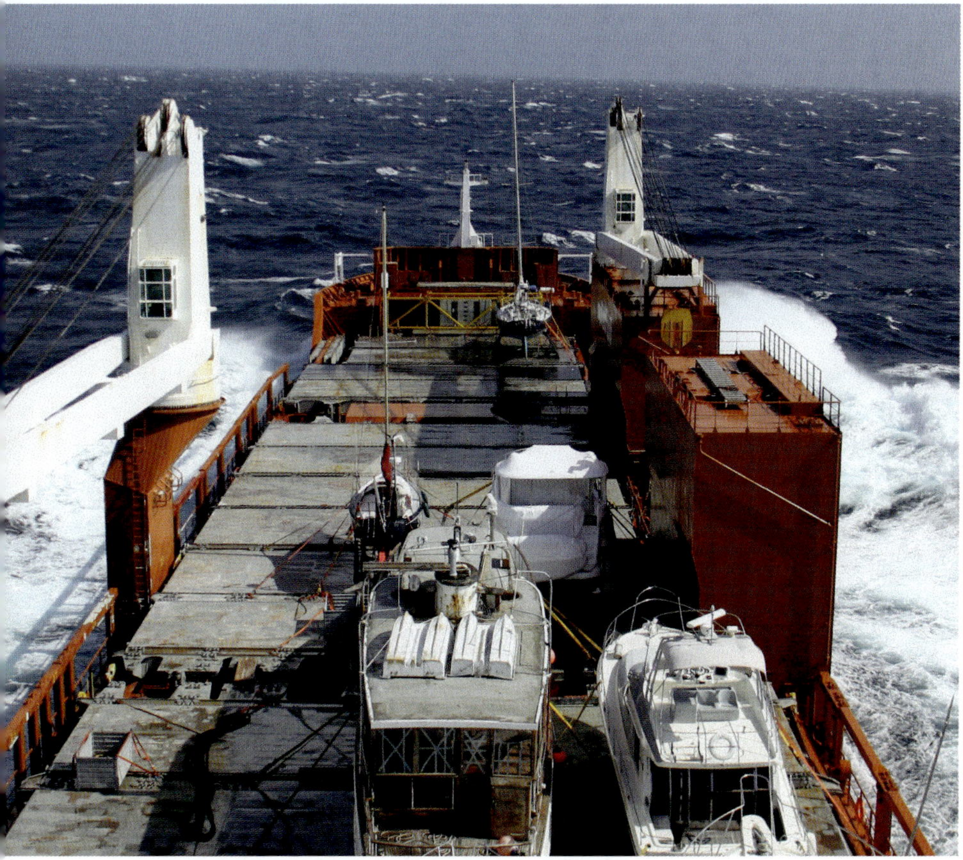

28 In der Nordsee ist das Schönwettersegeln vorbei. Vitamine helfen gegen eine drohende Erkältung. Vor zwei Wochen habe ich noch auf blauem Wasser bei 30 °C gelebt.

29 Wieder zu Hause. In Glückstadt begannen die Vorbereitungen und hier endet meine Reise. Zwei Wochen später bin ich nicht mehr out of office.

und handle mir auf diese Weise eine Einladung zu einem Abendessen bei den neuen Freunden ein. Die beiden sind herrlich verrückt (im positiven Sinne). Bis morgens um fünf Uhr sitzen wir an Deck ihres Schiffes, welches sie vor ein paar Wochen hier gekauft haben und nach Australien segeln möchten.

»Is there a German pirate on this ugly boat?«, ruft am nächsten Morgen eine tiefe freundliche Stimme mit britischem Akzent.

Keith ist da! Ich freue mich sehr, ihn wiederzusehen und jemanden zu haben, mit dem man den ganzen Tag rumblödeln kann. Keith ist ungefähr 60 Jahre alt, doch es fühlt sich an, als würde man mit einem 30-jährigen Kumpel abhängen, ein Riesenspaß. Die Yacht von Keith liegt schon seit mehreren Jahren in dieser Marina, er kennt Gott und die Welt. So dauert es nicht lange, bis einer seiner Bekannten einen Blick auf Ms Getriebe wirft und feststellt, dass es wohl ein Problem gebe und Getriebeprobleme meist nur schwer zu reparieren seien. Eine Antwort, die mir gar nicht gefällt. Ungläubig werfe ich später am Abend noch einen Blick in den Motorraum, starte den Motor und kupple den Rückwärtsgang ein. Das ist komisch, denke ich. Die Welle dreht sich, aber warum zieht M nicht an ihren Festmacherleinen? Warum sehe ich kein Schraubenwasser? Und wo kommt das klackernde Geräusch her? Am nächsten Morgen wage ich einen Tauchgang in das Hafenbecken und stelle fest, dass ich den Propeller mit der Hand drehen kann, ohne dass sich die Welle mitbewegt. Hilfsbereit bietet sich ein Taucher aus der Marina-Werft an, einen kostenlosen Blick unter das Boot zu werfen und eine Reparatur zu wagen. Leider kommt er nach 20 Minuten wieder hoch und teilt mit, dass er unter Wasser nichts ausrichten kann.

In Rekordzeit organisiere ich für M einen Slot in der Werft und kann mit etwas Zuschuss (Handelsware Jägermeister) die Handwerker motivieren, in ihrer Mittagspause an meinem Boot zu arbeiten, denn dies ist die einzige Möglichkeit, dass M für die Dauer von knapp einer Stunde aus dem Wasser kann, ohne dass es mit hohen Kosten verbunden ist. Als sie in den Schlingen des Travelliftes hängt, wird schnell klar, wo das Problem liegt. Am Ende der Welle, die vom Motor gedreht wird, befinden sich ein Gewinde und eine Kerbe entlang der Welle von knapp fünf Zentimetern Länge. Eine entsprechende Kerbe befindet sich auch im Propeller. Ein kleiner Metallstift stellt sicher, dass die Schraube sich dreht, und eine Mutter auf dem Gewinde soll verhindern, dass der Propeller abfällt. Um ganz sicherzugehen, wurde das überstehende Gewinde von Ms Voreigner mit einem Hammer derart ramponiert, dass die Mutter nicht einfach abzudrehen ist. Die Mitarbeiter der Werft sägen zunächst einen kleinen Teil vom Gewinde ab, stellen fest, dass der Metallstift verschwunden ist und der Propeller sich deshalb auch nicht mehr so einfach mitdreht. Die Zeit läuft mir davon. Nur noch 30 Minuten darf M in den Schlingen bleiben, bevor sie wieder ins Wasser muss. Leider stellt Andy, der Werftarbeiter, fest, dass er zur Reparatur eine metrische Mutter benötigt, eine solche aber nicht auf Lager hat. Kurzerhand steigt er zu Keith ins Auto und versucht, irgendwo in Raod Town eine passende Mutter zu ergattern – gleichzeitig jagt mich ein anderer Werftmitarbeiter um mein Boot, findet hier und dort ein paar Seepocken, die ich mit einem Spachtel abkratzen soll, und hat seinen Spaß daran, mich schuften zu sehen. In letzter Minute wird die passende Mutter an die Welle gesetzt, M geht wieder baden, alle sind glücklich. Leicht nervös bin ich wenige Minuten später, als es darum geht, die Rechnung zu bezahlen. Doch ich bin nur 150 Dollar, knapp 100 Euro, für die ganze Aktion schuldig. In Deutschland hätte ich zu diesem Preis gerade mal das Kranen bekommen. Freunde in der Not! Keith danke ich seinen Einsatz am Abend mit einigen Bieren und wage einen Toast auf die Schnelligkeit, Spontanität und Präzision der karibischen Techniker. Keith bricht vor Lachen zusammen.

»Du weißt nicht, wie viel Geld ich schon in diesem Laden gelassen habe, und du weißt nicht, wie viele Jahre ich schon an der Erziehung der Jungs arbeite.«

Der 12. Januar scheint mir ein hervorragender Tag zu sein, eine Bucht weiterzuziehen. Der Wetterbericht verspricht ein paar windige Stunden in den kommenden Tagen, genug für meinen Sprung zum nächsten Inselstaat. Als ich nach dem Aufstehen mit verschlafenen Augen und ohne meine Brille den Rechner hochgefahren habe, wundere ich mich über die vielen E-Mails in meinem Posteingang. Was wollen die denn alle? Eine E-Mail mit dem Betreff »Meld dich mal« von meinem Vater, »Erdbeben« von meiner Tante und weitere E-Mails mit dem Tenor »Bei dir alles okay?« haben sich über Nacht eingefunden. Was ist denn da passiert?

Ich surfe auf die Webseite einer großen deutschen Tageszeitung, erfahre von einem schweren Erdbeben in Haiti und von einer Tsunami-Warnung. Ich suche nach Hintergrundinformationen. Das Erdbeben sei das schwerste in der Geschichte der Insel gewesen, finde ich. Zu dem Zeitpunkt war mir gar nicht bewusst, dass Haiti zu den ärmsten Ländern der Welt gehört und dass nun die ohnehin schlechte Infrastruktur vollständig zerstört ist. Viele Menschen seien bei diesem Unglück bereits getötet worden, einige Tote mehr werden nun noch hinzukommen, da viele Haitianer ihr Heil in der Flucht suchen und mit schlechten bis ungeeigneten und überbesetzten Booten die Fahrt übers offene Meer antreten, um irgendwo und irgendwie neu anfangen zu können. Mir wird hier nichts passieren, aber ich schäme mich dafür zu hoffen, dass mir keines dieser Boote begegnen wird. Meine Kurslinie wird mich entlang der Insel Hispaniola führen, also werden nur knapp 100 Seemeilen zwischen M und Haiti liegen.

Leidemeilen

14. Januar 2010 bis 18. Januar 2010

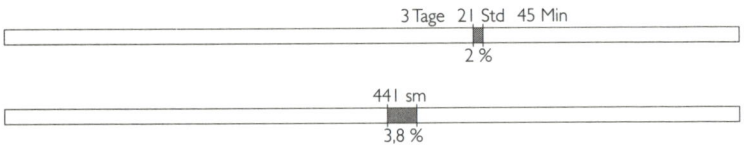

Seemeilen: 5988–6429

Ich trage einen Ring am linken Mittelfinger. Das tue ich an Land nicht. Auf See sehe ich das als eine Art Sicherheitsleine. Wenn irgendwo ein im Wasser treibender Einhandsegler gefunden wird, der nicht mehr selbst in der Lage ist, sich verständlich zu machen, dann stehen in diesem Ring zwei Kontaktinformationen: Zum einen eine Telefonnummer, die meinen Eltern gehört. Zum anderen eine E-Mail-Adresse, die mit einem Weiterleiten-Befehl und einem Verteiler gekoppelt ist, der unter dem Betreff-Wort »MAYDAY« jede eingehende Nachricht an meine Eltern und Freunde schickt. Hoffentlich schaut im Bedarfsfall auch jemand auf die Innenseite des Ringes.

Grau präsentiert sich der Morgen unserer Weiterreise zu den Turks & Caicos. Das Wasser hat seine leuchtend blaugrüne Farbe eingetauscht gegen einen leichten Grüngraustich, unruhige Felder mit gekräuseltem Wasser ziehen durch die Bucht. Das ist der versprochene Wind! Mit klEYn M knattere ich zwischen den Yachten hindurch zum Dingi-Dock. Das WLAN in der nächsten Bar scheint nicht zu funktionieren, aber vor dem Auslaufen möchte ich noch eine kleine Mitteilung ins Internet stellen und einen Blick auf die Wetterdaten werfen. Zwei hübsche junge Mädels in einem Yacht-charterbüro haben ein Herz für den Einhandsegler und lassen mich in ihr Firmennetz. Die beiden sind sehr nett, und auf einen Drink am Abend würde ich sie gern einladen, aber der Wind sieht einfach super aus, und schließlich bin ich ja auf ihn angewiesen. Vielleicht hätten die beiden auf mich eh keine Lust gehabt (glaube ich nicht ...). Wenn alles so läuft, wie passageweather.com es vorhersagt, dann reicht der Wind gerade, um die Turks & Caicos Islands zu erreichen. Also nichts wie los! Die bisher vorherrschende Tagesfarbe Grau ist einem Dunkelgrau gewichen, es regnet in Strömen. Mit hochgezogenen Schultern und meinem in eine Plastiktüte gewickelten Laptop klettere ich zurück ins Beiboot, als mich vier Gesichter aus Regenjacken vom Kai aus angrinsen.

»Das ist kein Regen, Junge, das ist flüssiger Sonnenschein!«

Zurück an Bord, verstaue ich das Beiboot in der Hundekoje und hänge den Außenborder wieder an den Heckkorb. M und ich sind das, was man hier gemeinhin als »good to go« bezeichnet, nur das Cockpit kann noch eine Dusche mithilfe des Eimers vertragen. Also werfe ich den Eimer am angeknoteten Seil über Bord, vergesse aber leider, das lose Ende der Leine festzuhalten. So schwimmt er hin, mein Eimer, mein treuer Eimer, den ich aus dem Keller meiner Eltern habe mitgehen lassen und der sein Dunkelblau inzwischen gegen ein blasses Hellblau getauscht hat. Mit dem Bootshaken versuche ich noch, den Flüchtling einzufangen, aber es gelingt nicht. Also bleibt mir nur ein Sprung ins Wasser, und schon ist der gute Eimer, der nicht nur ein normaler Eimer im klassischen Sinne ist, sondern auch noch weitere Funktionen wie Toilette oder Dusche übernehmen muss, wieder an Bord. Ein Allroundtalent, auf das ich angewiesen bin. Ich verpasse mir nach diesem Bad noch eine Dusche mit Frischwasser, ordne und verstaue letzte Dinge und schlage die zweitgrößte Genua für das bevorstehende Seestück an.

Knapp 400 Seemeilen liegen vor M und mir. Wir werden uns parallel zu Puerto Rico, der Dominikanischen Republik und Haiti nach Cockburn Harbour (was für ein schräger Name) auf South Caicos zubewegen und uns dabei von einigen Bänken fernhalten, die mir mit ihren Wassertiefen von teilweise weniger als zehn Metern etwas Angst machen. Der Lobster knattert, ich löse die Leinenverbindung zur Muringtonne, und M schiebt sich hinaus aus der Bucht. Ein schöner Wind weht hier draußen. Ich ziehe die Segel hoch, und M pflügt mit sechs Knoten durch die See. Jost van Dyke, die letzte Insel der BVI, liegt schnell achteraus und setzt uns dem ganzen Schwell des Atlantiks aus. Eine kreuzige See steht hier vor den Inseln, und ich habe Mühe, den Kurs unter Vollzeug zu halten. Mit zwei Reffs im Groß und der kleinen Genua 2 erobern wir Seemeile um Seemeile. Mein liebes Boot stampft durch die Wellen, wirft das Wasser vom Bug zu beiden Seiten des Rumpfes meterweit von sich, und wir hinterlassen einen breiten weißen Streifen im grauen Meer. Die Meilen wirken wie geschenkt bei fünf bis sechs Windstärken von Steuerbord. Gespannt sitze ich vor meinen Navigationsinstrumenten und freue mich über die Geschwindigkeit, die mir das Display anzeigt – teilweise sind es an die sieben Knoten und somit ein Affenzahn. Inzwischen ist kaum mehr Land auf dem kleinen Kartenausschnitt zu erkennen, das Blau des Displays wird nur durch zwei rote Linien gestört, die von unten rechts nach oben links führen. Sie stellen den knapp eine Seemeile breiten Korridor meiner geplanten Route dar. In der Ecke ist die Zahl 5997 zu lesen, also die Anzahl der Seemeilen, die wir bis zu diesem Zeitpunkt zurückgelegt haben. Ein langes Seestück, und wenn man die vergangene Zeit – inzwischen sind es fünf Monate – berücksichtigt, ergibt sich eine durchschnittliche Monatsleistung von fast 1200 Seemeilen, was 40 Seemeilen am Tag entspricht. Das klingt dann gar nicht mehr nach so viel.

Ich beschließe, mich ein paar Minuten in die Koje zu legen und dann ein Foto von der 6000er-Marke auf dem Monitor zu schießen. Als ich aufwache, liegt die 6000 schon lange im Kielwasser. Ich habe also eineinhalb Stunden geratzt – glücklicherweise gibt es hier keinen Schiffsverkehr. Wo sind die Süßigkeiten? Die ersten vier Tage auf See sind immer schwierig. Ich muss immer erst wieder den Rhythmus finden und viel Nervennahrung zu mir nehmen. In einer panischen Süßwarensuchaktion kann ich außer drei Mars-Riegeln und einer kleinen Packung mit Keksen nichts Ordentliches finden. Mist. 18 Uhr 30 Positionslaternen ein, 21 Uhr 00 Position per Iridium-Telefon an die Homebase nahe Osnabrück absetzen, ab dann Schlaf im Stundenrhythmus.

Der zweite Tag ist für die Tonne. Gähnende Leere ist im Logbuch dokumentiert, außer der Mittagsposition trage ich nichts ein. Keine Lust. Im Bordtagebuch notiere ich: »Der Tag wird verplempert. Kartoffelsuppe war nicht gut. Mir ist schlecht.« Ich fühle mich schlapp. Die nächste Zeit verbringe ich dösend in der Koje, lese ein wenig, grüble ein wenig und gebe eher den grauen als den bunten Gedanken Gelegenheit, ihr Unwesen in meinem Oberstübchen zu treiben. Kurzum: Mir macht das Segeln nicht wirklich Spaß, ich ertrage es. Es ist mein selbst gewähltes Schicksal, welches ich nun ausbaden muss. Doch das Etmal bringt Freude, denn schließlich sind 119,80 Seemeilen in 24 Stunden schnelles Atlantiküberquererniveau – läuft also. In der Tat kommen wir nach wie vor gut voran. Die See ist noch konfus, der Wind ist noch da, und somit ist alles in bester Ordnung. Aber irgendetwas juckt. Warum juckt es denn so fies auf dem Rücken? Ich rubble ich mich in der Koje von links nach rechts, um der Pein entgegenzuwirken. Als ich mir kleine Hautfetzen abzukratzen beginne, geht mir ein Licht auf: Sonnenbrand.

Zum ersten Mal seit Reisebeginn habe ich mir beim missglückten Ankermanöver vor Jost van Dyke einen mittelschweren Sonnenbrand eingefangen. Mich vor dem Spiegel verrenkend, versuche ich, einen Blick auf meine Rückseite zu ergattern und noch ein paar Hautfetzen abzuziehen. Schönen Dank, Sonne! Die Szenerie um mich herum hat sich noch nicht verändert. Es ist nach wie vor grau und grau, die Sonne ist durch die dicken Wolken nicht einmal zu erahnen. Als die Dunkelheit hereinbricht und der Tag in einer pechschwarzen Nacht aufgeht, ist es nur die Dreifarbenlaterne oben im Mast, die einen kleinen Lichtschein auf die See projiziert. Allein bin ich mal wieder. Allein auf See. Nach dem Erdbeben auf Haiti sollen wieder verzweifelte Haitianer in offenen kleinen Ruderbooten aufgebrochen sein, um irgendwie in die USA zu gelangen oder sonstwo ein besseres Leben zu finden. Bei dem

Gedanken, in vier Meter hohen Wellen in einem Paddelboot unterwegs zu sein, wird mir ganz anders. Ich wünsche den Unglücklichen
theoretisch das Beste, hoffe aber immer noch, dass ich keinem dieser
Boote begegne. Was soll ich machen mit sieben oder acht Menschen
an Bord? Wasser hätte ich genug, Essen auch. Sie auf den Turks &
Caicos absetzen? Vielleicht würden sie mich zwingen, woanders hin-
zusegeln? Keine guten Gedankenspiele in der pechschwarzen Nacht.
Schnell schlafen gehen. Nach einer Stunde klingelt die Eieruhr und
erinnert mich daran, meinen Pflichten nachzukommen. Segel stehen
gut, kein Schiff zu sehen, Kurs stimmt. Alles gut. Über die Zeit hat sich
ein leicht umständlicher, wenngleich guter Rhythmus entwickelt, in
dem ich die nächtlichen Wachen ableiste: Nach dem Aufwachen drehe
ich die Eieruhr wieder auf, gehe auf Deck und werfe einen Blick in
die Runde und auf die Segel. Anschließend kontrolliere ich unten auf
dem Monitor den Kurs. Eventuelle Korrekturen führe ich dann wieder
oben am Windpiloten durch. Anfangs habe ich immer zuerst auf den
Monitor geguckt (liegt ja auf dem Weg nach draußen), dann musste
ich jedoch feststellen, dass meine Fähigkeit, im Dunkeln zu sehen,
auch nur durch einen ganz schnellen Blick auf den Kartenplotter
stark abnahm. M steuert artig ihren Kurs und hat auch in den letzten
24 Stunden wieder eine gute Strecke hinter sich gebracht, 120,10 Seemeilen. Gegen Mittag sehe ich ein Containerschiff, welches meinen
Kurs von Backbord nach Steuerbord gekreuzt hat. Wieso sind hier
Schiffe? Mit einem Blick auf die Seekarte erkenne ich, dass ich am
nördlichen Rand der Mona Passage fahre, jenem Seestück, welches
Puerto Rico und die DomRep voneinander trennt. Ich beschließe, den
Wachrhythmus wieder auf eine halbe Stunde zu verkürzen. Nachts
fahren wir parallel zu den bereits beschriebenen flachen Bänken. Dort
fährt eh kein Schiff durch, also kann ich dann wieder eine Stunde am
Stück schlafen.

Der Rhythmus funktioniert wieder, Tag vier. Wie im Lehrbuch
beschrieben, ist nach drei Tagen Qual alles wieder gut. Das Etmal ist
mit 118,50 Seemeilen einen Hauch schlechter als an den Vortagen,
aber dennoch sind wir schnell. Voller Tatendrang und gut gelaunt
springe ich an Deck, nehme das Groß runter und lasse M unter Genua
laufen. Der Computer prognostiziert unsere Ankunft auf halb ein Uhr
morgens – erst ab halb sieben wird es hell. Auch unter Arbeitsfock, um

langsamer zu werden, wären wir noch vor dem Morgengrauen vor dem
Hafen, und so weht ab dem Nachmittag die Sturmfock. Das wirkt, die
Ankunftszeit liegt nun bei sechs Uhr morgens, doch Skipper Menne-
wisch ist unzufrieden, als er den Blick voraus richtet: Sturmfock bei
Windstärke 5? Geht gar nicht! Wenige Minuten später wird das gleiche
Ergebnis mit einer schlecht getrimmten Arbeitsfock erreicht. So passt
es schon besser.

Seit dem Verlassen der BVI hat die Sonne sich vielleicht eine Stunde
gezeigt. Auch nachts ist kein Stern, kein Mond zu sehen. Doch alles
scheint sich auf eine Wetterbesserung vorzubereiten. Der Wind wird
langsam weniger, die Wellen beruhigen sich ein wenig, und auch das
Grau der Wolken ist inzwischen ein paar Nuancen heller geworden. Ob
ich morgen die Sonne wieder sehe? Tatsächlich klettert sie am nächsten Morgen aus dem Wasser. Mit dem letzten Wind schiebt sich M im
Norden an Grand Turk vorbei, wir biegen links ab, und irgendwo da
hinten muss es eine Lücke zwischen den der Insel vorgelagerten Felsen geben, um den Ankerplatz zu erreichen. Die Inselgruppe der Turks
& Caicos besteht aus acht größeren und einigen kleinen Inseln, gehört
zu Großbritannien und wurde angeblich von Kolumbus entdeckt –
oder auch von jemand anderem. Der Name des Staates lässt sich aus
dem Namen des hier verbreiteten westindischen Türkenkopfkaktusses
und den kleinen Inseln, den Cays, herleiten. Mein Reiseführer nennt
sie »Bilderbuchinseln im goldenen Dreieck der Karibik«. Also will ich
mal sehen, was die Inseln von diesem Versprechen halten können.

Die Hauptstadt, oder besser gesagt, der Hauptort des nur knapp
33 000 Einwohner beherbergenden Kleinstaates, ist Cockburn Town
auf der Hauptinsel Grand Turk, liegt an der Westküste und hat keinen
Hafen und auch keine schützende Ankerbucht. Aus diesen Gründen
und dem Umstand, dass Cockburn Town Anlaufhafen der Kreuzfahrtschiffe ist, ist der Ort in meinen Augen uninteressant. Ich habe
mich daher für Cockburn Harbour mit seinen 270 Einwohnern auf der
Nachbarinsel South Caicos entschieden. An der Steuerbordseite sind
weiße Strände zu erkennen, einige Hotels. Aus Süden scheint eine
weitere Yacht den Ort anlaufen zu wollen. Wenn ich meinen digitalen
Seekarten vertrauen darf, wird die Wassertiefe langsam auf knapp drei
bis vier Meter abnehmen und sich, sobald wir zwischen South Caicos
und einer kleinen Felseninsel durch sind, ein großes Feld mit anker-

tauglichem Grund auftun. So weit die Theorie. Fast gleichzeitig erreichen M und die andere Yacht die Felspassage und bereiten das Ankern
vor. Knapp 100 Meter von der Küste entfernt werfe ich den Anker in
drei Meter tiefem Wasser. Er hält nicht wirklich gut auf dem hart-
sandigen Grund und den vielen Steinen, aber nach ein paar Versuchen
hat sich der Bügelanker gut zwischen irgendwas verkeilt.

Bilderbuchinseln
im goldenen Dreieck der Karibik

18. Januar 2010 bis 20. Januar 2010

2 Tage 7 Std 14 Min

1,2 %

58 sm

0,5 %

Seemeilen: 6429–6487

Neu! Jetzt mit wasserfestem und tränenresistentem Papier.

Explorer Chartbook »Exumas and Ragged Islands«

Wir sind da. Nach 441,60 Seemeilen machen wir wieder halt. Ich verordne mir zunächst ein Bad, das erste seit vier Tagen (bitter notwendig). Unter dem Einsatz von Schnorchel, Taucherbrille und Flossen überprüfe ich dann den Sitz des Ankers, drehe hier und dort einen Stein um und finde den Ort ganz super. Funkelnd bricht sich das Sonnenlicht im kristallklaren Wasser und zeichnet bunte wirre Muster auf den Grund. Neben M liegt noch eine Yacht. Ein mittelschwer lädiertes Fischerboot liegt vor Anker und ein kleines Fischerboot an der Steinpier. Wenig los hier – genau nach meinem Geschmack. An Bord brutzle ich mir ein Rührei und vertilge dazu zwei Scheiben Toast, die gerade noch als genießbar durchgehen können. Über mein Satellitentelefon setze ich Glückwünsche zum Geburtstag bei meinem Patenonkel ab, schaffe danach Ordnung, mache den Kartenplotter aus, pumpe das Schlauchboot auf und werfe es über Bord, krame ein ordentliches T-Shirt und Shorts aus meinem Seesack, Kamera und Papiere werden eingepackt, Sonnenbrille auf die Nase und ab an Land. Einklarieren, Gebühren zahlen, immer freundlich sein. Aber hier wird es etwas anders werden. Ein paar Hundert Meter zieht sich der Ort entlang der Küstenlinie. Mit dem Dingi lege ich noch einen kleinen Stopp bei der anderen Yacht ein, die gerade vor Anker gegangen ist. Die drei Jungs an Bord stellen sich als Adam, Alan und Matt vor, sind in meinem Alter und wollen mit ihrer hölzernen Ketsch William T. Piquette einmal um die Welt und parallel mit dem Projekt »Eye of the World« ein Bildungsprogramm für die amerikanische Jugend hochziehen. Sehr nett, die Kerle, aber leider müssen sie am Abend schon weiter, sind nur kurz hier, die Formalitäten der Ausreise zu erledigen. Wir verabschieden uns sofort wieder. Schade, Gleichaltrige sind rar in der Welt des Hochseesegelns. Eine Schande. Gleichzeitig ein Umstand, den zu ändern ich nur jedem raten kann: Segelt, erkundet, genießt.

Die werkelnden Fischer grüßen nett. Ich mache kIEYn M an den Reifenfendern fest, die an der Pier an Ketten herunterhängen, klettere hoch und trete meinen Erkundungsspaziergang an. Tausende Conch-Muscheln liegen am Strand. In der Karibik gelten sie als Standardessen, während es nicht erlaubt ist, eine einzige Muschel in die Europäische Union einzuführen – zu respektierende Vorschriften der Genfer Artenschutzbestimmungen oder irgendwelche anderen Regelungen. Millionen kleine Fische sind von den Mauern der Hafenanlagen (wenn man sie so nennen will) aus zu sehen. Eine Frau sitzt in einem kleinen Schrankenwärterhäuschen und guckt Fernsehen. Die Schranke ist geschlossen. Ich frage sie, ob ich mit der Schranke etwas beachten muss, was sie verneint.

»Kümmere dich gar nicht um mich«, sagt sie.

Trotzdem findet sie Zeit, mir zu erklären, dass ich zum Einklarieren die Hauptstraße entlanggehen soll und dann rechts. Hier fährt kein Auto. Die Straßen sind breit, kleine, in pastellrosa, -hellblau und -grün bemalte Häuser säumen den Straßenrand. Alle (ich habe drei Menschen gesehen) gehen hier mitten auf der Straße. Die Gärten wirken ungepflegt, naturbelassen ist wohl die bessere Bezeichnung. Die Wegbeschreibung der Schrankendame führt nicht zu meinem Ziel. Ich frage einen Typen, der mir empfiehlt, an der Kirche vorbeizugehen und dann links, und dann würde ich dort die Zollbehörde finden – »die kannst du gar nicht verfehlen«. Ich folge den Instruktionen und passiere umgeknickte Palmen, eingestürzte Dächer und ein paar Autowracks. Bei einer Art Autowerkstatt frage ich noch einmal nach dem Zoll.

»Du stehst direkt davor, dort auf der anderen Straßenseite.«

Klar! Wie habe ich das übersehen können. Auf einem begrünten Grundstück steht ein weißes Haus mit grau-rotem Dach und einem grünen Treppengeländer. Ein Flaggenmast ohne Flagge steht im Garten, daneben eine alte rote Kanonenhalterung, die ich gern mitgenommen hätte. Auf einem knapp DIN-A4-kleinen Schild steht »Customs« neben der Tür im ersten Stock. Ich trete ein – in die Vergangenheit. An der Wand hängt ein Bild von Königin Elisabeth II. nebst dem Gatten. Die Bilder aller bisherigen Regenten sind in schwarzweiß, die Königin hat (noch) keine Falte im Gesicht. Vis-à-vis macht es sich Prinz Charles in einem schlichten Bilderrahmen gemütlich. Von Diana hatte er zum Zeitpunkt des Fotoshootings sicherlich noch nichts gehört. An der Wand gegenüber vom Tresen hängt noch ein wenig Weihnachtsdekoration, an der Decke kreiselt ein Ventilator, und in den Ecken befinden sich Spinnweben. Die Zollangestellte hat sichtlich Mühe, ihr Hinterteil aus den Stuhlwangen zu ziehen, und kommt mir dann mit einem breiten Grinsen entgegen.

»Willkommen auf den schönsten Inseln der Karibik.«

Das ist aber nett, denke ich. Die erste freundliche Regierungsmitarbeiterin auf dieser Seite des Atlantiks. Das Formular soll ich ausfüllen. Im Preis von 30 Dollar ist auch eine Aufenthaltsgenehmigung für eine Woche enthalten.

»Darf ich nicht länger bei euch bleiben?«

»Du darfst bleiben, so lange du willst – komm bitte einfach wieder, wenn es mehr als eine Woche wird.«

Wer könnte bei dem strahlenden Lächeln nicht bestens gelaunt aus dem Büro treten. Die Stempel auf meinen Unterlagen habe ich bekommen, und auch meinen Reisepass zieren nun Pelikane, Muscheln, Flamingos und der Westindische Türkenkopfkaktus – die Wappensymbole der Turks & Caicos. Wenige Fußminuten später habe ich die Immigrationsbehörde erreicht. Turks & Caicos' Next Topmodel (kein Scherz) sitzt hinter dem Tresen, nimmt meinen Pass und bittet um Geduld, bis ihre Kollegin Zeit für mich haben wird – und riecht dabei ausgesprochen gut. Zeit, mich ein wenig umzusehen. Ich durchstöbere einen Tisch mit Flyern und Broschüren. Auch hier versucht man, die Jugend davon zu überzeugen, dass Alkohol und Drogen nicht gut sind, ungeschützter Sex zu ungewollten Schwangerschaften und Krankheiten führen kann, die Neujahrsfeier-Flyer könnten sie aber mal wegräumen. Doch was steht da? Die Regierung wurde abberufen? Spannend. Von Korruption ist die Rede, von staatseigenen Grundstücken, welche die Minister auf private Rechnung verkauft haben, von einer Abberufung von Premierminister und Parlament und vom Aussetzen der Verfassung, die dem kleinen Land ein Maß an Unabhängigkeit von der großen Insel sichert? Ein Politkrimi. Was man hier nicht alles geboten bekommt. Die letzten Formalitäten sind erledigt, mein Magen knurrt. Ich suche einen Supermarkt auf, der aber eher den Namen Konservenlager verdient.

»Einmal in der Woche kommen frische Lebensmittel mit dem Schiff – das Schiff kommt heute oder morgen. Die frischen Sachen gibt es dann aber nur in dem anderen Supermarkt um die Ecke.«

»Habt ihr frischen Fisch«?

»Nein, wir haben nur gefrorenen. Aber Rick kann dich zum Hafen bringen, die Fischer sind gerade da.«

Ein aufforderndes Winken erreicht den auf einem Stuhl sitzenden Rick, welcher sich langsam in Bewegung setzt. Seine Augen verraten mir, dass er vor ein paar Minuten etwas geraucht haben muss, was in Deutschland unter dem Sammelbegriff »Betäubungsmittel« sub-summiert wird. Wir schlappen gemeinsam runter zum Hafen und kommen ein wenig ins Gespräch. Rick ist ungefähr 20 Jahre alt und lebt in einer anderen Welt als ich. Er hat die Insel noch nie verlassen, und außer dem Fischen ist hier nicht viel zu machen. Arbeit gibt es kaum, und seit Hurrikan Ike im Jahre 2008 fast 95 Prozent der Insel zerstörte, sei man mit dem Wiederaufbau gut beschäftigt. Ob ich unterwegs geangelt habe, möchte er wissen, und welche Fische ich am liebsten esse. Wir erreichen die Fischer, die gerade die Fische ausnehmen, filetieren und portionieren – in Handarbeit. Dabei wird gesungen und gescherzt und, natürlich, der eine oder andere Joint durchgezogen. Da ich keine Ahnung habe, wie die Fische heißen, sage ich, dass ich gern ein Filet hätte, welches nach dem Grillen ein helles und festes Fleisch ergibt.

»Da kann ich dir nur diesen Fisch empfehlen. Der ist zwar hässlich, stinkt beim Grillen, aber ist einer der besten Fische, die du je gegessen hast«, sagt einer der Männer.

Plötzlich fangen alle, auch Rick, an zu schwärmen. Wie man einen Fisch am besten zubereitet, welche Marinade man am besten verwen-det, und wie lange ein Fisch gegrillt werden muss. Die Diskussion geht weiter: Beilagen und Getränke. Ich bin verwundert. Im Alter von 20 Jahren war ich mehr am Essen und weniger an der Zubereitung interessiert. Fünf Dollar tausche ich gegen eine Plastiktüte mit totem Fisch. Auf dem kleinen Fischerboot höre ich ein schweres Klopfen, Strampeln, Poltern.

»Ist das eine Schildkröte?«

»Ja, die schmecken super. Da kann man geniale Suppen draus kochen. Hast du das schon mal gegessen?«

»Nein – was kostet die Schildkröte?«

Die Männer denken nach, gucken etwas ungläubig: »40 Dollar, wieso?«

»Nur so«, entgegne ich.

Seit meiner Kindheit habe ich ein Faible für Schildkröten, diese ruhigen und eleganten friedlichen Schwimmer. Meine Erwartungen an die Karibik sind nicht hoch, aber eine Schildkröte möchte ich gern noch sehen – am liebsten mit einer Schildkröte zusammen schwimmen. Eine Schildkröte hier um ihr Leben strampeln zu hören, macht mich traurig. Helfen kann ich ihr nicht. Soll ich sie kaufen und freilassen, sodass die Einheimischen ihr wieder hinterherjagen? Außerdem ist sie für die Einheimischen hier ein Nahrungsmittel wie die Nordseescholle für uns. Andere Länder, andere Sitten.

Eine weitere Yacht läuft in die Bucht ein. Dort werde ich mal vorbeifahren. Mit dem Lärm eines luftgekühlten Außenborders knattere ich der Yacht mit kanadischer Flagge entgegen. Hoffentlich sprechen die Englisch. Als knapp die Hälfte der Strecke hinter mir liegt, stottert der Motor und geht aus. Ich ziehe an der Anreißschnur, aber nichts passiert. Ein Blick unter den Tankdeckel: gähnende Leere. Na toll. Die Paddel liegen (ist ja nicht weit bis an Land) in der Backskiste, und so bleibt mir nur eins: nämlich mich auf den Bug zu legen und mit beiden Armen zu paddeln. Langsam, ganz langsam komme ich den Kanadiern näher, die bereits mit einer Dose Bier winken. Ein herzlicher Empfang an Bord der Daruma schließt sich an. Wir verabreden uns auf den späteren Abend zu einer Runde Crazy 8, der englischen Version von Mau-Mau.

Dave, der Skipper, schleppt mich mit seinem Beiboot zurück zu M. Dort baue ich meinen Grill auf, bereite ein paar Folienkartoffeln vor und muss feststellen, dass die Locals nicht übertrieben haben, als sie sagten, dass der Fisch sehr stinkt, wenn man ihn grillt. Aber er schmeckt genial. Die Sonne geht bereits unter, als ich mit meiner soeben gekauften, noch leicht kühlen Flasche Bier an Deck sitze und den Sonnenuntergang beobachte. Wenngleich das Reisen mit dem Boot mühsam ist und ich auf den vergangenen 400 Seemeilen nicht immer Spaß hatte, ist es doch ein privilegiertes Leben, welches ich mir in diesen Monaten des Unterwegsseins gönnen darf. In Hamburg würde ich an diesem Abend vielleicht bei irgendeinem Geschäftsessen in einem der netteren Restaurants der Stadt sitzen, einen Gin Tonic als Aperitif zu mir nehmen, eventuell die Melonen-Hummer-Suppe als Vorspeise wählen, dann das Filet Mignon und zum Abschluss das warme Schokoladenküchlein mit dem noch flüssigen Kern nehmen. Ein bis drei Gläser Wein dazu. Hier aber verputze ich den letzten Bissen meines Fisches (fünf Dollar), nehme den letzten Schluck aus der Bierflasche (ein Dollar) und sitze beim Sonnenuntergang auf meiner eigenen Yacht vor Anker bei einer netten Insel (unbezahlbar). Fertig ist die Werbung für eine Kreditkartengesellschaft. Wichtiger jedoch die Erkenntnis, dass es mir hier an nichts fehlt.

Meine Spielrunde für den Abend ist ein witziger Haufen. Wir verstehen uns auf Anhieb. Nur Kartenspielen auf Englisch ist ungewohnt, aber wir kommen klar. Als es schon lange dunkel und auch die Flasche Rum eher leer als voll ist, läuft ein über 100 Meter langes Ding in den Hafen ein. M und die Daruma tauchen abwechselnd ins Scheinwerferlicht. Sind das die versprochenen Lebensmittel für den nächsten Tag, die gerade mit dem Frachtschiff kommen? Ich könnte ein wenig frisches Obst, etwas Nervennahrung und Brot brauchen. Immer her mit den guten Sachen. Rechts, links, rechts, links – hin und her schwenkt das Scheinwerferlicht und lässt die große »Terrasse« am Heck des Katamarans strahlen. Der Captain stoppt seine Schüssel genau zwischen unseren beiden Yachten, dreht das Schiff auf der Stelle, fährt ein wenig rückwärts und lässt unter enormer Geräuschentwicklung die Anker fallen. Lichter aus. Alles wieder ruhig. Dave und ich beraten uns über unsere Weiterreise. Auch die Kanadier wollen via Bahamas in die USA; der Umstand, dass sie schon vor vier Tagen dort hätten sein sollen, scheint sie nicht wirklich zu beunruhigen.

»Unsere Arbeitgeber sind flexibel.«

Als ich am nächsten Morgen aufwache, stelle ich meine Füße in eine Pfütze. Wasser im Schiff. Wo kommt das her? Der erste Verdächtige ist auch gleich der Schuldige. Das See-WC ist in M etwas ungünstig eingebaut. Schließt man die Seeventile nach Gebrauch nicht, läuft das Wasser in die Schüssel zurück – nur leider endet die Oberkante der Schüssel etwa auf Höhe der Wasserlinie, eine kleine Welle dazu, und schon schwappt alles über. Insgesamt klingt das Ganze etwas ekliger, als es in Wirklichkeit ist. Denn es läuft ja nur frisches Seewasser in das Boot. Ich hatte mir den Morgen trotzdem etwas angenehmer vorgestellt, aber beginne brav mit der Arbeit. Die Bodenbretter werden losgeschraubt, und das Wasser wird Eimer für Eimer abgeschöpft. Da ich den Spaß nicht zum ersten Mal mache, geht alles schnell von der Hand, und ruck, zuck ist M wieder trockengelegt. Die letzten Reste sauge ich mit einem Baumwolllappen auf, der dann leider über Bord fällt. Ärgerlich, dass ich ihn nicht mehr zu packen bekomme.

Nach verrichteter Arbeit bleibt nun endlich die Zeit, den Tag so zu gestalten, wie er eigentlich hätte beginnen sollen: mit einem Bad im Atlantik. Alles sieht noch aus wie am Vortag. Die Steine liegen noch auf dem Grund, der Sand ist noch da und auch das kristallklare, vier Meter tiefe Wasser. Doch was ist das? Ein Fisch schwimmt aus knapp 25 Metern Entfernung auf mich zu. Als ich ihn anschaue, stoppt er. Der Mund ist voller Zähne, auf 1,50 Meter Länge schätze ich das Biest. Ist das ein Barrakuda? Können die so lang werden? Sehen die so aus? Ich entscheide mich, lieber die Flucht über die Badeleiter zurück an Bord anzutreten. Wer weiß, was das für ein Kerl ist. Auf einen kleinen blutigen Kampf Mensch gegen Tier bin ich heute Morgen nun wirklich nicht eingestellt. Zehn Minuten werkele ich an Deck herum und springe dann wieder ins Wasser. 15 Meter, direkt vor der Nase, dasselbe Tier – immer noch. Schnell wieder die Leiter hoch. Heute kein Morgenbad mehr. Da segle ich allein über den Atlantik, traue mich aber nicht, mit einem Fisch zu schwimmen – Schisser. Mit klEYn M sammle ich meine Nachbarn ein und fahre mit ihnen an Land. Sie wollen einklarieren, ich will ausklarieren, denn am nächsten Tag will ich weiter nördlich um die Turks & Caicos herum zu den Bahamas.

Die beiden Kanadier sind genau wie ich total begeistert von der Zeitreise auf South Caicos. Unsere Wege trennen sich für ein paar Minuten, denn ich möchte in einem heruntergekommen anmutenden Gebäude das Internet benutzen, um einen Blick auf den aktuellen Wetterbericht zu werfen. Kein Wind. Schon wieder nicht. Es wird also irgendwie auf eine Motorfahrt hinauslaufen. Schade. Meine neuen kanadischen Freunde treffe ich im Supermarkt wieder. Die Locals laden gerade autoweise frische Produkte ab und verstauen sie im Supermarkt. Frisches Obst und Gemüüse landet in meinem Korb. Hier ist alles extrem teuer. Eine Packung Kekse zieht mir 7,15 Dollar aus der Geldbörse. Wie können sich die Einheimischen so etwas leisten? Oder essen die so einen Mist einfach nicht?

Auf dem Weg zurück zum Dingi berichte ich über den ausbleibenden Wind und meine nun anstehende Motorfahrt. Dave schlägt vor, dass ich Kurs über die Caicos Bank nehmen soll, jenes Flachwassergebiet, welches sich über den gesamten Süden der Inselgruppe erstreckt. Mein Einwand, wegen Ms Tiefgang in Gefahr zu sein, stößt bei Dave zwar auf Verständnis, doch schlägt er vor, mit seinem Katamaran (geringer Tiefgang) vorauszulaufen und mich bei Flachstellen zu warnen.

Deal, so machen wir's. Kurz nach dem Mittagessen geht der Anker hoch. Hinter der Daruma verlasse ich South Caicos, biege rechts ab und nach knapp einer Seemeile wieder rechts. Erst soll es nach Six Hills Cay gehen, wo wir die Nacht verbringen wollen. Geschützt hinter der kleinen Insel, die nicht länger als 200 Meter ist, fällt der Anker auf den vier Meter unter der Wasseroberfläche beginnenden Sandgrund. Eine Runde schwimmen, fast schon Routine. Als die Sonne spektakulär über der Caicos Bank versinkt, freue ich mich über diesen urigen Ankerplatz. Eine kleine unbewohnte Insel auf der rechten Seite, South Caicos voraus in neun Seemeilen Entfernung, nach hinten und links Wasser bis zum Horizont, eine Traumlandschaft. Bereits um sieben Uhr wollen wir am nächsten Morgen aufbrechen. Dave und ich stimmen unsere Wegpunkte miteinander ab. Da die Strecke fast 50 Seemeilen lang ist und wir vor Einbruch der Dunkelheit am westlichen Ende der Bank angekommen sein wollen, gehen wir mit dem ersten Tageslicht ankerauf.

Spiegelglatt ist das Wasser und drei Meter tief. Unter Motor und Vollzeug kommen wir bei fast unmerklichem Wind gut voran. M wirft den Schatten ihrer Segel auf den Grund, die Sonne brennt. Das Wasser schimmert helltürkis und glasklar. M scheint über dem Grund zu schweben. Ich stehe mit Handschuhen und einem langärmligen Shirt an Deck, denn meinem Rücken möchte ich zurzeit kein intensives Sonnenbad zumuten. Delfine begleiten uns, und nicht einmal wird es eng mit der Wassertiefe. Bereits um 17 Uhr 30 erreichen wir unseren Ankerplatz am Ende des Riffs. Laut GPS liegen wir mindestens eine Seemeile von der nächsten Insel entfernt. Riffe umgeben diese natürliche Ankerbucht und halten die großen Wellen aus dem Atlantik ab. Trotzdem bolzt M ganz schön in den Wellen, sie zerrt und reißt an ihrer Kette. Alle 80 Fuß habe ich ausgelegt, schwimmend kann ich mich aber davon überzeugen, dass das Zerren meiner Yacht lange nicht beim Anker ankommt. Der sitzt tief und sicher im Grund. Unter Deck mache ich es mir mit Bratkartoffeln (mit vielen Zwiebeln) und einer DVD gemütlich.

Besuch im Anflug

20. Januar 2010 bis 25. Januar 2010

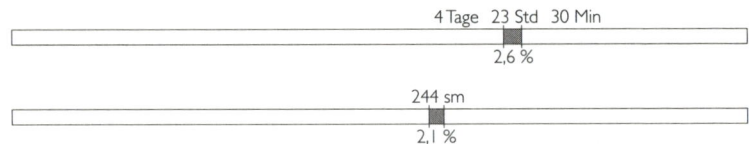

4 Tage   23 Std   30 Min

2,6 %

244 sm

2,1 %

Seemeilen: 6487–6731
durchschn. Geschwindigkeit üG:
Motorstunden:

Deutschlandwetter Januar 2010: Durchschnittstemperatur in °C: −3,6; höchste Temperatur in °C: 8,7 am 18. in Emmendingen und Rheinau (Oberrheintal); niedrigste Temperatur in °C: −24,3 am 27. in Bad Muskau (Neiße). In Erinnerung bleibt: kältester Januar seit 1987, sehr sonnenscheinarm (dritter in der Reihe besonders sonnenscheinarmer Januarmonate seit 1951).

Jahresbericht des Deutschen Wetterdienstes

Die Wege von M und der Daruma trennen sich am nächsten Morgen. Die Nacht über an diesem recht ungeschützten Ankerplatz habe ich gut geschlafen. Als ich mich auf Kanal 68 von den Freunden auf der Daruma verabschiede, bin ich ein wenig traurig. Wir kennen uns zwar erst seit ein paar Tagen, aber hier unter Fahrtenseglern und fernab der Heimat ist man doch ein wenig offener und vertraulicher im Umgang mit Fremden als in der Heimat. Eine – wie ich finde – durchweg positive Eigenschaft, die ich mir an Land hoffentlich weiter bewahren werde.

Fast 250 Seemeilen liegen nun vor mir bis nach Georgetown auf den Bahamas. Der Wind hat aufgefrischt, und so bin ich ordentlich am Ackern, um den Anker hochzuholen, kämpfe um jede Armlänge Kette, um sie der See zu entreißen. Die Segel sind oben, wir machen gute Fahrt. M rauscht durch die relativ ruhige See. Meiner Seekarte kann ich entnehmen, dass es nicht möglich ist, in Georgetown die Einreiseformalitäten zu erledigen. Bis dahin sind es noch mehr als 200 Seemeilen. Ich schreibe meinem Bruder eine SMS mit der Bitte, sich zu erkundigen, ob das wirklich so ist mit der Einklariererei.

Das Segeln wird immer routinierter, das kann ich selbst nach mehr als ein paar Tausend gesegelten Meilen noch feststellen. Insbesondere in das Ankern habe ich inzwischen massives Vertrauen. Das Stromproblem scheint sich nach dem Batteriewechsel und der freundschaftlichen Hilfe von der Skat beruhigt zu haben. Seit Antigua gilt: Wenn Wind, dann auch Strom – und so soll es ja sein. Vielleicht sollte ich mich selbst mal mit dem Thema Strom auseinandersetzen. Muss ich mir Fahrlässigkeit vorwerfen, dass ich ohne Kenntnisse in den Themenbereichen Elektrik und Dieselmotoren aufbrach? Vielleicht, aber egal, bisher habe ich es ja überlebt. Im weiteren Verlauf des Tages erscheine ich alle halbe Stunde an Deck, schifte, drehe am Windpiloten, werfe einen Blick in die Runde. Ich lese in einem Segelbuch aus dem Jahre 2006, dass der Skipper in Georgetown einklarieren konnte. Dann kann ich das im Jahre 2010 sicher auch. Eine »Hat sich erledigt«-SMS tickere ich in die Heimat und lasse es nun drauf ankommen. Gegen 20 Uhr schläft der Wind fast vollständig ein, und ich setze den Motor ein, um ein gewisses Maß an Vortrieb zu gewährleisten. Weit vorn am Horizont ist noch der kanadische Katamaran zu erkennen, wird bald darauf aber von der Dunkelheit verschluckt. Nachts um zwei stelle ich den Motor wieder ab. Ein Windhauch schiebt M mit drei bis vier Knoten zum Ziel. Eine ruhige Nacht ohne Wellen, ganz leise summt der Windgenerator am Heck, und ich liege in der Koje. Wieder einmal habe ich eine CD rausgekramt und lasse mich ganz ruhig in den Schlaf schaukeln. Eine der schönsten Nächte auf See geht viel zu schnell zu Ende.

Am frühen Morgen des zweiten Seetages passiert uns ein Schleppverband von mehr als 200 Metern Länge. Neben der (hässlichen) Zugmaschine erkenne ich noch sechs Bargen, die sie hinter sich herschleppt. Das Etmal ist trotz der unspannenden Wetterverhältnisse mit knapp 105 Seemeilen gerade noch akzeptabel. Inzwischen habe ich die erste zu den Bahamas gehörende Insel, Mayaguana, südlich passiert und die Plana Cays links liegen gelassen. Um 11 Uhr 35 geht der Motor wieder an, um 12 Uhr 45 wieder aus, um 15 Uhr 30 wieder an. Wie kommen diese verfluchten Fliegen an Bord? Verursacher kann eigentlich nur das frische Obst von den Turks sein. Ich mache mich schnell daran, die Äpfel zu vernichten. Ganz weit hinten im Heckwasser, gerade noch zu erkennen, sehe ich ein Segelboot. Gesellschaft, wie unpassend. Schließlich gibt es wenig Schöneres, als den Ozean für sich allein zu haben. Das hat schon praktische Gründe: Keiner da, kein Kollisionsrisiko. Ein Segelboot mit dem Namen Toboggan ruft das Segelboot, »welches rund zwei Meilen südlich der Insel Rum Cay steht«, auf Kanal 16. Das bin ja ich! Ich antworte und erfahre in einem netten halbstündigen Gespräch, dass Nancy und Steven auch auf dem Weg nach Georgetown sind, um dort ihre dreijährige Weltumsegelung zu beenden. Mit einem »wir finden uns in Georgetown« endet das Gespräch. Draußen treiben große Matten aus orangefarbenem Gestrüpp herum, wie an einer Perlenkette aufgereiht ziehen sie eine lange Schnur durch das Wasser. Was das wohl ist? Ist das von irgendwo losgerissen? Lebt das? Um 19 Uhr geht der Motor wieder aus, um 21 Uhr wieder an – der Wind ist sehr unstet.

Aus dem Tagebuch: »Der Wind ist wieder weg. Dann dreht er nördlich. Ich kann die Höhe nicht halten. Ein Kreuzschlag (ausprobiert!) würde direkt nach Süden führen. Inakzeptabel. Der Trecker hilft. Eine Nacht mit Geknatter. Ein toller, tapferer Motor, wenngleich das Motoren nervt.«

Die Sonne hat sich in der Zwischenzeit schon wieder verabschiedet. Unter Deck lese ich mithilfe meiner Grubenlampe in meinem Buch

»Rausch« von John Griesemer. Das Buch kam zu Weihnachten, ein »gelesen in den Bahamas 2010« werde ich in ein paar Wochen hinzufügen. Die Erwartungshaltungen sind hoch, denn schließlich ist es laut Klappentext »genau das, was sein Titel verspricht: ein Rausch. Dieses Buch ist wunderbar. Lesen Sie sich einen Rausch an.« Dann wollen wir mal sehen.

Mit dem ersten Tageslicht erschreckt mich eine Front, die direkt über uns steht. Der Wind hat noch ein wenig nördlicher gedreht und ein wenig zugenommen. Gegen 11 Uhr 15 erreiche ich den Wegpunkt nördlich von Long Island. Ich drehe M vor den Wind und kann den Wegpunkt vor der Einfahrt zum Fahrwasser nach Georgetown anliegen lassen, der Motor darf wieder schweigen. Hunger plagt mich. Auf der Suche nach etwas Essbarem finde ich ein Glas von Omas selbst gemachter Erdbeermarmelade und verschiedene in Plastikfolien eingeschweißte Brotsorten. Jede Scheibe ist ungefähr vier Millimeter dick und so groß wie eine halbe Postkarte. Das Haltbarkeitsdatum ist zwar schon seit zwei Monaten abgelaufen, aber da ich keinen Schimmel erkennen kann, gebe ich ihm eine Chance. Herrlich lecker. Frisch schmeckendes Brot mit Omas Erdbeermarmelade. Die ersten zwei Scheiben Sonnenblumenkernbrot sind schnell verputzt, es folgen zwei Scheiben mit Sesammehrkornbrot, zwei mit Pumpernickel und weitere Sorten, bis die Packung leer ist. Ich fresse. Es ist einfach so herrlich lecker nach dem Toastbrot der vergangenen Wochen. Komisch, dass ich komplett vergessen hatte, dass es diese Vorräte noch an Bord gab.

Das Navigationssystem rechnet vor, dass wir Georgetown bei gleichbleibender Geschwindigkeit gegen 19 Uhr – also im Dunkeln – erreichen werden. Der Segler vorhin am Funkgerät meinte, dass in Georgetown wohl 100 Yachten vor Anker liegen würden und ich auf die Korallenköpfe achten solle. Es scheint also kein guter Plan zu sein, den Zielhafen bei Nacht anzulaufen. Daraufhin suche ich die Westküste Long Islands nach einer Ankerbucht ab und lege fest, dass Galliot Cay diese Nacht einen sicheren Ankergrund bieten wird. Der Wind soll im Laufe des Tages nach Osten drehen, dann ist die Bucht perfekt. Prima, der neue Plan steht.

Gegen 14 Uhr werfe ich den Motor an und steuere zwischen zwei Korallenbänken hindurch auf ein herrliches Ankerfeld mit vier Metern

Wassertiefe zu. Der Anker fällt. Nach 217,70 Seemeilen habe ich die Bahamas erreicht. Unter der Steuerbordsaling wehen die Flagge der Bahamas und die gelbe Q-Flagge. Ich bin froh, hier zu sein. Die Fahrt von den BVI bis zu diesen Inseln war nicht immer einfach. Auch der relative Zeitdruck, in zwei Tagen Besuch zu empfangen, hat den Törn eher zu einem Pflichtstück werden lassen. In der Galliot Cay ankert außer M kein Boot. Mit dem Fernglas suche ich den Strand ab, alle beiden Häuser, die hier stehen, wirken verlassen. Die Fensterläden sind geschlossen, und die Gartenmöbel stehen gestapelt neben dem Haus. Das Wasser ist – mal wieder – einladend kristallklar. Die Sonne ist auch wieder da, und so mache ich mich ohne Badehose auf zu einem kleinen Schnorchelausflug um M herum, sammle ein paar Sanddollar, kontrolliere Propeller und Ruderanlage.

Alles in Ordnung. Unter Deck wartet Arbeit auf mich. Die Unordnung der Überfahrt gilt es zu beseitigen. Für den anstehenden Besuch wische ich einmal über die gesamte Einrichtung, fege und bohnere den Boden und bringe Ordnung in die Bordbibliothek, das Segellager und die Pantry – es soll ja nicht aussehen wie Sau. Im Anschluss bereite ich noch einmal ein leckeres Abendessen zu, indem ich den Bratkartoffeln neben ordentlich Zwiebeln auch eine Extraportion Gewürze gönne (»Junge, du musst doch was essen«). Nach dem Verzehr falle ich ins Fresskoma und wache erst wieder auf, als es schon dunkel ist. Der Wind hat tatsächlich nach Osten gedreht und ist beinahe eingeschlafen. Spiegelglatt breitet sich die Bucht vor uns im Fast-Vollmondlicht aus. Auf dem Grund kann ich die kleinen Sandwellen erkennen, und auch zwei Seesterne machen es sich im Mondschatten von Ms Rumpf gemütlich. Silbrig grau glänzt die Unterwasserlandschaft, die Flaggen hängen reglos am Boot. Ich bin fast gerührt von der Schönheit dieser Stille. Endspurt. Eine der besten Nächte, die ich je vor Anker verbracht habe, geht leider zu Ende. Der Wind hat aufgedreht und weht direkt aus Ostnordost mit geschätzten vier Windstärken. Schnell ist der Anker wieder an Bord. M schlängelt sich durch die Riffeinfahrt und hält direkt auf den Wegpunkt vor Great Exuma zu. Sie pflügt unter dem Parasailor durchs Wasser, dass es eine wahre Freude ist. Blau und weiß schäumt das Wasser, als wir unseren Weg mit mehr als sieben Knoten fortsetzen. Herrliches Segeln unter weißem Tuch. Ich stehe die ganze Zeit am Heckkorb und bekomme Muskelschmerzen vom Grinsen. Die letzten drei Seemeilen vor Georgetown geht es zwischen Great Exuma und vorgelagerten kleinen Inseln durch einen engen Kanal voller Felsen und Korallenköpfe. Etwas mulmig ist mir schon, als wir durch diese Wasserstraße schippern. Aber alles geht gut. Nach nur vier Stunden und 26,20 Seemeilen ankern wir in einer Bucht gegenüber von Georgetown, der Hauptstadt von Great Exuma.

Flaggen hoch, Dingi aufpusten, einen Überblick verschaffen. Meine »Funkbekanntschaft« knattert mit ihrem Beiboot herbei und bietet einen kleinen Plausch an, den ich natürlich nicht ablehne, jedoch schnell feststelle, dass wir uns eigentlich nichts zu sagen haben. Kurze Zeit später bin ich schon auf dem Weg nach Georgetown, denn ich habe kein Bargeld und möchte so schnell wie möglich dagegen etwas tun. Knapp eine Seemeile ist der Kanal breit. Mir erschließt sich nicht sofort, wo ich hier mit meinem Dingi anlanden kann. Kurz entschlossen klopfe ich bei einer schönen Ketsch an und versuche, dort Informationen zu erhalten. Eine fröhliche Frau mit einer tollen Ausstrahlung hilft mir gern bei meiner Suche nach einem Dingi-Dock und einem Geldautomaten weiter, sie kennt den Ort in- und auswendig.

Als ich mit gefülltem Portemonnaie wieder an Bord bin, senkt sich die Sonne bereits wieder. Leider hat die kleine einladende Bar schon geschlossen, und so geht es mit dem Dingi auf die andere Seite der Bucht zu einer Art Restaurant. Dort wird heute ein Quiz gespielt. Mein Interesse an einer Mitspielgelegenheit hält sich in Grenzen, denn schließlich habe ich Hunger. Die Küche bietet an diesem tollen Quizabend lediglich Nachos mit Bolognesesoße an. Es gibt Schlimmeres – und mit einem kleinen Kalik, dem lokalen Bier, lasse ich es mir gut gehen. Der nächste Morgen könnte ein Morgen wie jeder andere sein, aber es ist mein Geburtstag. Ich vollende mein 27. Lebensjahr, und wäre ich schon älter als 80, dann wäre ich genau am richtigen Ort, um ein wenig zurückzublicken. Aber noch geht mein Blick nach vorn, in die Zukunft, an jenem Ort, der so viele Aufgaben bereithält – es ist viel zu tun. Einen Geburtstagsgruß versuche ich, zunächst erfolglos, bei der morgendlichen Ankerquasselrunde über Funk zu erhalten. Diese Konferenz hält die hier ankernde Northern Hero jeden Morgen ab. Es gibt wahnsinnig wichtige Neuigkeiten zu verkünden. Das WLAN-Netz ist immer noch ausgefallen (das ist wirklich schlimm), aber das zuständige Büro kümmert sich bereits darum; in der So-und-so-Bar ist Abendkaraoke (ich hasse Karaoke); das Wetter wird sonnig und trocken (schön), und Peter verkauft eine Ankerwinsch (wen interessiert's?). Diese Funkrunden sind schlimm, bereits auf Saint Martin fand ich diesen Lokalklatsch so furchtbar wie Heuschnupfen. Das Schlimmste an der Funkrunde ist jedoch die Tatsache, dass sich alle zu kennen scheinen, vom »letzten Jahr« berichten und mir so vermitteln, dass sie nicht nur ewig hier ankern, sondern auch jedes Jahr wieder. Erst später erfahre ich, was es heißt, als Amerikaner zum Hochseesegler zu werden.

Meine Agenda für heute ist pickepackevoll. Ich habe eine halbe Tonne Wäsche zu waschen, brauche Lebensmittel und muss abends meinen Besuch vom Flughafen abholen. Ungewöhnlich: Ich habe Geburtstag, und keiner weiß es. Nicht dass ich mir aus meinem Geburtstag viel mache ... Mit kIEYn M knattere ich durch den Kanal nach Georgetown und mache mich auf die Suche nach einer Waschgelegenheit. Wie ausgestorben ist der Ort. Kleine, meist aus Holz oder Blech gebaute Häuser säumen den schlecht geteerten Weg. Neben der Straße geht man auf Sandwegen, ungepflegte Grasflächen enden vor den Eingangstüren der bunten Behausungen. Urig, aber komisch. In meinem Reiseführer habe ich gelesen, dass die Einwohner der Bahamas im Wesentlichen sehr nett sind, die Bewohner Nassaus und Geogetowns würden indes eine Ausnahme bilden. Ob ich mich hier sicher fühlen sollte? Bestimmt, heute ist mein Geburtstag, da tut mir keiner was. Ein Waschsalon ist schnell gefunden, die Wäsche landet in der großen Trommel, und ich finde Platz im Schatten unter dem Baum und suche ein WLAN-Netz, werde sogar fündig. Oh, wie freue ich mich über die E-Mails, die in meinem Postfach liegen. So sehr, dass ich – gar nicht nachrechnend – großzügig alle Gratulanten am Abend zu einem Sundowner an Bord einlade. Kommen wird ja eh keiner.

Während meine Unterhosen eine Umdrehung nach der anderen hinter sich bringen, bleibt mir Zeit, die Einklarierungsformalitäten hinter mich zu bringen. Die Einwanderungsbehörde liegt in der Nähe, jedoch werde ich erst einmal zum Zoll geschickt, welcher am anderen Ende des Ortes liegt. Das ist eine richtige Wanderschaft, denn als ich auf dem Schild an der Tür lese, dass die Behörde erst in einer halben Stunde öffnet, mache ich mich wieder auf den Weg zurück zur Waschmaschine und lade die nasse Ware in den Trockner um. Im Schatten unter einem Baum sitzend, kümmere ich mich dann wieder um ein paar E-Mails – sonst gibt es für mich wenig zu tun. Der Ort scheint noch zu schlafen. Bepackt mit meinen frisch gewaschenen Habseligkeiten trete ich wieder den langen Marsch zum Zoll an. Eine freundliche Beamtin ist doch mittelschwer verwirrt über meinen Namen, denn es bereitet ihr sichtlich Schwierigkeiten, ihn in die hierfür vorgesehene Zeile im Formular zu zwängen; zu lang, zu schwierig, eine für sie höchstwahrscheinlich ungewohnte Buchstabenkombination. Abwechselnd wirft sie den Blick aus ihren großen, dunklen und dezent geschminkten Augen vom Pass zu ihrem Formular, sieht ein »W«, transportiert es auf den Zettel und schiebt den Kugelschreiber schwer drückend über das Formular. Kunstvoll und ordentlich schreibt sie Bootsnamen, Heimathafen und weitere Informationen auf, selbst ein nahezu Blinder könnte die Eintragungen noch lesen, so sehr prägt sie alles mit der Mine des Stiftes in das Papier. Nachdem sie das erste Formular sorgsam ausgefüllt hat, ist das zweite an der Reihe. Eine Fischereierlaubnis gestattet M als ausländischem Fahrzeug, allerlei Meeresfrüchte an Bord zu nehmen. Ausgenommen Schildkröten, aber das ist auch genau richtig so, denn diesen Flossentieren will ich nichts antun. Es dauert wieder ewig, ordentlich reiht sie einen Buchstaben an den anderen, befeuchtet immer wieder angestrengt ihre voluminösen Lippen und holt noch ein drittes Formular aus der Tasche, welches meine Quittung werden wird. 150 Bahamasdollar muss ich für meine Fahrerlaubnis, den Fischereischein und die Quittung bezahlen; ein halbes Vermögen, aber dafür hat sie die im Formular aufgeführten sechs Monate durchgestrichen und mit zwölf ersetzt.

Bei der Einwanderungsbehörde geht es lustiger zu. Dort stehen ein paar Segler in der Schlange und unterhalten sich angeregt mit den Angestellten. Eine freundliche Unterredung, in die ich gleich eingebunden werde. Ruck, zuck ist das Formular ausgefüllt, und auf Seite neun meines Reisepasses prangt nun ein Stempel, der es mir erlaubt, drei Wochen in den Bahamas zu bleiben. Insgesamt stellt die deutsche Bundesdruckerei den ausländischen Behörden bis Seite 31 des Passes ausreichend Raum für ziemlich viele Stempel zur Verfügung. Ob man mit einer Weltumsegelung alle diese Seiten füllen kann?

Als ich wieder an Bord bin, schalte ich das Satellitentelefon ein, um mich nach knapp zwei Minuten zu erschrecken: Es klingelt. Wie auf

Zuruf hatte mein Onkel das perfekte Timing und gratuliert mir zum Geburtstag. Nach unserem Telefonat rufe ich Oma an. Sie möchte mir sicher auch gratulieren, hat es bestimmt schon probiert, oder ihr bereitet die komische Vorwahl des Iridium-Telefons Kopfschmerzen und ein paar Schwierigkeiten. Daher nehme ich ihr die Last ab und melde mich bei ihr. Hörbar erfreut ist sie am Telefon.

»Discover Paradise« steht auf der kleinen Broschüre, die ich in einem engen und sehr zugestellten Baumarkt/Yachtausrüster/Spielwarenladen in Georgetown mitgenommen habe, als ich einen Wasserkanister und eine Gastlandflagge erwarb. Und dieses Paradies wird auf der anderen Seite der Georgetown vorgelagerten Insel wahr. Mit dem Dingi sind es nur ein paar Meter bis an den kleinen Strand. Ein kleiner, sandiger Trampelpfad führt über einen Hügel. Zwischen mittelhohen grünen Pflanzen und vereinzelten Palmen geht es auf die andere Seite. Je näher ich dem Gipfel komme, um über die Kante zu schauen, umso mehr füllt sich der Himmel mit blauer Farbe und gelegentlichen weißen Wolken. Der Atlantik und ein kilometerlanger, breiter, weißer Sandstrand liegen vor mir. Was für ein schönes Bild. Keine Menschenseele ist zu sehen, als ich ein paar Meter nach Norden gehe. Einladend blau und weiß sprudeln die Wellen an den Strand. Ich muss einfach ins Wasser und eine Runde schwimmen. Mangels mitgeführter Badehose absolviere ich den Planschausflug in meiner kurzen Hose und genieße es, mich von den Wellen umwerfen zu lassen. Hier – so nehme ich mir vor – werde ich am Abend noch einmal mit meinem Besuch hingehen, beim Vollmond.

Zu Fuß mache ich mich auf den Weg zum Flughafen.

»Es ist Quatsch, hier Geld für die Fortbewegung auszugeben. Die Leute sind sehr nett, und du kannst einfach per Anhalter fahren. Das mache ich mit meinen Kindern auch«, sagte mir Cherly, die Amerikanerin, die fast jeden Winter in der kleinen Bucht verbringt, in der auch ich derzeit ankere.

Diese Aussage kollidiert nun etwas mit den Angaben in meinem Reiseführer, aber ich werde es mal wieder darauf ankommen lassen müssen – ich bilde mir immer gern ein, dass man einem relativ großen Kerl wie mir so schnell nichts tun wird. Dem ersten Auto, das von hinten angerauscht kommt, recke ich meinen Daumen entgegen. Es ist ein Taxi. Wie verpeilt kann man sein und ein Taxi anhalten? Ich nehme Platz auf den weichen Ledersitzen des Cadillac Escalade, dem schwarzen großen Auto mit den verchromten Felgen und den abgedunkelten Scheiben.

»Ich wollte eigentlich als Anhalter zum Flughafen«, gestehe ich meinem Fahrer.

»Das hat ja super geklappt, jetzt bist du in einem Taxi«, antwortet der Fahrer, der sich mit dem Namen Al vorstellt, in einem unverkennbar ironischen Unterton.

»Was kostet mich die Tour?«

»50 Bahamasdollar, wenn ich dich auch wieder mit zurücknehmen soll.«

»Heute ist mein Geburtstag, sagen wir 30!«

Al lässt sich auf den Deal ein, nachdem ich ihm mit meinem Führerschein beweisen kann, dass heute wirklich mein Geburtstag ist. Als wir knapp eine halbe Stunde vor Ankunft meiner Gäste am Flughafen eintreffen, erfahre ich, dass der Flug bereits eine halbe Stunde Verspätung hat. Al gesellt sich zu den anderen Taxifahrern, und ich gehe in die Flughafenbar, um ein kleines Kalik zu trinken und mir ein paar Gedanken über die anstehenden Wochen zu machen. Wie wird das wohl? Klappt das auch alles? M ist alles andere als ein Raumwunder. Für mich allein ist der Platz bescheiden ausreichend. Aber zu dritt? Das letzte Mal, dass ich eine so lange Zeit zusammen mit meinem Bruder verbracht habe, muss vor meinem Abitur gewesen sein, als wir noch bei unseren Eltern wohnten.

Mein Bruder hat nach der Schule zunächst eine Ausbildung absolviert und sich danach dem Studium der Ingenieurwissenschaften gewidmet. Er ist also eher der Techniker. Ich eher nicht. Ich bin mehr ein Zahlendreher und Schnacker, Kai schweigt lieber. Das war schon immer so. Wenngleich er mit Julia inzwischen zusammenwohnt, muss ich sagen, dass ich sie noch gar nicht wirklich kenne. Wir haben uns hier und da mal gesehen, bei dem ein oder anderen Geburtstag, bei dem ein oder anderen Essen. Fest steht: Wer es mit meinem Bruder aushält, hält es auch mit mir aus. Oder sollte man lieber sagen: Wer es mit mir aushält, hält es auch mit meinem Bruder aus? Variante eins ist im Hinblick auf die Argumentation zumindest zielführender. Wie werden die zwei mit dem Leben an Bord klarkommen? Ich habe mich daran gewöhnt, dass ich Kanister schleppe, um Wasser zu haben, habe mich an ein schmales Bett und das Schaukeln gewöhnt. Ich kenne mich inzwischen aus mit den Unannehmlichkeiten des Segelns, dem Reisen ohne Kühlschrank, ohne Dusche, ohne normale Toilette. Bis zum Abflug stand ich in regem E-Mail-Kontakt mit Julia, die sich hauptsächlich um die Organisation der Reise kümmerte. Sie fragte, ob ich eine normale Steckdose für ihren Fön an Bord hätte. Meine Antwort fiel hinsichtlich der Steckdose positiv aus, wenngleich ich ihr mitteilen musste, dass sie den Fön zu Hause lassen könne, denn so viel Strom haben wir nicht an Bord. Ein kleines Schmunzeln konnte ich mir beim Tippen der Antwort nicht verkneifen. Aber warum sollte das nicht trotzdem ein angenehmer Urlaub werden?

Ich plane, zunächst zwei oder drei Tage in Georgetown zu bleiben und dann erst loszusegeln. Dies ermöglicht meinen Gästen ein Eingewöhnen in das Bordleben, bevor es dann in die Wellen geht. Dort werden wir sehen, wie es um die Seetüchtigkeit der Gäste bestellt ist. Wie das wohl für die beiden ist, hier anzukommen? Als sie ihre Urlaubsreise antraten, lagen die Temperaturen in Deutschland im zweistelligen Minus-Bereich, und nach einem kleinen Zwischenstopp landen sie in der warmen Karibik. Im Gegensatz zu mir haben sie keine langsame Reise angetreten und sich nicht allmählich daran gewöhnen können, in eine andere Welt einzutauchen. Als wir uns das letzte Mal in Bensersiel bei meiner Abreise gesehen haben, hatte ich noch kurze Haare und eine vornehme Büroblässe. Auch wenn bei meinem leichten Rotstich in den Haaren und den Sommersprossen die Vermutung naheliegt, dass ich in der Sonne farblich zu einem gekochten Krustentier passe, bin ich ziemlich braun geworden. Auch hat die Sonne mir die eine oder andere blonde Strähne ins Haar gefärbt. Per E-Mail habe ich meine Gäste immer mal wieder in einem Nebensatz oder in einem unterschwelligen Kommentar darauf hingewiesen, dass sie hier ein einfaches Leben erwartet ...

Barfußland

25. Januar 2010 bis 1. Februar 2010

6 Tage 20 Std 19 Min

3,6 %

73 sm

0,6 %

Seemeilen: 6731–6804

Most days about 9 or 10
Occasionally as early as 7
but some days as late as 12 or 1
We close about 5 or 6
Or maybe about 4 or 5
Some days or afternoons
We aren't here at all
And Lately we've been here about all the time
Except when we're someplace else ...
But we might be here then, too.

Öffnungszeiten der Ocean Cabin auf Little Farmer's Cay

Endlich landet das Flugzeug. Ein Vergleich zu einem internationalen Flughafen fällt hier schwer. Die Passagiere steigen aus und gehen über das Rollfeld zu einem Karren, auf dem das Gepäck liegt. Und da sind die beiden! Sehen aus wie immer. Ich freue mich, dass sie da sind.

»Bist du braun!«, sagt mein Bruder.

»Hast du lange Haare!«, sagt Julia.

Jetzt sollte nur noch jemand erwähnen, dass ich ein paar Kilo leichter und ein paar Muckies schwerer geworden bin, und wir könnten den Tag erfolgreich abschließen. Aber man kann ja nicht alles haben. Im Taxi von Al, der die ganze Zeit am Flughafen gewartet hat, geht es zurück nach Georgetown. Wir schleppen die Koffer über den Schotterplatz vor dem Supermarkt bis zum Dingi-Dock. Ich kann mir nicht verkneifen, lauthals loszulachen, als ich in die zwei müden und verwirrten Gesichter blicke. Drei Personen, zwei riesige Koffer, ein Rucksack und klEYn M! Wie soll das gehen? Aus meinem Rucksack zaubere ich zwei Regenhosen hervor und eine Menge großer Müllsäcke, in denen Koffer, Rucksack und Schuhe verschwinden. Meiner Anweisung, die Hosen so hoch zu ziehen wie möglich, wird Folge geleistet, denn bei der schweren Beladung ist nicht auszuschließen, dass auch einmal eine Welle ins Dingi steigt. Dass auf dem Kanal noch eine ordentliche Welle der gestrigen Front steht, habe ich bisher verschwiegen. Kai beauftrage ich, die Solardusche und den Wasserkanister zu füllen, während Julia schon einmal vorn im Dingi Platz nimmt. Es folgen Koffer, Kai, Kanister und sonstiger Kleinkram. Unterwegs landen einige Liter Wasser an Bord, aber bald kann ich klEYn M am Mutterschiff festknoten und die Gäste an Bord empfangen. Ich bekomme Geschenke, unter anderem einen Haufen Süßigkeiten, denn diese vermisse ich hier in der Karibik schon ein wenig. Es geht doch nichts über eine große Portion Haribo. Wenn ich irgendwann einmal um die Welt segeln sollte, dann werde ich versuchen, Haribo als Sponsor zu gewinnen.

So wirklich Bock haben die beiden nicht mehr, aber ich bestehe darauf, noch etwas essen zu gehen. Ich habe Hunger für uns alle drei. Die Müdigkeit steckt meinen Gästen offensichtlich in den Knochen, Lustlosigkeit steht ihnen ins Gesicht geschrieben. Widerwillig lenken sie ein und rüsten sich zum Ausflug.

»Welche Schuhe zieht man denn hier an? Flipflops?«

»Gar keine, hier ist Barfußland, auch im Restaurant!«

Schon sitzen wir im Dingi und knattern über das schwarze Wasser. Es ist immer wieder faszinierend, wie sich die Welt in der Nacht verwandelt. Der Himmel ist sternenklar, und ein großer runder Mond bemalt mal Ufer, Yachten und Gebäude in grauschwarzem Ton. Während wir essen, setze ich eine E-Mail nach Hause ab, um zu berichten, dass Gäste und Gastgeber sich gefunden haben. Kaltes Kalik steht auf dem Tisch, wir stoßen auf einen schönen Urlaub an. Doch zunächst erregt eine E-Mail von Lyne meine Aufmerksamkeit. Dieser Name ist mir bis zu diesem Zeitpunkt unbekannt, sie stellt sich aber als Frau von Daruma-Tarry vor. Sie habe einen Anruf von der Coast Guard erhalten, in dem diese ihr mitgeteilt habe, dass man erfolglos versuchte, zur Daruma Funkkontakt herzustellen. Nun überlege man, Such- und Rettungsfahrzeuge einzusetzen, denn auch über das Handy kann Lyne ihren Mann zurzeit nicht erreichen. Sie erkundigt sich also, ob ich etwas von den dreien gehört habe. Ich bin überrascht von diesen Neuigkeiten und teile Lyne mit, dass sie sich meiner Meinung nach keine Sorgen machen muss. Das Wetter der letzten Tage war stabil, gefährlicher Schiffsverkehr existiert hier nicht, und aufgrund der recht dürftigen Infrastruktur ist es meines Erachtens nicht verwunderlich, wenn man jemanden auf dem Mobiltelefon nicht erreichen kann. Ich verspreche, mich bei Neuigkeiten sofort zu melden.

Die Laune meiner Gäste steigt. Ein leckeres Bier und ein leckerer Mahimahi sind genug, um die müden Lebensgeister wieder zum Leben zu bringen. Mahimahi hat sich in der Zwischenzeit zu meinem Lieblingsfisch entwickelt, und ich freue mich, dass er gerade heute als »catch of the day« auf der Karte gelandet ist. Wir brechen auf. Kai und ich nehmen noch ein Bier mit auf den Weg und gehen den kleinen Trampelpfad entlang, der auf die andere Seite der Insel führt. Der weiße Strand ist auch im Mondlicht zu erkennen, der Sand ist noch warm, und die Wellen brechen sich silbernweiß am Strand. Die beiden strahlen und ich auch. Das fängt doch gut an.

»Und morgen früh zeige ich euch das alles noch einmal in Farbe!«, verspreche ich.

Die von mir abwechselnd zum Schlafen genutzten Salonkojen an der Steuerbord- und Backbordseite räume ich für meine Gäste und verkrümle mich in die Hundekoje hinter dem Navigationstisch. Dort liege ich, nur durch eine hauchdünne Holzwand von den beiden getrennt, und versuche, mich in einen hart gebetteten Schlaf zu träumen, was nicht gelingt, denn mir gefällt es in dieser Röhre nicht. Ich kann hier nicht schnell aufspringen, falls etwas nicht stimmt, sondern muss mich mühsam aus dem Loch falten und halb über den Navi-Tisch turnend sicheren Halt auf dem Boden finden. Erschwerend kommt noch hinzu, dass ich Niesanfälle bekomme vom Staub, der sich hier angesammelt hat. Schlussendlich fallen mir aber doch die Augen zu.

Als meine Crew am nächsten Morgen im Cockpit Platz nimmt, ist die See türkisblau, der Himmel blau und der Strand weiß. Es wirkt gemütlich hier, ein wenig wie auf einer Postkarte. Ich bin noch ganz Gastgeber und serviere den beiden Arme Ritter. Früher hat Oma die häufiger für uns gemacht. Insbesondere in den Schulferien legte sie Wert auf die Einhaltung der Essenzeiten, die um neun Uhr mit einem Frühstück anfingen; pünktlich um zwölf Uhr stand das Mittagessen auf dem Tisch, um 15 Uhr der Kuchen, und um 18 Uhr gab es Abendessen. Kai und Julia sitzen in der Sonne, lassen sich die in Ei gewendeten und dann in der Pfanne gebratenen Toastscheiben schmecken und trinken dazu Orangensaft aus der Konserve, denn Tetrapack gibt es hier für Säfte nicht.

Wir packen ein paar Sachen zusammen und fahren mit dem Schlauchboot an die Leeseite von Stocking Island, folgen dem Trampelpfad und haben den Strand für uns ganz allein. Wir identifizieren eine rifffreie Stelle im Wasser und schwimmen in der Dünung. Meine noch weißhäutigen Urlauber cremen sich fleißig ein, haben Angst, sich das Fell zu verbrennen – mein Problem ist so etwas nicht mehr. Das Mittagessen gibt es in Form von Burgern mit Pommes im Chat 'n Chill, der Nachmittag wird größtenteils im Cockpit unter dem Sonnensegel verträumt. Schnell vergeht der erste Urlaubstag. Julia befreit ihre Füße vom Sand, während sie auf der Salonkoje sitzt – ein Anlass für den Skipper, die Grundregeln zum Bewohnen seiner Yacht aufzuzählen. Da es insgesamt nicht viele sind, geht das schnell: Sand gehört nicht in die Kabine, und alles, was irgendwie mit dem Segeln zu tun hat (Seekarten, Taschenlampen, Seenotsignale), kann gern angegrabbelt werden, wird dann aber zwingend wieder genau dort verstaut, wo man es hergeholt hat.

Nachdem wir zwei Tage vor Anker vor Stocking Island verbracht haben, entscheiden wir uns, endlich die Erkundung der Exuma-Inselkette anzutreten. Ich stelle Kai an die Pinne und gebe ihm den Auftrag, M aus dem Ankerfeld zu fahren, sobald der Anker wieder an Bord ist. Kai ist kein großer Segler. Wir haben im Jahre 2008 auf Wunsch unserer Eltern einen Segelurlaub mit einer gecharterten Yacht (und mir als unerfahrenem Skipper) in der dänischen Südsee verbracht. Da ich nicht gern am Ruder stand und auch der Meinung war, dass dies keine Aufgabe für den Skipper ist, habe ich diese Tätigkeit immer gern an Kai abgegeben. Er mag so was, und daher muss ich mir keine großen Sorgen machen. Wir motoren durch die enge Passage zwischen Great Exuma und Stocking Island von Tonne zu Tonne entlang zur Öffnung in den Atlantischen Ozean, wo die Dünung uns sofort erfasst. Unter Groß und Genua ist es eine wahre Freude, M beim Stampfen durch die See zu erleben. Zugegeben, so heftig ist es gar nicht, die windarmen Tage haben die Wellen geglättet. Direkt von der Steuerbordseite pustet es uns in die Segel und lässt M mit sechs Knoten davonziehen. Der Duscheimer, der sonst zwischen der Rettungsinsel und dem Handlauf auf dem Deckhaus eingeklemmt ist, wird heute einmal abwechselnd von Kai und Julia festgehalten, bleibt aber zum Glück leer. Aber gut geht es den beiden nicht, sie sehen noch weißer aus als an den Vortagen. Doch was soll ich da machen?

Bereits nach vier Stunden haben wir unser erstes Tagesziel erreicht und lassen unseren Anker in rund 2,30 Meter flaches Wasser fallen. Der Ankerplatz ist ganz angenehm, wenngleich etwas rollig. Meine Gäste kennen nur noch ein Ziel: In das Schlauchboot und an den Strand, dorthin, wo es nicht schaukelt. Als der Hunger uns später am Abend überkommt, hole ich den Grill und das ganze zugehörige Equipment von Bord und bringe es auf die Insel, wo Kai bereits irgendwoher zwei Holzböcke und eine Art Platte organisiert hat und einen Tisch zusammenbaut. Keine schlechte Leistung für eine knapp fußballfeldgroße unbewohnte Insel. Wir lassen uns das Essen ordentlich schmecken, während eine Krabbe am Strand ein Loch buddelt und die Sonne untergeht. Es gibt selbst gemachte Burger, Folienkartoffeln und gegrillte Paprika. Das Essen hat in den letzten zwei Tagen wesentlich an Qualität, Quantität und Regelmäßigkeit zugenommen. Vom Strand aus können wir beobachten, wie M von einer Seite auf die andere rollt, und ich mache mir etwas Sorgen um die bevorstehende Nachtruhe. Zurück an Bord klettern die beiden Landratten sofort in ihre Kojen. Der Ankerplatz ist wirklich keine gute Wahl. Es ist unbequem, von einer Seite auf die andere zu rollen und immer mal wieder gegen die Bootswand zu stoßen. Für mich ist das alles gar nicht so schlimm, denke ich kurz vor dem Einschlafen, ich kenne das, aber bekommen die anderen überhaupt ein Auge zu? Am nächsten Morgen rollen wir immer noch genauso stark wie am Abend zuvor. Jaulend liegen meine Gäste in der Koje, haben Hunger, wollen aber nicht aufstehen. Ich bereite Ameritta, das war unser Kinderwort für die Leibspeise, zu, schneide kleine mundgerechte Happen und serviere sie den Herrschaften ans Bett – ein drolliges Bild, wie sie humorvoll leidend dort liegen.

Anker auf, es geht weiter. In – für M-Verhältnisse – Lichtgeschwindigkeit absolvieren wir 5,72 Seemeilen Strecke über den offenen Atlantik ohne auch nur ein blasses Gesicht an Bord. Am ersten Tag habe ich mir die beruhigenden Worte ausgedacht, dass sich der menschliche Körper nach spätestens drei Tagen an die Bewegungen gewöhnt, und offensichtlich scheint diese Theorie gar nicht so schlecht gewesen zu sein: Den beiden geht es hervorragend. Wir biegen links ab in einen der sogenannten Cuts. Diese Einschnitte zwischen den kleinen Inseln sind die Verbindungen zwischen dem offenen Atlantik mit der Exuma Bank, sie bieten uns die Möglichkeit, hinter den Inseln Schutz zu suchen, um zu ankern. Natürlich hätten wir auch von Beginn an auf der Exuma-Bank-Seite des Atlantiks Kurs nehmen können, aber leider erlaubt mir der Tiefgang von M erst bei Little Farmer's Cay eine Durchfahrt auf die andere Seite der Inselkette. Bis dorthin sind es noch ein paar Meilen.

Der Anker fällt wieder einmal vor einer Postkartenkulisse, einzig der Name der Insel »Rat Cay« passt nicht wirklich in das Bild. Wir schnorcheln, liegen am Strand, erkunden die Insel und stellen fest, dass mit der einsetzenden Flut auch das kleine Riff vor der Insel überspült wird und der Atlantikschwell schnell auch unseren Ankerplatz erreicht. In der Seekarte finden wir einen Ausweg und motoren die 1,50 Seemeilen zu Children's Bay Cay, um dort einen erneuten Ankerversuch zu unternehmen. Dieser Platz ist wunderbar. Mal wieder leistet uns keine weitere Yacht Gesellschaft, und keine Welle stört den ruhigen Abend.

Wir lassen uns einen Salat schmecken und schließen das Abendessen bei Nudeln mit einer Tomaten-Zucchini-Paprika-Zwiebel-Soße ab, Freestyle gekocht von Kai. Den Rest des Abends verbringen wir mit Uno spielen. Julia versucht, uns zu einer Runde Ligretto zu überreden, wir willigen ein und müssen schon bei der zweiten Runde passen, das Spiel ist viel zu anstrengend. Als Kai und Julia die Koje um 21 Uhr aufsuchen, verbringe ich noch ein wenig Zeit an Deck, trinke eine warme Cola und schaue dem Mond zu, der hin und wieder von einer kleinen Wolke verdeckt wird.

Der nächste Morgen begrüßt uns im Bahamas-Style mit türkisfarbenem Wasser, blauem Himmel und Ameritta. Ein verhältnismäßig langes Seestück von fast 25 Seemeilen wartet auf uns. Zunächst geht es unter Motor wieder hinaus aus den kleinen Fahrrinnen zwischen den Cays und durch den Cut hinaus auf den Atlantik. Unter Vollzeug rauscht M durch die Wellen; und auch die Crew bewertet diesen Törn mit dem Prädikat »sehr entspanntes Segeln« – was will ein Skipper mehr? Zügig erreichen wir unser Ziel Little Farmer's Cay und haben das Glück, eine Muringboje direkt vor der Insel belegen zu können. Ein ordentlicher Strom steht hier im Gewässer. So zeigt die Logge noch immer eine Geschwindigkeit von vier Knoten an. In meinem »Explorer Chartbook« (Seekartenbuch für die Bahamas) ist vermerkt, dass es in der Ocean Tavern von Terry WLAN und etwas zu essen gibt. Natürlich gehen wir hin und bauen den Laptop auf, um ein Lebenszeichen in die Heimat skypen.

»Ist das Mama?«, fragt Terry, unser ungefähr 50 Jahre alter und schon graubärtiger dunkelhäutiger Gastgeber in gutem und akzentversehenem Deutsch.

»Ja, das ist Mama.«

»Oh, lass mich mal mit Mama sprechen«, fordert Terry und setzt sich neben mich auf die Bank. »Hallo, Mama, hier ist Terry, wo ist Papa?«

»Hallo, Terry – Papa ist in der Küche.«

»Oh, das ist gut, dann können wir uns ein wenig unterhalten.«

Terry selbst wird von seinen Pflichten aus dem Gespräch gerissen, serviert uns frittierte Conchs und jedem einen Cheeseburger mit Pommes. Erstaunlicherweise sind die Conchs durchaus schmackhaft, man darf sich nur nicht vorstellen, dass sie eigentlich nichts anderes als

Muscheln bewohnende glibberige Tiere sind. Terry und ich tauschen noch eine deutsche Flagge (es ist immer gut, kleine deutsche Gast-landflaggen als Bord zu haben, der Kurs ist so gut wie der von Jägermeister) gegen eine Flagge von Little Farmer's Cay, die ich an Bord unter die Saling knote.

Der nächste Tag führt uns weiter entlang der Exuma-Inselkette. Nach dem Verlassen von Terrys Insel fahren wir einmal um diese herum und segeln dann auf der vor dem Atlantikschwell geschützten Seite nach Nordwesten. Das Wasser ist nur vier bis acht Meter tief, einladend blau und kristallklar. Nach der nun schon mehrere Tage andauernden Schonphase für meine Crew ist es endlich Zeit, sie in das Bordgeschehen einzubinden. Als wir die Ansteuerung zum Black Point Settlement auf Great Guana Cay beginnen, stehen Julia und ich auf dem Vorschiff, Kai an der Pinne. Julia darf das Vorsegel einholen, im Segelsack verstauen und die Schoten ordentlich aufschießen. Sie stellt sich ganz gut an bei der Koordination von schlagendem Segel und Schoten, die ins Wasser zu fallen drohen. Aus der Frau kann man noch eine ordentliche Deckshand machen, denke ich. Der Anker fällt kurze Zeit später an einem wenig besuchten Ort. Als der Wind nur ein paar Minuten später vollständig einschläft und sich die See glättet, ist Ms Ankerkette gut im Wasser zu erkennen. Sie schlängelt sich auf dem Grund, bis sie in der Spiegelung des Himmels auf der Wasseroberfläche verschwindet. Am Abend haben wir Lust auf Pfannkuchen, doch wie macht man die? Über die Satellitentelefonleitung versuche ich, zu Hause Informationen bezüglich der Zubereitung zu erhalten, kann aber mit der Aussage »Mehl, Milch und Eier nach Gefühl mischen« wenig anfangen. Oma, die ich danach befrage und mit bester Stim-mung von meiner Crew grüßen lasse, ist mit ihrem »Frei nach Schnau-ze«-Vorschlag nur wenig hilfreicher. An Land versuchen wir, zunächst den Supermarkt zu finden, um unsere Einkäufe zu erledigen. Leider ist Sonntag, und der Laden hat geschlossen. In der gegenüberliegen-den Bar genießen wir ein Kalik und fragen die Bedienung nach den Öffnungszeiten.

»Wenn ihr was braucht, dann rufe ich eben bei Josie an, die kommt gerne und öffnet für euch.«

Etwas komisch kommt uns das vor, aber nur ein paar Minuten später stehen wir inmitten von Konserven und halb leeren Regalen.

Die Frischwaren bekommt man hier aus einer handelsüblichen Kühltruhe, beschriftet mit »Beef«, »Pork« und »Peas« finden sich in Plastiktüten eingegefrorene Lebensmittel nach Belieben.

Das Frischeregal mit Obst und Gemüse verdient das Prädikat »ungenießbar«. Wir decken uns mit Mehl, Milch sowie Eis ein und treten den Rückweg zum Boot an. Zwei kleine Jungs, die mit ihrer dunklen Hautfarbe und den kontrastreichen gelben und blauen T-Shirts einfach nur niedlich aussehen, ziehen an meinem Arm und wollen mir unbedingt den Rochen zeigen, der gerade vorbeischwimmt. Ein weiterer dieser eleganten Schwimmer begleitet uns auf dem Weg zu M, wir schätzen seinen Durchmesser auf fast zwei Meter. Das Experiment Pfannkuchen gelingt, und mit der überraschend gefundenen Internetverbindung kann ich endlich mal wieder einen Eintrag auf meiner Webseite loswerden: »Die Metamorphose der Segelyacht M. War sie vor ein paar Wochen noch ein zum Meilenfressen ausgelegtes Fahrtenboot, wandelt sie sich so langsam in ein Klubschiff. Nun gibt es Kartenspiele am Abend, jeden Morgen Frühstück, zusätzlich auch gern einmal Mittag- und Abendessen mit mehreren Gängen. Nicht dass sich der Skipper beschweren möchte, das Leben ist nur anders geworden. Schwimmequipment liegt an Bord herum, über die Reling hängen Handtücher sogar während des Segelns. Der Skipper findet, dass das gar nicht geht, kann sich aber wieder einmal nicht durchsetzen. Wie erklärt man einer Crew, dass Getränkedosen auf einem Segelboot nicht offen und halb voll auf dem Tisch herumstehen dürfen, wenn man auf See ist?

Schon am nächsten Tag geht es weiter, immer getreu dem Motto »another day, another bay«. Die Ameritta liegen wohlig im Magen, als der Parasailor gesetzt wird und uns mit guter Fahrt vorbeizieht an kleinsten Inseln und Inselchen. Schon nach 10,80 Seemeilen erreichen wir unser nächstes Ziel, die Marina der Insel Sampson's Cay. Direkt neben einer rund fünf Meter hohen Felsenküste lassen wir den Anker fallen, springen ins Wasser und erschnorcheln das Revier. In der Nachbarschaft befindet sich ein kleines Riff mit bunten Fischen, Hummern und seltsamen gurkenähnlichen Würmern, die sich um die Hälfte ihrer Größe zusammenziehen, wenn man sie anstupst. Hier ist es schön, denke ich und sehe, dass es Kai und Julia auch gefällt. Ich möchte ihnen während ihres Urlaubs zeigen, wie schön das Leben auf einem Segelboot ist. Mich freut es, wenn die Flaggen leise im Wind schlagen. Mich freut es, dass wir schon Rochen und Haie gesehen haben, Delfine und Schildkröten fehlen noch. Mich erfüllt dieser Ort der Ruhe mit Freude, ebenso wie die Tatsache, dass wir hier an Bord von allem so wenig haben. Wenig Raum, wenig Komfort, wenig Annehmlichkeiten, und doch von allem mehr als genug. Ich hoffe, dass diese Botschaft ankommt.

Wir starten mit dem Dingi zur Erkundung der Marina. Sechs Haie schwimmen zwischen den Pfählen der Stege hin und her. Trotz des tollen Wetters und Wassers konzentriere ich mich diesmal besonders darauf, beim Aussteigen aus dem Dingi nicht ins Wasser zu fallen. Die Bebauung um die Marina ist neu. Die Häuser wirken fast solide und bilden einen Kontrast zu den hier sonst üblichen Holzkonstruktionen. Im Inneren des Marina-Büros ist es dank der Klimaanlage bitterkalt. Wir kaufen wieder ein paar Vorräte ein und tauschen ein paar Pringels, eine Nudelsoße, drei kalte Getränke und ein paar M&M gegen viele Dollar ein. Das Bier lassen wir schweren Herzens in der Kühlung, denn 62 Dollar für 24 Flaschen übersteigen auch bei dem günstigen Wechselkurs unsere Schmerzgrenze.

Unser Abendessen kann sich mit einem Salat als Vorspeise und leckeren selbst gemachten Burgern für M-Verhältnisse mal wieder sehen lassen. Auf dem Grill schmoren die Fleischfladen vor sich hin, um dann von der heißhungrigen Crew in Windeseile vertilgt zu werden. Im Kerzenschein geht der Tag mit dem Beschluss zu Ende, dass es hier so nett ist, dass wir noch einen Tag bleiben werden.

Kluburlaub

1. Februar 2010 bis 11. Februar 2010

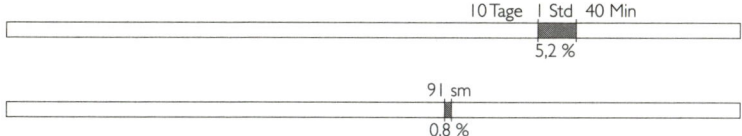

Seemeilen: 6804-6895

Unser Kapitän trägt die Verantwortung für alle Gäste und Crew-Mitglieder, seinen Anordnungen ist daher Folge zu leisten. Gewalt-tätiges, diskriminierendes, grobes oder ausfallendes Verhalten kann nicht toleriert oder akzeptiert werden und daher gegebenen-falls zu einem Verweis von Bord durch den Kapitän führen.

Bordordnung – AIDA Cruises: Für einen entspannten und sicheren Urlaub

Schon früh am Morgen sind alle wach. Es ist hell, es ist warm, ein Sprung über die Reling ersetzt die Morgentoilette. Ms Anker liegt genau mittschiffs neben dem Boot, in der Flaute hat es sich ein paarmal um die Kette gedreht. Wer holt Brot, ist die Frage, die uns drei am meisten beschäftigt. Denn keiner hat Lust, und jeder von uns präsentiert eine Ausrede. Mein Bruder muss gucken, dass der Anker nicht verloren geht; Julia muss sich einen Fingernagel feilen, und ich, ich bin leider unfähig, mir etwas so Blödes einfallen zu lassen, und muss ein frisch gebackenes Toastbrot aus dem Marina-Büro holen. Wir vertrödeln den Tag, machen wenig bis gar nichts, langweilen uns keine Sekunde. Hin und wieder sorgt ein Sprung über Bord für Abkühlung. In den letzten Wochen hat sich eine Vielzahl an Dokumenten und Belegen, Visitenkarten und Prospekten angesammelt, die ich nun in meiner Reisedokumentation ablegen möchte. Seit dem ersten Tag der Reise gibt es für jeden Hafen ein Trennblatt, dahinter die offiziellen Belege der Behörden, dann die Belege des Hafens, dann sonstiger Kram und am Ende die Informationen über Land und Leute. An Bord muss alles seine Ordnung haben. Ich verpasse dem zweiten Ordner ein Rückenschild (alles dabei auf dem Büroschiff), lege dann aber erst einmal eine Schaffenspause ein. Die letzten Seiten von John Griesmers »Rausch« möchte ich auch gern hinter mich bringen. Der Autor hat ein in der Tat wortgewaltiges Buch mit einer sehr interessanten Geschichte über die Verlegung der ersten transatlantischen Telegrafenleitung geschrieben, nur leider erst 100 Seiten zu spät ein Ende gefunden. Julia verbringt ihren Tag wie immer, verschlingt förmlich ihr Buch und zieht am Nachmittag Bilanz über knapp 300 gelesene Seiten: »Gutes Buch.«

Kai hat es weniger gut erwischt an diesem ruhigen Nachmittag. Nach viel Überredungskunst nimmt er sich des Problems in der Elektrik an. Grundsätzlich sind die Erfolgsaussichten nicht hoch, meinen Bruder zur Arbeit zu überreden, wenn er keine Lust hat. Wenn man das Anliegen aber so verpackt, als sei es eine knifflige Aufgabe und eigentlich unlösbar, dann packt man ihn am Ehrgeiz, und er geht mit Tatendrang ans Werk. Glücklicherweise hat er irgendetwas mit Elektrotechnik studiert, und so ist er prädestiniert für das Stromproblem. Seit Antigua hat M zwar neue Batterien, aber irgendwie können auch die den Strom nicht richtig halten. Er guckt also mal hier und mal da,

verfolgt dieses Kabel und jenes. Verlangt nach einem Schraubenzie-
her und einer Taschenlampe, einer helfenden Hand dort und »einmal
den Schalter betätigen da drüben«. Er wühlt sich unter den Brettern
der Koje entlang, verfolgt die schwarzen und roten Adern der Elektrik.
Das Licht muss ich anschalten und wieder ausschalten. Und dann:
ein Wackelkontakt. Mit Bordmitteln wird das Problem fachmännisch
geflickt, von nun an sollte es laufen mit dem Strom. Zur Belohnung
fahren wir an einen Strand. Kai – natürlich – am Außenborder, denn
ich bin ja nur der kleine Bruder. Wir entdecken Fußspuren im Sand,
beschließen, dass das gar nicht geht, der Strand ist gebraucht. Schnell
sitzen wir wieder im Schlauchboot und erreichen keine zwei Minuten
später die nächste Mini-Insel, diese mit unberührtem Strand.

Für den nächsten Morgen habe ich mir etwas ganz Besonderes ausgedacht, um der Aida-Atmosphäre an Bord gerecht zu werden. Tief in
den Abgründen meiner MP3-Bibliothek habe ich das Lied »Mr. Vain«
von Culture Beat ausgegraben. Anker hoch im Takt. Julia steht auf dem
Bug und darf die gesamte Kette und den 16 Kilo schweren Anker an
Deck holen. Sie kämpft tapfer, überlässt mir aber das letzte Stück mit
dem Gewicht des Ankers. Einen Tag später stellt Julia anhand ihres
Muskelkaters fest, dass diese Übung auch zur Straffung des Pos geeignet zu sein scheint. Nur knapp elf Seemeilen später fällt das Grundeisen wieder in den Sand. Vor einer Privatinsel ankern wir, wollen hier
eigentlich nur die Nacht verbringen. Hier ist kein Mensch außer uns.
Mich plagt ein wenig der Zeitdruck, denn bereits am nächsten Tag
soll eine Regenfront über die Bahamas hinwegziehen. Mein Ziel ist es
daher, eine Muring im Muringfeld bei Warderick Wells Cay zu ergattern. Den Abend verbringen wir – wie fast jeden Abend – mit Spielen
wie Uno und Bananagrams und schauen sogar noch zwei Filme, wir
haben schließlich wieder Strom. Auch der nächste Morgen folgt dem
Ritual, es gibt Ameritta. Julia kümmert sich wieder um die Ankerkette,
und schon sind wir auf dem Weg. Ich entdecke einen etwas seltsam
aussehenden Katamaran an Backbord. Noch segeln wir direkt nach
Westen zwischen den Inseln hindurch und können erst in ein paar
Hundert Metern rechts abbiegen. Tatsächlich ist es die Daruma, die
neben uns segelt.

»Die holen wir uns«, ermuntere ich meine Crew, trimme die Segel,
hier noch eine halbe Drehung an der Winsch, dort noch eine viertel

Umdrehung. Zum ersten Mal seit Reisebeginn kümmere ich mich um Feineinstellungen bei Traveller und Holepunkten.

M ist schnell, zeitweise stehen mehr als sieben Knoten auf der Logge. Über Funk nehme ich Kontakt mit Dave auf und freue mich, dass er dasselbe Ziel hat wie wir.

»Wir treffen uns, wenn ihr auch bei dem Muringfeld angekommen seid«, sage ich zu Dave, meine es ernst – denn wir sind im Regattamodus – und sorge bei ihm später am Abend für großes Gelächter. Er hielt es für einen Scherz.

Das Muringfeld von Warderick Wells Cay befindet sich in einer Art Fahrrinne zwischen zwei Inseln. Eine starke Strömung steht uns entgegen, als wir M vorsichtig an den anderen Yachten vorbeischieben. Zwei Leute winken uns aufgeregt zu. Was wollen die? Drei Minuten später steht fest, was sie wollten. Kai hat uns auf Grund gesetzt. Es geht weder vor noch zurück. Ich steige um auf das Dingi, welches wir hinter uns hergeschleppt haben, und wir versuchen erfolglos, M von der Sandbank zu drücken. Kaum zu fassen, dass die Wassertiefe hier innerhalb von einem halben Meter um mehr als dreieinhalb Meter abnimmt – der Bug hat sich vierkant auf den Sand geschoben. Ein anderes Boot leistet uns Schiebehilfe, und schnell sind wir wieder frei. Die Daruma und M dürfen nicht an ihren Murings liegen bleiben, diese sind für Boote unserer Größe nicht geeignet und zudem reserviert. Fast schon außerhalb des Schutzes der beiden Inseln nehmen wir die Leine zur Tonne Nummer drei auf. Hier ist es etwas rauer, aber immer noch sicherer, als vor Anker zu liegen, wenn in den nächsten Tagen die Front mit bis zu sechs Windstärken durchzieht.

An Bord der Daruma lasse ich mich von Dave über seinen Seenotfall aufklären, der keiner war. In einem Anfall von Aktionismus hatte Daves Cousine die Coast Guard angerufen und die Daruma verlustig gemeldet, nur weil sie schon lange keine E-Mail von Dave erhalten hatte. Dumm gelaufen.

Schon am nächsten Tag wird es kälter, der Himmel ist grau und bildet so einen faszinierenden Kontrast zum weiterhin türkisfarbenen Wasser. Für die Nacht zurren wir an Deck alles fest, binden den Eimer mit der Leine an den Handlauf der Kajüte und verbringen den Abend mit viel Strom, Spielen und Musik. Am nächsten Morgen setzt sich das lausige Wetter fort, Julia nimmt das böse Wort »kalt« in den Mund, es regnet den ganzen Tag. Unter Deck futtern wir Kekse, machen Apfelpfannkuchen frei Schnauze und Tortellini mit Ketchup. Ein paar Tage noch können wir es hier aushalten, dann werden so langsam die Lebensmittel, vor allem aber die Wasservorräte zu Ende gehen. M zerrt an ihrer Muringleine, mit jeder Welle geht ein Rucken durch das Schiff. Angenehm ist definitiv anders. Wir spielen unzählige Runden Uno, Stadt-Land-Fluss, verspeisen die letzten Knabbereien und wagen uns abends an eine Dose Corned Beef. Die Konserven lagern seit den Kanaren an Bord – bislang war ich glücklicherweise nicht gezwungen gewesen, eines von diesen Dingern zu öffnen. Die daraus gezauberte Bolognesesoße ist aber gar nicht so schlecht. Im Internet – das können wir hier an Bord empfangen – entdecke ich auf verschiedenen Seiten aufgebrachte Artikel über die Segeleskapaden eines gewissen Herrn Lüchtenborg, der geplant hatte, mit seiner Yacht zweimal einhand und nonstop um die Welt zu segeln. Als ich noch im Büro saß, war ich täglich auf seiner Internetseite gewesen und hatte mich seinen verbalen Orgasmen hingegeben.

Des Lesers Glück ist es, dass er jeden Tag nur ein paar Zeilen online gestellt hat. Bernt Lüchtenborg polarisiert. Ich bin nicht der größte Fan seiner schriftlichen Äußerungen, aber ein Bewunderer der Reisen, die er sich zumindest vorgenommen hat. Der ganzen Geschichte kann ich eine gewisse Komik abgewinnen. Wie bizarr ist es doch, sich in Cuxhaven als werdender Held des Einhand-Langfahrtsegelns feiern zu lassen und gleichzeitig im Hinterkopf schon ein Kreuz vor Norderney in die Seekarte gesetzt zu haben, um dort nachts heimlich die Geliebte an Bord zu nehmen. Und dann segelte er hinaus in die Welt, ging einmal hier in die Marina, einmal dort, räkelte sich samt der Dame in der Sonne und verkaufte sich im Internet als Einhandsegler, der er nicht ist. Als er sich von seiner Yacht vor Neuseeland abbergen lässt, später wieder an Bord geht und schließlich Gran Canaria erreicht, feiert er seine Weltumsegelung, obwohl ihm hierzu einige Seemeilen fehlen, die das Schiff allein treibend oder am Schlepphaken verbrachte. Aber wen kümmert es? Ich beschließe, ab sofort zu kommunizieren, dass ich einhand, nonstop und in einer kleinen Jolle unterwegs sei, die ich rückwärts über den Atlantik gesegelt hätte. Eine neue Meisterleistung, her mit den Auszeichnungen! Wirklich bedenklich ist so ein Betrug leider nur für Leute wie mich, die auf die Unterstützung von Sponsoren angewiesen sind, um sich ihren Segeltraum zu erfüllen. Der von Bernt Lüchtenborg eventuell verursachte Vertrauensschaden ist nicht abschätzbar.

Der nächste Tag ist wieder freundlicher. Wir nutzen die Chance und erkunden die Insel, die als Nationalpark gekennzeichnet ist. Wir erkunden verlassene Strände, interessante Kalkformationen und einen Haufen Treibholz, auf dem viele Segler ihre Yacht-Logos hinterlassen haben. Ähnlich wie auf den Kanaren die Kaimauern besprüht werden, hinterlässt man hier ein Stück Holz auf dem Haufen. Eine schöne, fotogene Idee. Der folgende Morgen begrüßt uns mit einem atemberaubenden Sonnenaufgang. Wie ein rotes Feuer brennt sich die Sonne durch die Wolken und vertreibt sie schließlich. Wir haben unser nächstes Ziel, Highborn Cay, anliegen, welches knapp 30 Seemeilen entfernt ist. Julia setzt die Segel, Kai darf den Windpiloten in Gang bringen, und ich, ja, ich bin einfach nur da. Wenn das Wasser an M vorbeirauscht und es am Heck gurgelt, ist es einfach herrlich, wie schnell die Zeit vergeht. Schon fällt wieder der Anker. Kurze Zeit später sitzen wir im Schlauchboot und machen uns auf den Weg zu dem Laden in der Marina. Wir kaufen etwas frisches Gemüse, Fleisch für Bolognesesoße, zwei kalte Biere und eine kalte Fanta für Julia. Knapp 100 US-Dollar zahlen wir für die zwei Tüten voll Beute – eine Frechheit. Abends schmoren wieder einmal Ameritta in der Pfanne. Wir sitzen draußen im Cockpit, trinken Orangensaft aus einer Zwei-Liter-Konserve und beschließen, hier noch einen Tag zu bleiben, müssen unsere Pläne aber über den Haufen werfen, als sich im Internet mit bunten Pfeilen die nächste Schlechtwetterfront ankündigt. An diesem Ort wären wir Wind und Welle schutzlos ausgeliefert – spontan fällt der Beschluss, sofort nach Nassau zu segeln. Ohne viele Worte absolvieren wir inzwischen die Manöver, und M ist schon bald unter Parasailor auf dem Weg nach New Providence, der Hauptinsel der Bahamas.

»Ist das nicht schön?«, frage ich die Crew.

»Was ist schön?«

»Wir sind endlich einmal richtig auf See, schaut euch um, es ist kein Land zu sehen.«

Ungläubig folgen Kai und Julia meiner Aufforderung und wirken nicht besonders glücklich. Nun denn, da müssen sie durch. Der Wind ist auf unserer Seite, schnell bringen wir die knapp 37 Seemeilen auf die Logge. Unterwegs genießen wir ein weiteres Highlight: Eine Schule Delfine stattet den beiden Urlaubern zum Abschied einen Besuch ab. Als wir in die Passage vor Nassau einlaufen, die New Providence von Paradise Island trennt, verordne ich meinen Gästen das Tragen von Schwimmwesten – man weiß ja nie. Dreimal fahren wir das Ankermanöver, bis das Grundeisen vor der Bar Green Parrot endlich Halt findet. Hier ankern wir zwischen ein paar anderen Yachten in einer Art Industriehafen mit einer hohen Brücke, welche die beiden Inseln miteinander verbindet. Die in der Passage stehende, von den Gezeiten verursachte Strömung ist mir nicht geheuer, und so schlafen wir in dieser Nacht mit aktiviertem Ankeralarm. Hin und wieder werde ich wach und merke, dass Kai aufsteht und einen Blick nach draußen wirft, um die Lage zu kontrollieren. Das gibt mir ein gutes Gefühl.

Zwei Tage haben wir noch zusammen. Diese verbringen wir mit Sightseeing und Souvenirshopping. Nassau hat sonst wenig zu bieten, stellen wir unisono fest. Der letzte Abend wird begleitet von frittierten Conchs, leckeren Burgern und ein paar Flaschen Bier – es ist Heineken-Abend im Green Parrot.

Bahamas Endspurt

11. Februar 2010 bis 20. Februar 2010

9 Tage 4 Std 30 Min

4,8 %

176 sm

1,5 %

Seemeilen: 6895–7071

»M«s Arme Ritter:
Mehrere Eier in einem tiefen Teller mit einer Gabel verquirlen. Toastscheibe von beiden Seiten in der Eimasse wenden und in der Pfanne mit etwas Fett goldgelb braten. Mit ordentlich Zucker bestreuen. Schmeckt am besten, wenn die fertigen Armen Ritter in ganz kleine Stücke geschnitten werden – so wie früher, als man noch klein war.

Mein Besuch ist weg, und ich bin wieder allein. So sehr ich diese Zeit der Mehrsamkeit genossen habe, so sehr bin ich im Nachhinein doch verwundert darüber, dass wir niemanden kennengelernt haben unterwegs. Klar, hier waren auch nicht viele Leute unterwegs, aber irgendwie läuft es allein doch anders, paradoxerweise kommunikativer. Nun nehme ich wieder alle Funktionen wahr, bin wieder Crewmitglied und Maschinist, wieder Koch und zu verwöhnender Gast. Mache ich also das, was ich bisher in den Häfen immer ganz gut konnte: Leute kennenlernen. Das erste Opfer ankert genau neben mir. Ein kleines, leicht heruntergekommenes Segelboot mit einer kanadischen Flagge und einem Totenkopf auf dem Heck. Zwei Jungs, die ich auf mein Alter schätze, turnen an Bord herum. Die sehen nach einem lockeren Umgang aus. Also mal anklopfen. Noch bevor ich den Namen des Skippers erfahre, drückt mir dieser ein Bier in die Hand. Shaun kommt aus Kanada, ebenso wie sein Sandkastenkumpel Neil. Sie sind aus den USA bis hierher gesegelt, um etwas Zeit totzuschlagen, bis ein Freund zu Besuch kommt. Shaun sieht mit seinen kurzen braunen Haaren und dem nach hinten gedrehten Kappi aus wie der typische College-Party-Student, etwas verrucht, mit verschmitztem Gesichtsausdruck, als hätte er immer einen Trumpf in der Hinterhand. Neil passt ebenfalls in das College-Klischee, wenngleich er äußerlich etwas ruhiger wirkt und mit den lässig längeren Haaren und dem Zahnpastawerbelächeln höchstwahrscheinlich überall schnell auf Sympathie stößt. Wir verabreden uns für den nächsten Tag zu einem kleinen Angelausflug auf deren Boot. Um neun Uhr geht es los, um 9 Uhr 01 habe ich das erste Bier in der Hand. Um halb zehn das zweite. Die beiden nehmen keine Gefangenen. 9 Uhr 45 noch ein Bier. Gut, denke ich mir, dass ich etwas mehr als das Notwendigste gefrühstückt habe. Bier Nummer vier gegen zehn Uhr. Wir fahren knapp zwei Seemeilen hinaus, parallel zur Küste, und lassen schließlich den Anker auf 15 Meter Wassertiefe fallen.

»Ist egal, wenn wir etwas rutschen, wir wollen die Position nur grob halten.«

Die Ankerausrüstung ist ein Witz. Ein 35 Kilo schweres, kaum wuchtbares Eisen hängt an einer zehn Millimeter dünnen Kordel. Ich versuche einen Ausflug in die Theorie des Ankerns, verweise auf den Vorteil schwerer langer Ketten, auf waagerechten Zug am Anker und bin überrascht, dass mich zwei interessierte Augenpaare bei den Erklärungen anstarren. Shaun fragt mich nach der Funktionsweise seiner Reffanlage für das Großsegel und bekommt durch meine Hilfe auch die Genuarollanlage wieder zum Laufen. Herrlich, die beiden, ähnlich planlos wie ich zu Beginn meiner Reise. Bei den vielen Fragern und Zweiflern, die es unter den Fahrtenseglern gibt, würden sie nichts als Kopfschütteln ernten. Gut so, Jungs! Während wir uns um das Boot kümmern, steht Neil in der Kajüte und präsentiert dann jedem von uns einen halben Liter Bloody Mary. Nach dem ersten Schluck ist klar, dass in den Kübeln außer Wodka nur Tabasco zu sein scheint. Gut erzogen wie ich bin, trinke ich brav aus – es ist noch nicht einmal Mittag.

An unsere Angeln haben wir elendig stinkende, etwa handlange Köderfische gehakt, und zu meinem Erstaunen beißt sogar Beute an. Neil sitzt im Heck, Shaun an Steuerbord, ich an Backbord. Wir schnacken über alles Mögliche, junge Kerle unterwegs. Das macht Spaß. Zunächst halte ich die Bisse bei Neil für am Grund festgehakte Pannen, aber als er den Köder wieder an Bord hat, sind eindeutig Kratzspuren zu erkennen. Auch ich kann den einen oder anderen Biss vorweisen. Das Zappeln und Rucken, welches man normalerweise an der Angel merkt, fehlte indes vollständig. Es war nur zu merken, dass ein offenbar etwas größeres Tier mit dem Köder spielte, Bewegungen konnten wahrgenommen werden, selten Zucken. Shaun nutzt die Gunst der Stunde und bereitet in den großen Kübeln seine Spezial-Martinis zu. Der Konsum dieses Getränks fühlt sich nicht gut an, und ich bin froh, dass einer der beiden doch irgendwann irgendwoher eine Pizza hervorzaubert. Wortlos fressen wir sie auf.

Noch ein Bier. Erste Wolken zeichnen sich am Himmel ab und nehmen der See ihre blaue Farbe. Die für die Nacht angekündigte schwere Front deutet sich an. Der Wind frischt auf, und wir beschließen, auf jeden Fall vor Sonnenuntergang wieder vor Anker zu liegen. Am späten Nachmittag nehmen wir die Ankerschnur mit dem Riesenhaken wieder an Bord und schießen unter Vollzeug zurück in den Hafen. Den Blicken meiner kanadischen Freunde sehe ich an, dass die Drinks ihnen ganz gut zugesetzt haben. Und daran, dass es mir so schwerfällt, das konzentriert festzustellen, erkenne ich, dass ich voll bis obenhin bin. Ich will ins Bett.

Es ist Nacht. Ankeralarm. Ich stehe auf, mir geht es nicht gut. Ich schaue hinaus, sehe das Dock achteraus (wo es hingehört) und keine Bewegung auf der Logge und auf dem Monitor. Falscher Alarm, weiterschlafen. Ankeralarm. Ich sehe das Dock nicht, springe, nein, torkle an Deck. M liegt um 90 Grad gedreht zu den anderen Yachten. Kurze steile Wellen stehen im Hafenbecken, Gischt liegt auf der See, und Regen prasselt auf mich. Nur die Lichtglocke der Stadt beleuchtet den Hafen. Der Anker ist ausgebrochen, M treibt auf das Betondock zu. Mit der Hand auf der Ankerkette stelle ich fest, dass der Anker über den Grund holpert. Scheiße. Bevor ich irgendetwas unternehmen kann, sehe ich, wie sich die Kette spannt, ein Ruck geht durchs Boot, wirft mich gegen die Reling und dreht M wieder in die richtige Position. Ich zittere, peile ein Objekt an Land, M steht wieder. Den Rest der Nacht schlafe ich unruhig. Mir ist schlecht, ich schrecke regelmäßig auf, kontrolliere den Halt des Ankers, habe Albträume von nicht bestandenen Abiturprüfungen und ausfallenden Milchzähnen. Morgens setze ich mich auf und bin hellwach, wenngleich ich mich elendig fühle. Was für eine Nacht. Ein extra fettiges Frühstück mit Spiegelei, Toast und Schinken soll meine Lebensgeister wecken, doch nach dem Essen stehen mir Schweißperlen auf der Stirn. Ich muss mich wieder hinlegen, nur um ein paar Sekunden später über der Kloschüssel zu hängen und alles wieder auszukotzen. So schlecht ging es mir noch nie. An Deck schnappe ich frische Luft. Als ich erkenne, dass wir des Nachts knapp eine halbe Seemeile gedriftet sind, bekomme ich Panik. Mir wird wieder schlecht. Mutter Natur hat in dieser Nacht die Zähne gefletscht, und ich hätte im Ernstfall nichts unternehmen können. Warum habe ich keinen zweiten Anker ausgelegt? Ich wusste doch, dass eine Front durchzieht. Was hätte ich sturzbetrunken ausrichten können? Hätte ich schnell genug reagieren können? Und falls ja, hätte ich die Situation wieder in den Griff bekommen? Der Schuldige ist schnell gefunden und als »Vol. %« auf vielen Flaschenetiketten präsent. Zum ersten Mal seit Beginn der Reise muss ich mir vorwerfen, einen schweren Fehler gemacht zu haben. Mein Boot und ich waren in Gefahr und ich nicht in der Lage, uns zu retten. Ich könnte mir viele Fehler verzeihen, aber durch Verantwortungslosigkeit das Boot und mich selbst gefährdet zu haben, setzt mir schwer zu. Noch Monate nach der Reise merke ich, wie mein Puls schlagartig ansteigt, wenn ich an diese Nacht denke.

Wo ist meine Brille? Erst nach ein paar Minuten entdecke ich sie im Cockpit neben einem Flipflop von Neil und der Mütze von Shaun. Was war hier denn noch los? Später frühstücken wir drei zusammen Burger mit Pommes im Green Parrot und fügen drei Lückengeschichten zu einer großen zusammen: Als die beiden mich an Bord der M brachten, landete ich angeblich beim Klettern über die Reling halb im Wasser, bestand aber noch darauf, ihnen mein Boot zu zeigen. Auf dem Weg zurück ins Dingi fiel einer der beiden ins Wasser, der andere versuchte zu helfen, und so blieben Schuh und Mütze bei mir an Bord. Unterwegs verreckte noch der Motor des Beibootes, was zu einer weiteren Schwimmübung führte. Geschwächt vom Alkohol, kamen sie aber nicht gegen die Strömung an, sodass schlussendlich das Dingi zum Mutterschiff zurückgeschoben werden musste. Bereinigt um den negativen Zwischenfall mit meinem Anker war es jedoch ein Gelage wie im Bilderbuch.

Den gesamten nächsten Tag über mache ich so gut wie gar nichts, muss mich auskurieren. Am Abend schmiede ich weitere Reisepläne. Es soll von Nassau aus zunächst zu Frazer's Hog Cay gehen und von dort weiter in die USA: Der Zwischenstopp hat einen besonderen Grund. Die nächtliche Rutschaktion sitzt mir schwer in den Knochen, und die nächste Front ist bereits unterwegs. Ich scheue kein Segeln in schweren Windsituationen, aber direkt auf die Nase, im flachen Wasser zwischen Bimini und Nassau und vielleicht noch im Golfstrom, brauche ich das Unwetter nicht. Außerdem verraten mir meine Seekarten, dass es voraus in Frazer's Hog Cay Muringtonnen gibt. Dort möchte ich mich einfach ein paar Nächte festknoten und während der Front sorgenfrei schlafen.

Zu Fuß schlendere ich zum Supermarkt. Ein Laden mit einer großen Auswahl an frischem Gemüse und Obst, mit mehreren Sorten Süßwaren und auch mit weiteren Nützlichkeiten wie Toilettenpapier, Getränkedosen und Zeitschriften. Ich bin der einzige Ausländer und fühle mich hier nicht wohl mit meiner Hautfarbe, kommt es mir doch so vor, als würde man mich beobachten – wie einen Außenseiter. Angenehm ist das nicht. Ich packe lieber schnell meine Sachen ein und mache mich auf den Heimweg. Meine Beute verstaue ich im Rucksack und trample schwer bepackt über eine Abkürzung zum Liegeplatz. Statt der Hauptstraße nehme ich eine Parallelstraße, es ist zwei Uhr nachmittags. Ein schwarzer GMC Yukon – ein klobiger Geländewagen – hält neben mir. Chromfarbene Felgen reflektieren das Sonnenlicht, die getönte Scheibe auf der Fahrerseite sinkt in die Tür.

»Was machst du hier?«, fragt der farbige Fahrer.

»Ich gehe«, entweicht es mir trotzig.

»Steig in den Wagen, ich fahre dich!«

Schon als kleiner Junge habe ich gelernt, dass ich nicht bei Fremden ins Auto steigen soll, und nun scheint es doch sinnig zu sein, an diesem Ratschlag festzuhalten: »Danke, geht schon. Ich habe es nicht mehr weit.«

»Steig ein, ich fahre dich, ich berechne auch nichts. Du solltest hier nicht sein!«

Erst jetzt erkenne ich den großen Taxi-Schriftzug an der Fahrzeugseite und das Taxischild auf dem Dach. Ich steige also ein.

»Ich bringe dich bis runter ans Wasser. Für einen Weißen ist es nicht gut, hier herumzulaufen.«

Und so erfahre ich weiter, dass diese Seitenstraße keine gute Gegend ist. Auch am Tag wurden hier schon Touristen überfallen. Als Taxifahrer nimmt er immer wieder kostenlos Leute mit und setzt sie an ungefährlicheren Ecken wieder ab. Überzeugt bin ich erst, als er erklärt, dass es ihm dabei nicht um Menschenliebe geht, sondern dass schlechte Presse zu weniger Touristen führt und er das in seinem Geldbeutel merken würde. Ich stecke meinem Retter fünf Dollar zu. Er ist sichtlich erfreut. Nassau hat seinen Reiz verloren. Ich mag die Stadt nicht. Ich mag nicht, dass ich mich hier um meine Sicherheit sorgen soll. Noch schlimmer sind Kreuzfahrttouristen, die allmorgendlich aus ihren schwimmenden Hotels ausbrechen und die Stadt leer kaufen.

Frisch verproviantiert nehme ich Reißaus. Ich wuchte knapp 20 Meter Ankerleine und das schwere Eisen aus dem Wasser, verstaue alles notdürftig und sehe zu, dass M aus dem Ankerfeld freikommt. Wir reihen uns ein in den Strom aus Wassertaxen, kleinen Yachten und Behördenfahrzeugen, die zwischen Paradise Island und New Providence durchziehen. Vier Kreuzfahrtriesen liegen im Päckchen dicht nebeneinander, und vor dieser Kulisse wirkt sogar die Pelarus, eine mehr als 100 Meter lange Yacht, wie ein Beiboot. Mein nächstes Ziel liegt direkt voraus und ist mit rund 36 Seemeilen nicht wirklich weit entfernt. Eine alte See steht im Atlantik, hebt und senkt M langsam in ihrem Takt.

Das Logbuch fasst den Tag zusammen: »7.15 Uhr – Anker auf. 8.40 Uhr – 3,1 Knoten – Umdrehen. Wind und Welle auf die Nase, können notwendige Höhe nicht segeln, Strom gegenan, keine Lust zu motoren. 9.50 Uhr – Anker unten, Strecke 7,78 Seemeilen.

16.15 Uhr – 450 Milliliter Öl nachgefüllt.«

Ich beschließe, dem Ganzen am nächsten Tag noch eine Chance zu geben. Dann muss ich auf jeden Fall weg, denn die nächste Front ist im Anmarsch. Der Wind ist schwach, die Segel schlagen gelegentlich, und der Motor hilft beim Schieben. Seit Langem bin ich nicht mehr richtig gesegelt, denke ich, als ich mich mit ein paar Segelsäcken auf das Vorschiff lege, mir die Sonne auf den Bauch scheinen lasse und Frank Schätzings »Der Schwarm« anfange. Wieder so ein dicker Schmöker mit fast 1000 Seiten, ein Geschenk meiner Oma zum Geburtstag. Vorn im Buch, da, wo der Autor seiner Sabina »Liebe, tiefer als der Ozean« gesteht, hat Oma in einer Schrift, wie nur Omas sie haben können, die Worte »Erst wenn man das Ziel erreicht, weiß man, ob sich der Schweiß auszahlt, den man vergossen hat. Deine Oma« eingetragen. Ich freue mich über die Zeilen, schlage die erste Seite auf und lese zum Takt des Tickens der Eieruhr. Rundumblicke, Klingeln der Eieruhr, kleine Kurskorrekturen, lesen, klingelingeling, lesen. Die Überfahrt ist wenig spektakulär.

Meine Papierseekarten für die Bahamas enden hier. Die Details zur Ansteuerung des Berry Island Club auf Frazer's Hog Cay habe ich mir aus den Karten von Neil und Shaun angelesen. Die Muringtonnen werden nach dem First-come-first-serve-Prinzip vergeben. Selbstsicher attestiere ich mir gute Chancen, eine zu bekommen, denn ich sehe nur wenige Boote, als die grüne Fahrwassertonne direkt voraus liegt. Ich fahre einen großen Bogen um die Boje, bin mal wieder im Zwiespalt: Vertrauen auf die digitalen Karten oder auf die Bojen im Wasser? Prinzipiell gewinnen die Bojen, aber laut Seekarte soll hier eine nach der anderen im Wasser liegen. Ich sehe nur drei. Die Karte gewinnt. Stoisch steuere ich M von Hand entlang der eingezeichneten Kurslinie durch das Wasser. Dieses wirkt hier schon wesentlich dreckiger als auf den Exumas; zwar kann ich den Grund erkennen, aber der Bewuchs trübt den klaren Gesamteindruck. An Backbord liegt in knapp 50 Metern Entfernung ein Segelboot an Land. Die Vorsegelrollanlage könnte ich gut gebrauchen, werde für diesen Gedanken aber sofort bestraft und ramme fast eine Boje. 2,30 Meter, 2,15 Meter, 2,50 Meter zeigt das Echolot. Und so bin ich mehr als erleichtert, als die Wassertiefe nahe den Muringtonnen auf knapp vier Meter steigt. Mit dem Bootshaken fische ich nach der freien Leine an einer Tonne, bekomme sie aber nicht zu packen. Um eine andere Yacht herum steuere ich einen Kreis, versuche es erneut und kann das Auge in der Leine wenig später um die Klampe legen.

»Willkommen in der Nachbarschaft!«, ruft es mir entgegen.

Ein Ehepaar, vermutlich in den Sechzigern, kommt mit seinem Dingi näher und begrüßt mich. Das ist aber nett, denke ich und freue mich sehr über die anschließende Einladung auf das Boot meiner Nachbarn. Ich glaube, dass die segelnden Paare sich immer an ihre eigenen Kinder erinnert fühlen, wenn sie mich sehen. Da kommen die Elterngefühle wieder hoch, das Kümmernwollen, nun ja, und ich bin Sohn genug, um mich dieser Fürsorge gern auszusetzen. Ich freue mich auf eine ruhige Nacht, sogar WLAN kann ich von Bord aus empfangen. Es scheint hier ganz gemütlich zu sein, stelle ich fest, als ich bei meinen Nachbarn an Bord sitze, mir von Bill einen Ginger-Ale-Rum-Drink (abscheulich) mischen lasse und von meiner Reise erzähle. Bill und Heidi gehören zu den wenigen amerikanischen Seglern, die sich über lange Etappen freuen und lieber unterwegs sind, anstatt mit Klimaanlage in der Marina zu liegen. Auch lachen sie über ihre Landsleute, die sich der Überzeugung verschrieben haben, dass der Amerikaner nach der Passage Miami–Bimini zum erfahrenen Hochseesegler mutiert ist.

»Das ist ihre Art, Zuneigung zu zeigen«, erklärt Bill, als Heidi plötzlich Häkelnadeln und ein komisches Garn herausholt.

Was wird das denn? Als ich ihr zusehe, wie sie anfängt zu häkeln und den Kreis der Häkelware immer größer werden lässt, muss ich mich förmlich zwingen, mir nicht vorzustellen, wie dies mit der Zuneigung im Detail aussehen könnte. Keine zwei Drinks später präsentiert Heidi stolz eine bunte, platt gedrückte Kugel von der Größe eines Bierdeckels mit dem Namen »Scrubby« und erläutert, dass dies einer der besten Putzschwämme sei, die man an Bord eines Segelbootes haben könne.

»That's right«, pflichtet Bill bei.

Es ist noch früh am Nachmittag, als ich mit dem Dingi an Land fahre. Das kleine Gebäude der Marina erweckt den Eindruck eines gemütlichen Häuschens in den Südstaaten Amerikas. Auf der Veranda haben sich ein paar Gastlieger versammelt und scheinen auf irgendetwas zu warten. Die Runde wirkt nett und sehr entspannt. Hier ist wirklich nichts los, noch nicht einmal das Wasser wirkt wirklich einladend zum Schwimmen. Ich beschließe, sofort nach der Front abzusegeln, in einem Rutsch Richtung Miami. M und ich vermissen bereits das Streckensegeln auf See, wir wollen wieder ein paar Meilen fressen. Während die Front durchzieht, ist es grau, es regnet gelegentlich, aber ich muss nicht um den Halt meines Ankers fürchten. M dreht im Takt der Tide Kreise um ihren Muringball, ein dicker Klotz Zement hält uns am Meeresgrund. Tagsüber lasse ich den Windgenerator Strom machen, damit ich abends einen oder auch zwei Filme auf dem Rechner gucken kann. So verplempere ich den ersten Tag bei frittierten Conch-Muscheln in der Marina-Bar, am zweiten Tag beobachten die Insassen von neun Schlauchbooten, wie zwei schwere Kähne ein an Land liegendes Segelboot wieder in die aufrechte Schwimmposition ziehen. Als ich gefragt werde, ob ich nicht mithelfen könne, muss ich ablehnen. Mir hat einmal ein Seenotretter erzählt, wie einer seiner Kameraden sein Leben verlor, als eine Schleppleine riss – und hier handelt es sich um eine noch nicht einmal zum Abschleppen ausgelegte Festmacherleine.

An Tag drei erst entdecke ich die Dusche am Ende des Stegs. Habe ich zuvor – wie immer – aus meinem Plastikbeutel geduscht, so kann ich nun nach mehr als einem Monat wieder eine halbwegs normale Dusche genießen. Wie ein Gartenhäuschen steht der kleine Holzverschlag neben dem Steg, zwischen den Bodenbrettern sind knapp ein Zentimeter breite Spalten, in denen das Duschwasser einfach auf den Steinboden rauscht und weiter in den Atlantik läuft. Einer der sehr erfahrenen Miami–Bimini-Segler spricht mich auf dem Steg wegen der aktuellen Wetterinformationen an. Er will nach Nassau, aber bei dem Wetter sei es einfach zu rau und zu gefährlich, die Passage anzutreten.

»Welches Wetter?«, frage ich.

Wir haben seit nun knapp einem Tag Nordwind um drei Windstärken, es sollte eigentlich nichts dagegensprechen, die Überfahrt zu wagen, denke ich, liege aber total falsch, wie mir schnell und wortgewandt dargelegt wird.

Neben meinem Verzehr im Restaurant und an der Bar, bei dem ich mich von meinem vorletzten Bahamasdollar (den letzten behalte ich als Souvenir) trenne, lasse ich 95 Dollar für Diesel (30 Bahamasdollar), die Liegegebühren (60 Dollar) und die Waschmaschine an diesem langweiligen, wenn auch netten Ort. Die Wetteraussichten für die kommenden Tage sind bescheiden, denn es ist nur ein schwacher Lufthauch angesagt, es droht sogar eine vollständige Windstille. Ich möchte gern weiter. Um 6 Uhr 15 lasse ich das Ende des Muringballs ins Wasser fallen. Die See ist spiegelglatt, die Sonne geht auf und spiegelt den gelbblauen Himmel zwischen den ankernden Yachten. Ein würdiger Abschied von den Bahamas. Neben der großen Genua weht hin und wieder einmal der Parasailor, aber auch er findet bei dem leichten umlaufenden und immer wieder einschlafenden Wind keinen Stand. Dunst liegt in der Luft, als ich mich nach Westen aufmache, den USA entgegen. Mit rund fünf Knoten tuckert M unter Maschinenhilfe über die lange, flache Sandbank, die sich zwischen Frazer's Hog Cay und Bimini erstreckt. Im Cockpit sitze ich und lese, es ist wenig los auf diesem Seestück, noch nicht einmal eine Welle schaukelt uns.

Die ersten 40 Seemeilen liegen hinter M, als ich die Positionslaternen anstelle und dank des vorhandenen Stroms bis in den frühen Morgen hinein Filme gucke – unterbrochen von kleinen Wacheinheiten an Deck. Dann liege ich wieder in meiner Koje, schaue an die Decke. Ich bin mir fast sicher, dass ich meinen Blick nie so oft an einem Ort ruhen ließ wie an der weißen Decke meines Segelbootes. Dort oben hängt der M-Pappausschnitt, der von der Sprühschablone übrig geblieben ist, dort hängen die von Juliane geschenkte Laterne und der Wäscheklammernkorb. Die Decke ist knapp hoch genug, um aufrecht zu stehen.

Früh morgens, um kurz nach sieben, stehen wir auf 25° 48' N und 079° 31' W, es sind noch knapp 34 Seemeilen bis Miami, erste Anzeichen von Land am Horizont bereits zu erkennen. Mit ein bis zwei Knoten kämpft M den ganzen langen Tag gegen den Golfstrom, der uns kräftig nach Norden drückt. Überspitzt könnte man fast formulieren, dass wir Kuba anliegen lassen, mittelschwer verwirrt bin ich hin und wieder, als ich erkennen kann, wie wir auf dem Plotter direkt auf

Miami zusteuern, Land draußen aber nur querab zu erkennen ist. Es dauert einfach ewig. Ich bin frustriert. Diese kleine Zahl auf der Logge, das Knattern des Motors, die schlapp herunterhängenden Segel. Ich will einfach nur ankommen. Etwas Freude möchte ich mir durch eine vermutlich letzte Seewasserdusche auf dieser Reise bereiten. Als der Eimer an seiner Leine in einem weiten Bogen über Bord fliegt und einer Portugiesischen Galeere, das ist eine Quallenart, auf die Luftblase knallt, breche ich das Projekt sofort ab, mit diesen giftigen Tieren möchte ich mein Badewasser nicht teilen.

Langsam kommt Land in greifbare Nähe, der Golfstrom entlässt uns aus seinen Klauen. Vor der Drei-Meilen-Zone versuche ich, die Coast Guard anzufunken, um sie um Erlaubnis zu bitten, in die US-Gewässer einfahren zu dürfen. Irgendwo habe ich einmal gelesen, dass man das machen soll, es stellt sich aber heraus, dass das totaler Quatsch ist. Meine Funksprüche bleiben unerwidert. Knapp eine halbe Stunde dümple ich an dieser unsichtbaren Grenze herum, dann entscheide ich mich, einfach weiterzufahren.

Es ist 19 Uhr 30, als ich endlich in der Miami-Beach-Marina in den USA festmache. Mario nimmt mir die Leinen ab, der Dockmaster verlangt nach meiner Kreditkarte für die saftige Summe von 160 Dollar pro Nacht. Mein einziger Trost ist der Wechselkurs, der diesen Betrag auf knapp 110 Euro zusammenschmelzen lässt. Über Telefon melde ich mich bei der Einwanderungsbehörde, diktiere dem netten Mann am anderen Ende der Leitung meinen Namen, meine Passnummer, die Nummer des Flaggenzertifikates und noch so manch andere Informationen. Dieser dankt es mir mit einer 15 Ziffern langen Nummer und der Erlaubnis, mich nun einen Tag lang in den USA aufzuhalten, um spätestens am Ende dieser Frist bei den Behörden einklariert zu haben. Burger und mein erstes legales Bier in den USA bilden den Abschluss des Tages, schön, hier mit Mario zu plaudern.

Amerika

20. Februar 2010 bis 5. März 2010

```
                                          I2 Tage  I I Std  29 Min
┌──────────────────────────────────────────────▓▓▓───────────┐
└─────────────────────────────────────────────────────────────┘
                                                  6,5 %

                                    9 sm
┌─────────────────────────────────────┬───────────────────────┐
└─────────────────────────────────────┴───────────────────────┘
                                    0,I %
```

Seemeilen: 7071–7080

An anderem Ort: Schwere Regenfälle auf der Blumeninsel Madeira
führen zu Überschwemmungen und Erdrutschen. Über 40 Menschen sterben. Auch die Marina Quinta do Lorde, in der M vor ein
paar Monaten lag, wird stark beschädigt.

20. Februar 2010

Mit Mario verabrede ich mich am nächsten Tag zum Frühstück. Wir steigen in seinen Jeep Wrangler und cruisen zum berühmten Ocean Drive. Kaum besser könnte es sein, hier in Amerika voranzukommen als mit einem solchen Wagen. Zusammen mit dem Landrover Defender gehört er zu meinen Irgendwann-mal-must-have-Autos. In einer kleinen Bar sitzen wir in der Sonne und lassen uns die Leckereien schmecken. Fast genau vor unserer Nase endet gerade ein 5000-Meter-Lauf, dessen Start wir leider verpassten. Miami Beach ist ein vom Körperkult geprägter Ort, und das lässt sich zweifelsohne an den Menschen erkennen, die alle auf einem Antrags-formular für ein Fitnessstudio posieren könnten. Wirklich schöne Menschen laufen hier herum, sind sich ihres Aussehens wohlbewusst und stellen es auch gern zur Schau.

Später am Tag verschlägt es mich nach Coconut Grove in das Dinner-Key-Mooring-Field. Diese staatliche Marina ist wesentlich erschwinglicher als die Miami Beach Marina. Für M habe ich dort einen der drei Muringbälle reserviert, die in einer Wassertiefe von 2,10 Metern liegen. Viel Spielraum ist da nicht mehr. Um das Muring-feld zu erreichen, geht es auf einen kleinen Törn vor den Hochhaus-ketten Miamis, vorbei am Containerhafen und durch ein enges Fahr-wasser. Mit einem Auge beobachte ich nervös das Echolot, mit dem anderen Auge schaue ich grimmig den Motorbooten entgegen, die für ordentlichen Wellenschlag sorgen. Ein Wellenberg ist nicht schlimm, aber bei Ms Tiefgang kann schon das kleinste Wellental zu einem Holpern führen. Irgendwann wird es mir zu bunt, und ich steuere M mitten ins Fahrwasser, kassiere hin und wieder ein Kopfschütteln von den Motorbootfahrern und muss leicht schmunzeln, als es sich zwei weitere Segelboote direkt in meinem Kielwasser gemütlich machen. Ein enges Fahrwasser führt zur Marina. Das Muringfeld erstreckt sich fast so weit man sehen kann auf unserer linken Seite, insgesamt gibt es hier fast 250 Festmachbojen, von denen aber nicht einmal ein Drit-tel belegt ist. »Meine« Muringtonne 17 liegt in der dritten Reihe, mein Weg an Land ist also nicht allzu weit. Erst beim vierten Versuch gelingt es mir, die Schlaufe aufzunehmen, ein Mann applaudiert, ich komme mir veräppelt vor – egal. Es ist bedeutend kälter geworden, stelle ich fest, als mich klEYn M in die Marina bringt und die Sonne schon lang-sam untergeht.

Ein Typ in meinem Alter hütet das Büro der Verwaltung und ist sichtlich erleichtert, als ich sein Angebot annehme, erst am nächsten Tag einzuchecken. Ich habe Hunger, und so erkundige ich mich nach einem Stadtplan und der Möglichkeit, noch etwas essen zu können. In Deutschland würde ich nie auf die Idee kommen, eine Frage nach der Sicherheitslage zu stellen, aber in Amerika, das habe ich schon bei meinem ersten Besuch in diesem Land gemerkt, ist das eine ganz legitime Erkundigung. Die Gegend hier sei total in Ordnung, erfahre ich, »nur hier in den Projects solltest du dich nicht unbedingt aufhalten«, erklärt er und kreist auf der Karte einen Stadtteil mit seinem Stift ein. Los geht's. Der Ort ist belebt, viele junge Menschen sind unterwegs. An einer Ecke finde ich ein Restaurant der Kette Applebee's – und ich habe eine Schwäche für diesen Laden. Ebenso für Josie, die nette Kellnerin, die mir meinen Eistee und die Chicken Finger Platter on a plate bringt. Wir kommen ein wenig ins Gespräch, ich erzähle und kann ihr ihren Wunsch nicht abschlagen, sie nach Feierabend zu einer Besichtigungstour an Bord mitzunehmen.

Am nächsten Morgen weckt mich das Summen des Windgenerators. Immer wenn die Batterien voll sind, schaltet er sich selbst ab, und der Leerlauf verursacht ein unangenehmes Surren. Ich werfe ein paar Verbraucher an und kann es kaum fassen, im Radio eine Werbung für eine Sonder-Werbeaktion für Brustvergrößerungen zu hören. Für nur 2800 Dollar ist dies bereits möglich, Finanzierung sei gar kein Problem, und die 29 Chirurgen seien schon häufig mit Preisen ausgezeichnet worden ...

Dringend notwendige Hausarbeit steht wieder an. Einen Sack voll Wäsche gilt es zu waschen, das Boot zu fegen, spülen muss ich auch und mich mal wieder um einen Stapel Unterlagen kümmern. Vier Waschmaschinen und vier Trockner befinden sich im Waschsalon der Marina, drei davon werden von ein und derselben Dame benutzt. Ich habe einen Hals. Was fällt der eigentlich ein, hier alles zu blockieren? So was geht einfach gar nicht! Sie ist ja nicht die Einzige hier. Schmollend stehe ich im Türrahmen, einen Fuß auf dem Wäschesack abgestellt. Heather grinst mich an, und schon kann ich ihr kaum noch böse sein.

»Bist du nicht der mit dem blauen Boot und den vielen Flaggen am Vortag?«, fragt sie mich.

Wir unterhalten uns über die Hausarbeit an Bord, das Wäsche-
waschen und in welcher Marina so etwas am besten geht. Wir Wasch-
weiber finden eben immer schnell unsere gemeinsamen Themen. Drei
Stunden verbringen wir zwischen dreckigen Socken, frisch getrock-
neter Wäsche und Viertel-Dollar-Münzen – ein großartiger Spaß an
einem Donnerstagvormittag, was hätten wir Besseres zu tun. Über
Heather lerne ich auch zwei Einhandsegler kennen, die nicht viel älter
sind als ich. Ben und Teresa segeln beide allein und doch zusammen.
Sie sind seit Langem ein Paar, träumten vom Leben auf einem Segelboot, nur sie träumte nicht davon, immer nur als die Frau des Skippers
wahrgenommen zu werden. So beschlossen sie kurzerhand, jeder auf
seinem eigenen Boot gemeinsam und doch allein zu segeln. Schräg,
aber geil. Schnell vergehen die Tage in der Marina. Ich unternehme
ganze Tageswanderungen, um Supermärkte zu finden (Amerika ist
kein Land für Fußgänger), verbringe Abende auf den Yachten und
lerne ein weiteres deutsches Paar kennen, das genau neben mir an
einem Muringball liegt.

Eine angenehm kommunikative Marina habe ich hier gefunden,
und auch der Ort Coconut Grove braucht sich nicht zu verstecken.
Allem Anschein nach wohnen hier nicht die ärmsten Menschen, die
Straßen sind weitläufig, sauber, die Grünanlagen und die Häuser
sehr gepflegt. Ich habe das Gefühl, in einem wohlsituierten Vorort
Miamis gelandet zu sein, einem Vorort, wie es ihn auch um Hamburg
nicht selten gibt. In einem Surfladen habe ich mich in einen knallro-
ten Kapuzenpullover verliebt, auf dessen Rückseite ein weißes Kreuz
und der Schriftzug »Lifeguard« gedruckt sind. Leider ist mir der Spaß
keine 79 Dollar wert – in der Öffentlichkeit tragen kann man den eh
kaum. Höchstens zum Joggen.

Irgendwann in der zwölften Klasse hatte ich mir in den Kopf gesetzt,
dass es eine sinnvolle und sogar notwendige Maßnahme sei, meine
Englischkenntnisse auszubauen. Ich konnte schließlich Hermann,
einen Bekannten der Familie, überzeugen, mich bei sich in Arizona
für eine gewisse Zeit aufzunehmen. Am Ende blieb ich ein halbes Jahr
in der Wüste zwischen Kakteen und Sonnenschein. Es war eine geniale Zeit, in der ich viel gelernt habe, viel gereist bin, viel erlebt und
viel gelebt habe. Ich möchte diese Erinnerungen an meine Zeit in Ami-
land nicht missen und bin Hermann sehr dankbar. Natürlich nutze ich

jetzt die Gelegenheit und buche einen Flug nach Phoenix. Nur rund 200 Dollar muss ich für den Roundtrip auf meine Kreditkarte buchen lassen. Allmählich geht das Reisebudget zu Ende, aber manche Sachen müssen einfach sein. Als ich im Flugzeug sitze, lese ich auf dem Ticket die angegebene Reisedauer – inklusive Umsteigezeiten in Atlanta – von 3 Stunden und 57 Minuten. Die Entfernung nach Phoenix entspricht also ungefähr der Entfernung meiner Atlantiküberquerung.

Hermann holt mich am Flughafen ab, bis vier Uhr morgens sitzen wir im Wohnzimmer bei Cola – wie wir es früher gemacht haben – und schnacken. Seit acht Jahren haben wir uns nicht gesehen, und trotzdem ist es so, als wäre ich erst gestern hier gewesen.

»Wahnsinn, du bist aber erwachsen geworden!«, ist der erste Kommentar seiner Frau, als sie mich sieht.

Ich werde gleich in den Tagesablauf eingespannt und muss mit Leiter und Eimer in den Garten, um Orangen von den Bäumen zu pflücken und anschließend Saft zu machen.

»Du trinkst immer noch keinen Kaffee, was stimmt mit dir nicht, Junge?«

Es ist wirklich wie früher. Auf dem Weg ins Büro schlängeln wir uns durch die Nachbarschaft. Arizona ist ein Wüstenstaat, im Sommer wird es nicht selten wärmer als 45 °C, Regentage habe ich bisher nur drei erlebt. Die Farben der Natur werden von den Häusern und Gebäuden aufgenommen. Palmen säumen die Wege, alles ist sauber. Hermanns Firma ist inzwischen in ein etwas größeres Gebäude umgezogen. Ich begehe mit ihm den Betrieb, hin und wieder treffen wir jemanden, den ich von damals kenne. Die Frau in der Buchhaltung grübelt gerade über ein paar Fragen von deren Wirtschaftsprüfern.

»Dirk, das kannst du doch, hilf ihr mal«, sagt Hermann, und nur ein paar Minuten später fühle ich mich wie in Hamburg bei der Arbeit, nur dass das in T-Shirt und Shorts ein wenig lässiger ist.

Viel zu schnell geht die Zeit vorbei, und bald sitze ich im Flieger nach Miami, jedoch nicht, ohne Hermann zu versprechen, ihn auch einmal mitzunehmen: unter Segeln über den Großen Teich. Die Maschine landet um ein Uhr morgens in Miami. Den Rest des Weges möchte ich mit dem Bus antreten, es ist angenehm warm in dieser Nacht, und es stinkt bestialisch in der Wartehalle vor dem Bushalt. Hier soll ich vier Stunden auf meinen Bus warten? Niemals! Die Entscheidung fällt also auf das Taxi, und bereits um kurz nach zwei bin ich an der Marina, habe aber nichts gewonnen. Ein Service des Dinner-Key-Mooring-Field ist es, ein Wassertaxi fahren zu lassen. Über Funk meldet man sein Abholinteresse an, und zu jeder vollen Stunde legt das Wassertaxi ab, bringt zunächst Yachties an Bord und dann an Land. Leider erst ab sieben Uhr morgens. Was kann ich hier also machen, außer auf der Bank direkt vor dem Wassertaxistand zu schlafen? Knapp eine Stunde liege ich auf der Parkbank herum, kann mich aber mit dem Gedanken, hier die Augen zuzumachen, nicht anfreunden. Plötzlich sehe ich zwei Gestalten an der Pier entlanggehen. Die beiden haben gerade eine neunstündige Autofahrt hinter sich, weil ein Marina-Mitarbeiter sie angerufen hat und mitteilte, dass ihr Segelboot auf der Seite liegt, vermutlich Wassereinbruch. Ein Dingi haben sie am Dingi-Dock liegen, aber keinen Außenborder. Ohne den möchten sie nicht bis zu ihrer Muringtonne irgendwo in den 200ern rudern. Wir drei Verzweifelten schließen uns zusammen und schmieden einen Plan: Wir rudern zu dritt zu meinem Boot, ich gebe ihnen meinen Außenborder, und sie fahren damit zu ihrem Boot. Auf dem Rückweg sollen sie mir den Motor einfach zurückgeben oder mich am nächsten Tag von Bord abholen. Wir paddeln los. Es ist ein schöner Abschluss für meinen Phoenix-Ausflug, und ich bin etwas überrascht über mein Urvertrauen zu diesen beiden Fremden. »Wir helfen uns gegenseitig«, hat mir mal ein Segler gesagt, und genau das tue ich hier. Ich habe noch nie schlechte Erfahrungen mit Fahrtenseglern gemacht und werde auch heute bestimmt nicht damit anfangen. Später werde ich dann aus dem Schlaf gerissen. Ich weiß nicht, wie spät es ist, aber die beiden halten sich in ihrem Dingi an M fest.

»Wir haben kein Wasser im Schiff, nur nicht genug Wasser unterm Kiel – wir fahren nun wieder zurück.«

Wir einigen uns darauf, dass ich mir den Außenborder am nächsten Tag am Dingi-Dock abhole. Vertrauen bewiesen. Zwei Tage werde ich noch hier liegen bleiben und mir die Zeit in meinem neuen Lieblingsbuchladen mit Internetzugang vertreiben. »Bookstore in the Grove« heißt er und ist Treffpunkt für Yachties, die surfen im Internet, lernen oder arbeiten an den runden Tischen. Gelegentlich beobachte ich abends junge Menschen bei ihren Dates, hier werden Bagels und Brownies verkauft. Es ist so gemütlich hier.

Huckepack

5. März 2010 bis 22. März 2010

17 Tage   7 Std   19 Min

9 %

4521 sm

38,5 %

Seemeilen: 7080–11601

Treibstoffkonsum der »Schippersgracht« pro Tag: 40 Tonnen

Treibstoffpreis pro Tonne zum Zeitpunkt der
Abreise in Fort Lauderdale: € 338,36

Summierter Treibstoffkonsum von M und
klEYn M während der ganzen Reise: € 306,12

Schon seit den Bahamas grüble ich über die Rückreise. Im Kopf bin ich M meist schon knapp einen Monat voraus. Ende Februar werden wir auf den Atlantik hinausmüssen. Das klingt nach kalten, stürmischen und auch grauen Tagen. Ob ich M – und vor allem mir – das antun möchte? Auch wenn es meinem (kleinen) Ego etwas gegen das Prinzip geht, nehme ich Kontakt zu verschiedenen Reedereien auf und frage Preise für einen Rücktransport über den Atlantik auf einem Frachter ab. Nicht nur der schlechte Starttermin, sondern auch mein baldiger Wiedereinstieg in das Berufsleben lassen die Frachterfahrt ganz attraktiv wirken.

Nach vielen E-Mails und einigen Telefonaten erklärt sich eine Reederei bereit, M und auch mich mit über den Großen Teich zu nehmen. Es geht alles ganz zack, zack. Im E-Mail-Postfach liegt ein Schreiben der Reederei, welches mich anweist, am angekündigten Abreisetermin pünktlich zur genannten Uhrzeit am Liegeplatz des Frachters zu sein. Eine von mir verschuldete Verspätung würde mit 12 000 Euro ein ordentliches Loch in mein schon strapaziertes Reisebudget reißen. Ich muss mich mit einer Agentur auseinandersetzen, die meine Ausreiseformalitäten klären soll und dafür 250 Dollar berechnen will. Bald bin ich Dauergast an Heathers Handy, denn sie hat eine Flatrate für alle Gespräche innerhalb der USA. Die Kostenstruktur meines hier in den USA erworbenen Mobiltelefons habe ich nicht durchschauen können, ständig ist das Guthaben leer, ständig muss ich neues Geld nachladen – wieso kann das Telefon nicht überall so funktionieren wie in Deutschland? Mit dem geliehenen Telefon am Ohr versuche ich, der Agenturangestellten eine Erklärung zu entlocken, warum ich denn eine Gebühr entrichten muss für das Ausklarieren. Ich habe mein Boot ganz einfach in die USA gebracht, warum kann es denn nicht ebenso einfach wieder hinaus? Auch das verstehe ich nicht. Aber die Dame macht Druck, und ich sehe mich schon eine Überweisung im fünfstelligen Bereich an die Reederei ausfüllen, ohne an Bord des Frachters zu dürfen, also willige ich in alles ein.

Es ist sechs Uhr morgens, als ich meine Siebensachen an Bord zusammensuche, Raureif liegt auf dem Segelkleid, und eigentlich ist es viel zu kalt, um sich auf See zu begeben. Obwohl noch alle schlafen, winke ich zur deutschen Yacht Stardust, zu Heather und ihrem Mann und werfe die Muringleine in das Wasser. Langsam schiebt sich M auf dem Muringfeld hinaus in das Hafenbecken, von dort in das Fahrwasser und weiter – von Boje zu Boje – entlang der Skyline Miamis, unter der Biscayne-Brücke, die ich aus »CSI Miami« kenne, hindurch und entlang den Hafenanlagen. An das Dinner-Key-Mooring-Field der Coconut Grove Marina werde ich gern zurückdenken, hier hat es mir gefallen. Backbords liegt die Miami-Beach-Marina, in der ich meine erste Nacht in den USA verbrachte, es geht hinaus auf die offene See.

Der Wind weht aus Norden, M segelt hoch am Wind, und wir machen Meile um Meile gut. Dank der Ufernähe kann ich mit dem Fernglas Strände und Gebäude absuchen, jedoch nicht genug erkennen, um mir so die gesamte Fahrzeit zu vertreiben. Das wird unser letztes Seestück auf dieser Seite des Atlantiks sein – ob ich hier noch einmal auf eigenem Kiel herkommen werde? Ich fasse den Beschluss, diese Frage mit einem Ja beantworten zu können, zu müssen, zu wollen. So genau weiß ich noch gar nicht, was ich von dieser Frachterfahrt halten soll. Wie wird das wohl auf dem Schiff? Eigentlich würde ich lieber selber segeln und unseren eigenen Weg durch den Nordatlantik erkämpfen, das berühmte ewige Grau des Wassers, des Himmels und der eigenen Stimmung genießen. Doch leider ist die Wetterlage auf dem Atlantik alles andere als segelfreundlich. Die Zeit drängt inzwischen ein wenig, und ich werde schon in Kürze wieder in Anzug und Krawatte – vorzugsweise mit einer ordentlicheren Frisur als der jetzigen – im Büro erwartet, um das nächste Sanierungsgutachten anzufertigen. Mit meinen Gedanken zur Routenplanung habe ich einen deutschen Weltumsegler konsultiert und ihn nach seiner Meinung gefragt. Würde er die Passage mit meinem Boot um diese Zeit machen? M genießt mein volles Vertrauen hinsichtlich Seetüchtigkeit und Zuverlässigkeit, aber sie ist auch verhältnismäßig langsam. Der Weltumsegler äußerte sich vorsichtig, dass er sich dieser Prüfung eher mit einem schnellen Boot stellen würde, das es ermöglicht, einem der häufigen Tiefdruckgebiete auszuweichen.

Nun sind wir auf dem Weg nach Fort Lauderdale, zu unserem großen Schiff. Nach der Hafeneinfahrt geht es rechts ab in den IWC, den Intercoastal Waterway, der sich weit durch die USA zieht. Viele nutzen diese inländische Wasserstraße, um eine Fahrt draußen auf dem Atlantik zu vermeiden. Mich soll der Kurs nur knapp zwei Seemeilen nach Norden führen, und er erstreckt sich entlang den prachtvollen Villen und Häusern, denen das Wort Anwesen besser steht. Nicht selten liegt eine Yacht im Wert von mehreren Millionen Euro direkt vor dem Haus, praller Luxus direkt am Wasser. Sicher missfällt den Anwohnern die Tatsache, dass die Touristen neiderfüllt auf ihre Häuser starren. Huch, fast gerammt, die kleine grüne Tonne steht mitten im Weg, ich gucke schon wieder nur Richtung Land. Nach nur 33,20 Seemeilen finde ich einen Liegeplatz in einer kleinen Marina mit dem netten Namen Las Olas.

»Das hast du nicht zum ersten Mal gemacht«, loben meine Stegnachbarn das Anlegemanöver, als sie helfend die Leinen entgegennehmen.

»Once or twice«, entgegne ich lächelnd und halte mich schon für einen routinierten Skipper.

Die Marina liegt idyllisch direkt unter einer Brücke, ich bilde mir auf dem Weg zum Marina-Büro ein, dass bei jedem passierenden Laster etwas von oben herunterrieselt.

»Wie heißt dein Boot? M?«

»Ja genau.«

»Ich arbeite nun schon seit 42 Jahren im Yachtbusiness, aber so ein Name ist mir noch nicht untergekommen«, meint der Büromitarbeiter.

Mario ist inzwischen auch eingetroffen und verhilft mir mit seiner Boat-US-Karte, welche einen als Mitglied dieser Art ADAC auf dem Wasser ausweist, noch zu einem Rabatt von 25 Prozent auf die ohnehin schon verhältnismäßig günstigen Liegegebühren. Die Sonne scheint, und so beschließen wir, noch ein oder zwei Bier in Strandnähe zu uns zu nehmen, beobachten dabei Collegestudenten beim Waschbrettbauchposen und fernsehtaugliche Blondinen beim Bestaunen ebendieser.

Noch zwei Nächte schlafen, dann beginnt die Rückreise an Bord des Frachters. M wurde von mir eingeseift und abgespült, unter Deck habe ich Ordnung geschaffen und ein paar Sachen zusammengepackt, die ich in meine Kabine (die ich hoffentlich bekomme) mitnehmen möchte. Als das Telefon klingelt, ist Uta von der Reederei Sevenstar am Hörer und sagt, dass ich mich um genau elf Uhr zum Verladen am Dock F einfinden muss, damit M an Bord der Schippersgracht geladen werden kann. Wenig später ruft sie erneut an, nun werde ich doch erst um 14 Uhr verladen. Als es dann so weit ist, bin etwas nervös, denn ich weiß überhaupt nicht, was mich gleich erwartet, und so motore ich M die bereits bekannte Strecke wieder zurück in den Port Everglades, den Hafen von Fort Lauderdale.

Größer hatte ich sie mir vorgestellt, die Schippersgracht. Trotzdem liegt sie massiv und schwer im Hafenbecken, die Motor- und Segelboote wirken klein in ihrer Gegenwart. Die niederländische Flagge weht an ihrem Heck, gleich über dem in weiß gepinselten Namen und dem Heimathafen Amsterdam. Bordeigene weiße Kräne heben gerade ein altes Motorboot an Deck, ein weiteres Motorboot liegt bereits längsseits und wartet auf die Verladung. Schnell erinnere ich mich aus der Vorlesung in Sozialpsychologie an den informativen Gruppeneinfluss und beschließe, es dem vor mir parkenden Motorboot gleichzutun. Doch bevor dieser Liegeplatz frei wird, heißt es für mich erst einmal warten. Und so steuere ich M immer parallel zur Schippersgracht und fahre die gesamte Bootslänge ab, drehe und fahre das ganze Stück wieder zurück, nur um dann wieder von vorn zu beginnen. Wann wird dieses blöde Motorboot nun endlich verladen? Auf dem Fahrwasser direkt neben dem Frachter tummeln sich Wochenendtouristen, die ihrem Boot an diesem Samstag eine Ausfahrt gönnen wollen, die Polizei zieht auch ihre Kreise, und – warum auch immer – ich komme mir beobachtet vor. Nach knapp einer halben Stunde passiert es dann endlich, die Polizei geht längsseits und erkundigt sich nach meinem komischen Verhalten. Ich versuche, dem Mann, der am Maschinengewehr steht, zu erklären, dass dieser Frachter meine Mitfahrgelegenheit nach Hause ist. Sichtlich desinteressiert schaut der Kerl auf die Uhr und gibt mir noch zehn Minuten, um mich dem allgemeinen Verkehrsfluss anzupassen. Nach neun Minuten ziehe ich noch immer meine Kreise, nach elf Minuten guckt eine Seekuh zwischen uns und dem Frachter aus dem Wasser, um in Minute zwölf wieder zu verschwinden. Die Polizei ist immer noch in Sichtweite, doch nun ein Pfiff, ein Winken mit dem Arm, und M wird parallel zur Bordwand manövriert, die Heckleine geht über, dann die Bugleine. Geschätzt rund zehn Personen stehen hoch über mir an Bord und blicken auf das keine blaue Segelboot aus Deutschland herunter. Ein durchtrainierter

Typ mit Pferdeschwanz klettert an Bord, und ein bebauchter Taucher im Neoprenanzug springt ins Wasser, zeitgleich senkt sich das Ladegeschirr am Kranhaken unter jaulenden Geräuschen über mein Boot. Der Taucher zurrt die Trageriemen unter Ms rotem Bauch durch, und schon zieht der Kranführer an, M hebt sich langsam aus dem Wasser. Als wir uns mit dem Deck des Frachters auf Augenhöhe befinden, muss ich übersteigen, Kapitän Rene Bosma stellt sich vor und schüttelt mir die Hand. Er ist ein sympathischer Mann, vielleicht Anfang 40, und strahlt genau die Ruhe aus, wie ich es mir bei einem Kapitän vorstelle. Er wirkt zurückhaltend, wenngleich sich alle regelmäßig zu ihm umsehen und so unmissverständlich zu erkennen geben, dass er hier der Boss ist. M schwebt im hohen Bogen über unsere Köpfe hinweg und findet ihren Platz mitten auf dem Ladedeck.

»Captain, kann dein Boot auf dem eigenen Kiel stehen?«, fragt mich der Lademeister.

»Ja, es kann«, entgegne ich und sehe bereits, dass der Kapitän mit einem Grinsen auf dem Gesicht bereitsteht, um die Situation zu klären. »Ein Schiff hat einen Kapitän, ein Boot hat einen Skipper.«

Lektion gelernt, ich mag den Kapitän. Während die Crew einige Stahlblöcke an den Kiel legt und diese dann an Deck festschweißt, zehn Gurte zu allen Seiten spannt und M so wie eine Spinne in der Mitte eines Netzes fixiert, bin ich damit beschäftigt, das ganze Geschehen in unzähligen Bildern festzuhalten – wie spannend das hier doch alles ist. Ich merke, dass ich richtig aufgeregt bin. Was passiert als Nächstes? Und eine ganze Liste von Fragen sammelt sich in meinem Kopf. Wie ich den Kapitän in den ersten paar Minuten kennengelernt habe, scheint er der Richtige zu sein, um sie alle zu beantworten. Die Crew macht eine Kaffeepause, nachdem M – das letzte zu verladende Boot – ihren Platz an Deck gefunden hat. Ich bekomme die Erlaubnis, an Deck zu klettern, und suche meine beiden Seesäcke, meine Laptoptasche und ein paar Seekarten zusammen, um in den Wohnturm umzuziehen. 169 Meter – so lerne ich später – ist die Schippersgracht lang. Ein im Jahr 2001 in Dienst gestellter Mehrzweckfrachter, der unter niederländischer Flagge die Weltmeere bereist. Ich riskiere einen Blick in die Runde. Wir stehen annähernd in der Mitte des Ladedecks, welches aus riesigen metallischen Deckeln besteht, die die unteren Laderäume verschließen. An der Steuerbordseite ragen zwei hohe eckige Gebilde aus der Bordwand, deren Funktion ich zunächst nicht einordnen kann. Ein Kran ruht auf diesen beiden Säulen, zwei weitere befinden sich auf der Backbordseite. Beim Blick nach vorn schaue ich in einiger Entfernung auf eine Wand: ein Wellenbrecher, hinter dem noch eine weitere Segelyacht aufgestellt ist. Die Gastlandflagge der USA weht am Flaggenmast, auf der anderen Seite weht die Flagge der Reederei. Vier moderne weiße Motoryachten zähle ich an Deck, die eine Segelyacht weiter vorn und noch eine alte hölzerne Yacht aus den 1920er-Jahren befinden sich ebenfalls im Netz der Spanngurte.

»I can show you your cabin«, bietet mir ein drolliger älterer Mann mit zerzaustem Vollbart, wild hin und her fliegenden Haaren und breitem holländischen Akzent seine Lotsendienste an.

Ich akzeptiere gern, schultere meine Siebensachen und lasse M ohne Flaggen und ohne Stander zurück. Die Rettungsinsel, der Bootshaken, der Schrubber, die Kanister – alles unter Deck. Wir gehen über die Ladeluken, unter denen normalerweise Papier, Chinaclay, Container, große Stahlteile, Silos, gern auch mal Militärequipment und sonstiges Gut um die Welt gebracht werden. Es geht unter der Wellenanlage einer der Motoryachten hindurch, eine Treppe runter und hinein in den weißen Wohnturm, der auf das Heck des Frachters aufgesetzt ist. Unterwegs stellt sich mein Begleiter als Will vor, er ist der Erste Offizier. Zusammen stehen wir vor einer verschlossenen Tür, die man mit einem PIN-Code öffnen kann. Als mein Lotse mir den Code verrät, erläutert er, dass es vorgeschrieben sei, im Hafen jeden Zugang zum Inneren des Schiffs verschlossen zu halten – wegen der Piraten. Es geht die Treppen hinauf, Stockwerk um Stockwerk. Es gibt ein Deck für die Matrosen, ein Deck für die Ingenieure und ein Deck für die nautischen Offiziere. Wir gehen noch weiter hoch und biegen erst am Ende der Treppe auf das Captain's Deck ab. Will öffnet die Tür mit der Aufschrift »Lotse« und präsentiert mir mein Reich, welches den Charme einer Jugendherberge verströmt. Ein Etagenbett befindet sich auf der linken Seite; vor dem großen Fenster, welches den Blick nach vorn ermöglicht, steht ein Schreibtisch, ein einfacher Schrank steht in der Ecke, daneben ein kleiner Kühlschrank. Hinter einer Tür verbirgt sich mein Bad. Nicht groß, aber funktional, mit einem Duft, den ich aus den Marinas in Schottland kenne. Jetzt werde ich ein richtiger Seefahrer. Es klopft, Igor und Juri, zwei Jungs in meinem Alter, kommen herein. Der eine trägt einen Stapel Bettwäsche und Handtücher, der andere hat zwei Paletten mit Getränkedosen auf dem Arm – für meinen Kühlschrank, wie nett. Ich habe noch Zeit, die Cola, Fanta und Bierdosen in die Kühlung zu legen, bevor es pünktlich um 18 Uhr zum Abendessen geht.

In der Messe sitzen Filipinos an einem großen Tisch und unterbrechen ihre Reiszufuhr, als ich eintrete. Zwei weitere Tische sind besetzt. An einem erkenne ich Igor und Juri wieder, am anderen sitzt der Kapitän und winkt mich zu sich. Zusammen mit dem Kapitän, dem Ersten Offizier und dem Chefingenieur Steve mache ich mich über das Abendessen her, welches zu meiner Freude sehr europäisch ist. Es gibt Kakao von meiner Lieblingsmarke mit dem Hasen, Brot und – das ist der Hammer – Hagelslag. Letzteres habe ich das erste Mal bei einer Schulung in den Niederlanden kennen- und lieben gelernt. Eigentlich ist es nichts anderes als Schokoladenstreusel, die auf Brot gestreut werden. Ein Festessen.

Die Führungsriege um den Kapitän ist holländisch und witzig. Wir haben viel Spaß beim Essen, schwenken bei Vokabelproblemen zeitweise ins Holländische, welches ich glücklicherweise etwas verstehen kann. Nach meinem zweiten Glas Kakao (immer kalt) lässt mich der Kapitän wissen, dass wir in einer Stunde auslaufen werden und ich das Geschehen am besten von der Brücke aus verfolgen könne.

»Komm einfach mit.«

Auf der Brücke angekommen, bin ich zunächst erschrocken. Wo sind die Monitore? Wo sind die Computer? Wo die technischen Spielereien? Es sieht aus wie in der technischen Schaltzentrale eines Unternehmens aus den 1980er-Jahren. Eine Papierseekarte liegt auf dem Kartentisch, davor befindet sich ein kleines GPS. Viele Knöpfe übersäen die mittlere Konsole, die knapp acht Meter lang ist und auf der neben zwei Monitoren für das Radar auch das kleine Steuerrad untergebracht ist. Plötzlich geht ein Geräusch durch das Schiff.

»Oh, ist das der Motor?«, frage ich.

»Nein, das ist der Kompressor, den wir brauchen, um den Motor anzulassen. Es ist nicht zu überhören, wenn der Motor startet«, erklärt Will.

Nur ein paar Sekunden später weiß ich, wovon er spricht. Ein schweres Nageln ertönt, das ganze Schiff vibriert. In der Kaffeetasse des Kapitäns flimmert die Oberfläche. Wir heißen den Lotsen an Bord willkommen. Zusammen mit dem Kapitän und dem Lotsen stehe ich auf der Brückennock. Die Sonne ist bereits untergegangen, und mit ihr verstummen auch die Geräusche des Hafens und der großen Stadt. Eine gespannte Ruhe liegt im Schiff, keiner spricht.

Ein Filipino steht am Ruder, der Erste Offizier steht mit einem Funkgerät in der Tür zur Brückennock und gibt die leisen Kommandos an die Crew an Bug und Heck durch: »Vorleinen«, »Vorleinen«, »Vorleinen eingeholt«.

Das Spiel wiederholt sich mit den Achterleinen, der Lotse gibt leise Anweisungen zu Geschwindigkeit und Ruder, welche vom Kapitän und dem Filipino umgesetzt werden. Die Schippersgracht schiebt sich zunächst parallel vom Steg ab, um dann rückwärts einen Halbkreis zu fahren, schon liegt die Hafenausfahrt direkt vor der Nase. Ein fast kreisrunder Schlepper eiert um uns herum, schiebt mal hier und mal dort und bestätigt jedes Kommando des Lotsen mit einem hellen Pfiff. Wir fahren hinaus auf den Atlantik, verabschieden den Lotsen, Igor setzt frischen Kaffee auf. Ich bin bis ins Mark fasziniert. Mit welcher Ruhe ein solches Manöver funktioniert. Nicht selten wird beim Ablegen mit einem kleinen Segelboot wild gestikuliert und geschrien, ganze Familien scheinen gelegentlich bei solchen Manövern zu zerbrechen – nicht so hier. Tiefe Entspannung empfinde ich, als wir das Fahrwasser von Fort Lauderdale hinter uns gelassen haben und links abbiegen, um die Inselgruppe der Bahamas nördlich zu runden. Die Brücke leert sich, nur noch Igor, der Kapitän und ich sind oben.

»Wie fandest du das?«, möchte der Kapitän wissen.

»Gleich noch mal!«

Unser erster Wegpunkt liegt nördlich der Bahamas am Rande des Flachs, welches die Inseln um Great Bahama Island umschließt. Allein stehe ich auf der Brückennock und lasse mir den Wind um die Nase wehen. Die Lichter von Fort Lauderdale werden immer kleiner, ganz leicht hebt und senkt sich der Bug des Schiffes. Schräg über mir drehen sich die beiden Radarantennen, die im Restlicht gut zu erkennen sind und denen ich stundenlang zusehen kann. Sich drehende Radarantennen strahlen insbesondere bei bewegter See eine gewisse Ruhe aus, vermitteln sie doch neben dem Sicherheitsaspekt mit der konstanten und immer gleichen Bewegung Gelassenheit. Weit nach Mitternacht lege ich mich in meine Koje und fühle, wie das Boot, nein Schiff, leicht von links nach rechts rollt.

Um sieben Uhr klingelt mein Wecker, um 7 Uhr 30 steht das Frühstück bereit. Ich habe die Vorhänge in meiner Kabine bewusst nicht zugezogen, schließlich fahren wir nach Osten, und so hoffe ich, dass die Sonne morgens in die Kabine scheint. Die Sonne blendet mich tatsächlich fast, gleichzeitig verspüre ich etwas Erleichterung, als ich sehe, dass M noch immer aufrecht an Deck steht. In der Messe essen ein paar Filipinos ihre morgendliche Ration Reis, Igor sitzt bereits an seinem Tisch, und ich besetze den ersten Stuhl an meinem Tisch, kurz nach mir kommt der Kapitän. Das Frühstück verdient das Prädikat »ordentlich«. Es gibt warmes, frisch gebackenes Brot, frische Croissants, kalten Kakao, Orangensaft und Hagelslag. Um kurz vor acht machen sich der Ingenieur und der Kapitän auf, um ihre Schicht anzutreten. Ich folge ihnen auf die Brücke, beobachte, wie der Kapitän die Wache übernimmt und Will sich mit einem »Gute Nacht« verabschiedet. Ich atme die frische Luft an Deck ein und staune über diesen wunderschönen Morgen auf See. Mit der Kamera schieße ich einige Fotos und fange danach an, meine Fragen zu adressieren. Ich interessiere mich für allgemeine Informationen zum Schiff und zur Reederei, wie lange der Kapitän schon diesen Rang hat und insbesondere für die Routine an Bord.

Diese beginnt mit der vier Stunden dauernden Wache des Kapitäns, die nächsten vier Stunden übernimmt der Zweite Offizier, um 16 Uhr steht Will wieder auf der Brücke und bleibt dort bis 20 Uhr. Der Kapitän übernimmt wieder die Wache, reicht an den Zweiten Offizier weiter, und der Tag beginnt wieder von vorn. Ähnlich läuft es bei den Ingenieuren ab, die Matrosen haben keine Wacheinteilung, nur einen normalen Arbeitstag. Während ich das Gefühl habe, dass dem Schiffsführer die Beantwortung meiner Fragen Freude bereitet, überlege ich fortwährend, wie ich ihn eigentlich ansprechen soll. An Bord duzt man sich, und alle haben sich bei mir mit dem Vornamen vorgestellt. Aber kann ich den Kapitän einfach duzen und ihn mit seinem Vornamen ansprechen? Schlussendlich entscheide ich, dies nicht zu tun und als Anrede das Wort »Kapitän« zu verwenden. Fragen zu stellen gehört an Land zu meinem Job, daher fällt es mir nicht schwer; zusätzlich bin ich fasziniert und freue mich über meine eigene Begeisterung für dieses Schiff, für die Navigation, darüber, verstehen zu können und zu wollen, wie das hier alles funktioniert. Nie habe ich dabei das Gefühl, dem Kapitän oder einem der anderen Besatzungsmitglieder auf die Nerven zu gehen – bestimmt hätte man mir das gesagt. Die Zeit vergeht wie im Flug. Jede Stunde trägt der Kapitän die Position in die Seekarte ein und füllt die Felder im Logbuch aus.

»Dirk, was meinst du, wie viel Wind haben wir gerade?«

»Vielleicht 15 Knoten.«

»Ich würde sagen 20, also trage ich mal 18 ein, die Mitte.«

»Gibt es hier keinen Windmesser?«

»Doch, der ist aber schon lange kaputt.«

Nachdem der Kapitän seine Schicht beendet und die Brücke an den Zweiten Offizier übergeben hat, empfiehlt er mir, eine Dose Bier aus meinen Vorräten zu holen und mich auf das Achterdeck zu begeben. Kurz darauf stehen die beiden Firsts (der Erste Offizier und der Erste Ingenieur) mit dem Kapitän und mir in der Sonne auf dem Achterdeck, hören, wie das Schraubenwasser am Heck rauscht, und trinken jeder ein Bier. Eine Tradition, die wir von nun an jeden Tag pflegen werden. Der Koch hat eine Spargelcremesuppe gekocht, ein erster Gang, auf den ich sehr gern verzichte. Spargel gehört nicht zu meinen präferierten Gemüsesorten. Als Hauptgang werden Fisch und Fleisch serviert, Eis gibt es zum Nachtisch.

Am dritten Tag lädt der Kapitän zu einem Grillfest ein. Den ganzen Tag über steht der Koch in der Kombüse und bereitet das Event vor, Matrosen stellen auf dem Achterdeck ein halbes Ölfass auf, welches als Grill dienen soll. 16 Mann sitzen dort. Der Erste Offizier hütet die Brücke. Es gibt Scampi und Kalamari, Spieße mit Schweine-, Hähnchen- und Rindfleisch. Hähnchenkeulen, Rippchen und Steaks. Gutes Essen hält die Mannschaft bei Laune. Ein Vogel kreist über uns.

»Wir sind schon drei Tage auf See, und immer noch sieht man Vögel«, bemerkt einer der Decksarbeiter zu mir.

Zu diesem Zeitpunkt sind wir nur 30 Seemeilen von den Bermudas entfernt.

»Viele Besatzungsmitglieder«, so der Kapitän, »interessiert nicht, wo wir sind. Sie wissen es auch nicht. Manchmal wissen sie sogar nicht einmal, in welchem Ozean sie schwimmen.«

Die Zeit an Bord vergeht schnell, und nach ein paar Tagen schon stellt sich eine Routine ein. Pünktlich um 7 Uhr 30 sitze ich mit dem Kapitän und dem Ersten Offizier beim Frühstück, bis neun Uhr vertrödle ich Zeit in meiner Kabine, um dann meine Wache mit dem Kapitän bis zwölf Uhr zu führen. Diese drei morgendlichen Stunden füllen wir mit Gesprächen, verstehen uns gut. Ich fange an, mich an Bord wohlzufühlen.

»Dirk, guckst du morgens noch als Erstes aus dem Fenster auf dein Boot, oder vertraust du uns schon?«

»Es wird, Kapitän, aber geben Sie mir noch ein paar Tage.«

Wir schlendern bei unseren Unterhaltungen über die Brücke, von Steuerbord nach Backbord, den Blick auf die See gerichtet, auf das Radar, auf das AIS (Automatisches Identifikationssystem). Ich frage mich (und den Kapitän), ob diese Art der verantwortungsbewussten Wachführung an Bord eines Frachters normal sei, denn in der Sportschifffahrt gibt es wilde Geschichten von unbesetzten Brücken und betrunkenen Wachführern. Er antwortet, dass er es immer so halte. Ganz vernarrt bin ich in den Kartentisch. Unspektakulär steht dieser in der Ecke, versprüht mit seinem Eichenfurnier den Charme der 1980er-Jahre, die aktuelle Seekarte liegt dort, Bleistift, Zirkel und Kursdreieck darauf und das GPS in Sichtweite. Mein erster morgendlicher Gang geht immer direkt zur Seekarte. Mit Kursdreieck und Lineal identifiziere ich unseren Standort, freue mich über unser gutes Vorankommen. Doch der wahre Schatz des Tisches befindet sich in den Schubladen unter der Tischplatte. Unscheinbar sind die Schubladen nummeriert mit 1000–2000, mit 3000–3500 und vielen weiteren Zahlen. Mehr als 2000 Seekarten lagern auf der Brücke. Ortsnamen, Inseln, Regionen blitzen mir entgegen, wenn ich die Karten von Kap Hoorn, der antarktischen Halbinsel, von Spitzbergen und der Bouvetinsel herausnehme und mit Finger und Fantasie die entlegensten Orte absegle. Meine Begeisterung teilend, ergänzt der Kapitän meine Ausführungen.

Auf meiner IMRAY-100-Seekarte trage ich täglich unsere Position ein, die 100er Etmale meiner Hinreise treffen die 400er Etmale dieser Rückreise. Nach wie vor scheint die Sonne, und das Wasser ist tiefblau. Plötzlich werde ich aus meinen Gedanken gerissen – Alarm. Was ist denn das? Es nicht besser wissend, eile ich auf die Brücke und sehe den Kapitän grinsen.

»Wir machen eine Feuerübung. Ich muss dir hier an Bord ja auch etwas bieten.«

Auf dem Achterdeck quetschen sich die Seeleute in Feuerwehranzüge und steigen mit Schläuchen bewaffnet in den Maschinenraum hinab. Ich sitze auf meinem Überlebensanzug (den musste ich mitnehmen) und halte mit der Kamera drauf. Nachdem das Feuer gelöscht wurde, geht es weiter zum Rettungsboot. Wir alle tragen unsere Rettungswesten, der Erste Offizier fragt jeden nach seiner Funktion in dieser Situation. Igor flüstert mir ein kurzes »Stand by« ins Ohr, welches ich richtigerweise als Antwort gebe, als ich nach meiner Funktion gefragt werde. Der Einstieg in das Freifallrettungsboot ist mühsam. Es riecht nach Kunststoff, es ist warm, es ist eng. Rückwärts hängen wir in unseren Sitzen und hoffen, dass es nun nicht im freien Fall nach unten geht. Es gibt sicherlich Schöneres, als bei hohem Wellengang in der Hitze und in verbrauchter Luft in dieser Zelle zu sitzen, in der Bilge schwappt dann das Erbrochene der seekranken Kameraden. Wenn es jedoch Rettung verspricht, gibt es im Ernstfall keinen besseren Ort.

An Tag sieben unserer Reise haben wir das Bergfest bereits hinter uns gelassen; statt entsprechend unserer ursprünglichen Planung IJmuiden anzulaufen, steuern wir nun nach Eemshaven. Unglücklicherweise gibt es nämlich in Port of Call keinen Liegeplatz mit ausreichender Wassertiefe. Zudem haben wir unsere Reisegeschwindigkeit um ein paar Knoten reduziert, da die Hafenarbeiter in Finnland streiken und die Schippersgracht dort nicht entladen werden könnte. Wie ich es verstanden habe, beteiligen sich die Mitarbeiter, welche die Rechnungen für die Liegegebühren schreiben, nicht am Streik. Wir sparen also Zeit durch langsameres Fahren. Nebenbei versagt die Steuerung für den Verstellpropeller und zwingt Steve zu einer langen Reparaturschicht.

Mich stört das nicht, ich habe ein anderes, wirklich wichtiges Problem: »Kapitän, hier auf der Brücke habe ich sechs Knöpfe zur Bedienung des Nebelhorns gezählt. Lange kann ich mich nicht mehr zurückhalten – ich muss da unbedingt einmal draufdrücken!«

»Ich habe mich schon gefragt, wann du fragst – heute um zwölf Uhr zum Wachwechsel darfst du drücken.«

Wie ein kleines Kind freue ich mich, als die Uhr ihre Zeiger auf die Zwölf schiebt, halte den Finger über den Knopf und warte das Nicken des Kapitäns ab. Dröhnend entfaltet sich der Ton über das Schiff. Überall gucken filipinische Gesichter aus den Ecken des Schiffes zur Brücke. Das macht Spaß. Als die Tröte wieder schweigt, legt der Kapitän noch einmal nach. Was für ein billiges Vergnügen.

So vergehen die Tage an Bord. Ich führe den Kapitän, den Ersten Offizier und Igor zu meinem Boot, bediene mich am Werkzeug des Maschinenraumes – in dem es mir zu warm und zu laut ist –, um ein paar kleine Wartungsarbeiten an M durchzuführen. Wir passieren die Azoreninsel Flores in Sichtweite, zwölf Besatzungsmitglieder stehen mit Handys im Freien und senden ihre SMS in die Heimat. Ich lerne, mit dem Sextanten die Position zu bestimmen. Morgens, mittags, abends und zwischendurch muss ich nun mit dem Sextanten auf der Brückennock stehen, Sonne, Mond und Sterne schießen und wilde Berechnungen anstellen, um unsere Position zu bestimmen. Eines bin ich jedoch nicht bereit, zu akzeptieren: Angeblich gibt es keine Möglichkeit, mit dem Sextanten herauszufinden, wo man ist, wenn man nicht zumindest eine Idee von der Position hat. Im Zwielicht, also der Zeit zwischen Sonnenuntergang und Dunkelheit, zu der der Horizont noch zu erkennen ist, muss ich die Winkel von unzähligen Sternen zum Horizont messen und rechnen, rechnen, rechnen. Sirius, Riegel und Schedar werden zu meinen besten Himmelsfreunden. Eines Abends stehe ich mal wieder mit dem Sextanten auf der Nock, als der Kapitän auftaucht, um sich nach meinem Lernfortschritt zu erkundigen.

»Siehst du die drei Sterne dort oben?«, fragt er mich und wartet meine Antwort gar nicht ab, »das ist der Gürtel von Orion, dem Jäger.«

Langsam wird es immer dunkler, langsam tauchen immer mehr Sterne am Himmel auf. Mit dem Finger in der Luft wandert der Kapitän von Stern zu Stern und malt förmlich eine Geschichte in den Himmel. Langsam drehen wir uns, erreichen nach einiger Zeit wieder den Gürtel Orions und beenden so unseren Ausflug auf dem Himmel. Ich bin schwer beeindruckt.

Nachts wache ich auf. Ich sehe von meinem Fenster aus eine grüne Positionslaterne, erschrecke kurz und schlafe weiter. Kurze Zeit später wache ich wieder auf, ich habe Angst, aus dem Bett zu fallen. Es schaukelt wesentlich mehr als sonst. Bei Tageslicht ist zu erkennen, dass das schöne Blau des Atlantiks einem Grau gewichen ist und weiße

Schaumberge die veränderten Windverhältnisse deutlich machen. Gischt spritzt über den Bug, die Ketchup-Flasche braucht einen beherzten Griff, um nicht auf dem Boden zu landen, die Suppenteller werden nur zur Hälfte gefüllt, jeder geht breitbeinig durch das Schiff. Es stürmt, es wird kälter. Bald sind wir wieder zu Hause, denke ich, als ich die kalte, frische Luft tief einatme.

Am 17. März 2010 um 21 Uhr 32 Uhr kreuzen wir Ms alte Kurslinie in der Biskaya und fahren nur ein paar Stunden später in den Englischen Kanal ein. Dichter Nebel liegt auf dieser Wasserstraße, und ich stelle fest, dass der Kapitän seine Aussage zum GPS als Navigationshilfe ernst meinte. Positionen werden nun nur noch mittels Radarpeilungen in die Seekarte eingetragen und manchmal mit der GPS-Position verglichen. Im dichten Nebel weichen wir anderen Schiffen aus und passieren zur Schlafenszeit die Straße von Dover. Einen Tag vor der geplanten Ankunft setze ich an Bord meines Bootes wieder die Deutschlandflagge und bestelle eine Kiste deutsches Bier und einen Apfelkuchen bei meinen Eltern. Der Kapitän und die Offiziere haben sich das gewünscht, und meine Eltern werden es mitbringen, wenn sie mich in Eemshaven empfangen.

In der Nacht vor unserer Ankunft ankern wir vor der Emsmündung, um unseren Lotsen am nächsten Morgen an Bord zu nehmen. Bitterkalt ist es, als Igor, Sergej und zwei Deckshands mit mir auf dem Bug stehen und den Anker heben. Meine Funktion beschränkt sich dabei jedoch auf Frieren und Fotografieren. Vor allem Ersteres kann ich besonders gut, es ist bitterkalt an diesem Morgen. Unter der Führung des Lotsen fahren wir die Ems hinauf, ein Schlepper setzt sich an unser Heck, und durch das Fernglas kann ich meine Eltern und Oma bereits auf der Pier stehen sehen. Schnell ist das Anlegemanöver erledigt, Mama, Papa und Oma werden in den Arm genommen. Es gibt ein Stück Torte aus dem Kofferraum, eine Führung für meine Eltern durch das Schiff, und als M entladen wird, hat mein Vater bereits als Crewmitglied bei mir angeheuert. Zusammen bringen wir M längsseits an einen Krabbenkutter, und zu viert machen wir uns auf den Heimweg. Einen Tag werde ich zu Hause bleiben und dann zum Endspurt nach Glückstadt antreten.

Oma zeigt sich zunächst etwas reserviert, ist ein wenig vorsichtig, weil – wie ich später erfahren habe – sie sich Sorgen gemacht hat, dass ich mich irgendwie verändert haben könnte. Nach ein paar Bierchen sagt sie später: »Unser Kleiner ist noch immer der Gleiche.«

Der kurze Ausflug in die Heimat ist herrlich und endet viel zu schnell am nächsten Morgen. Es geht zurück an Bord.

Endspurt

22. März 2010 bis 27. März 2010

4 Tage   20 Std   18 Min

2,5 %

137 sm

1,2 %

Seemeilen: 11 601–11 738

Die Blöden fahren zur See. Die ganz Blöden auch im Winter.

Seemannsweisheit

Um 14 Uhr möchte ich auslaufen und mit dem Ebbstrom auf der Ems den Sprung nach Borkum wagen. Es sind nur zehn Seemeilen von Eemshaven aus, es weht kein Wind, und so lasse ich Lobster die Arbeit verrichten. Dick eingepackt in Skiunterwäsche, Ölzeug, mit Mütze und Handschuhen pelle ich eine Mandarine und versuche so, der fast zwangsläufigen Erkältung mit Vitaminen entgegenzuwirken. Mitte März auf der Nordsee. Es ist kalt. Es ist sehr kalt. Eine Robbe steckt ihren Kopf aus dem Wasser, guckt mich aus zwei riesigen Kulleraugen an, das Wasser ist graubraun, der Himmel auch. Ungläubig blicken die Passagiere eines Fahrgastschiffes auf M herunter, scheinen den Kopf zu schütteln, wie sich jemand um diese Jahreszeit einen solchen Törn antun kann. Mir soll es recht sein. Erwartungsgemäß kann ich noch einen freien Liegeplatz in der Marina von Borkum ergattern. Außer M liegt nur eine weitere Yacht an den Stegen. Der Rettungskreuzer Hannes Glogner, mit dem damals in Bensersiel meine Begeisterung für das Seenotrettungswerk begann, liegt in unserer direkten Nachbarschaft, ein Grund, einmal kurz vorbeizugehen. Die Seeleute zeigen mir ihren Rettungskreuzer, erzählen Geschichten und kommen nicht umhin, mir augenzwinkernd mitzuteilen, was sie dachten, als sie Ms Mastspitze zwischen den Spundwänden hindurchfahren sahen:

»Jetzt geht das wieder los, ich dachte, die kommen erst in zwei Wochen wieder raus.« Ich erzähle von meiner Reise mit M. »Nun gut, dein Boot sieht auch aus, als könnte es etwas Haue ab«, heißt es da.

Und das kann M tatsächlich.

Der Hafenmeister zeigt sich nachsichtig und knöpft mir einen Vorsaisonpreis in Höhe des halben Liegegeldes ab. Das halte ich schon fast für Wucher, als ich am nächsten Morgen die Augen aufschlage und vom Thermometer die Angabe minus eins ablese. Innentemperatur wohlgemerkt. Glücklicherweise ist das Duschwasser warm.

Auf Borkum war ich noch nie. Mit dem Bus fahre ich in den Ort und muss mit meiner braunen Hautfarbe und den langen, sonnenblondierten Haaren unter den Weißgesichtern aussehen wie ein Paradiesvogel. Der erste Gang führt mich an die Promenade, um einen Blick auf die See zu werfen. Nun bist du endgültig gestört, attestiere ich mir. Monatelang hatte ich diesen Blick, und das Erste, was ich mir von Land aus ansehe, ist das Wasser. Borkum hat für mich wenig zu bieten, ich weiß nicht, was ich hier machen soll. Irgendwie ist die Reise nun zu Ende. Am nächsten Morgen geht es weiter nach Cuxhaven. Wieder grau zeigt sich die See, nur der Himmel erstrahlt bereits in einem winterlichen Blau. Der Plan für diesen Tag ist einfach: Aus dem Hafen Borkums hinaus, geht es zunächst nach Norden an der Küste Borkums entlang, dann rechts ab und fast geradewegs durch bis zur Ansteuerungstonne Elbe 1, von wo aus es nur noch ein paar Seemeilen bis Cuxhaven sind. Ein Zollboot kommt mir entgegen, kurz nachdem ich den Hafen verlassen habe. Ich winke hinüber und denke mir noch, dass ich jemanden, der in der Nähe der Niederlande auf die See hinaussegelt, um diese Jahreszeit verdächtig finden würde. Aber den Zoll scheine ich nicht zu interessieren. Ein paar Minuten später pelle ich trotz Handschuhen eine Banane aus ihrer Schale, lasse Letztere in hohem Bogen über die Schulter in die Nordsee fliegen und entdecke aus dem Augenwinkel den Zoll, der direkt auf mich zuhält. Na, haben die doch noch umgedreht?

»Guten Morgen, Skipper, wo segeln Sie hin?«, schreit der Zollwachtmeister mir gegen den Wind entgegen.

»Cuxhaven.«

»Wo kommen Sie her?«

»Borkum.«

»Danke, gute Fahrt.«

Dann dreht der Steuermann das Boot um 180 Grad und lässt mich und M auf unserem letzten längeren Seestück dieser Reise allein. In der Inshore-Traffic-Zone zwischen den Ostfriesischen Inseln und dem Verkehrstrennungsgebiet, welches die Ansteuerung auf die Elbe einleitet, haben wir ausreichend Platz, und Verkehr gibt es an diesem Tag nicht. Unter Deck liege ich in der Koje, beobachte, wie der Wäscheklammernkorb an der Decke leicht schaukelt, höre, wie der Windgenerator Strom macht, und lasse mich alle 15 Minuten kurz an Deck sehen, um mich dann nur wieder in meinem Schlafsack einzumummeln. Es wird schnell dunkel. Der Gezeitenstrom ist auf unserer Seite und schiebt M, die hoch am Wind segelt, immer weiter unserem Ziel entgegen. In der Einfahrt zur Jade ist viel los. Frachter fahren ein und aus, Lotsen liegen vor Anker. Ich halte mich bewusst nördlich der Ansteuerungstonnen, möchte die Fahrwasser nicht kreuzen und dadurch mein Wegerecht als Segelboot verlieren. Beim Blick achteraus verschwinden die Lichter einiger Seezeichen, sind einfach weg. Zunächst bin ich überrascht, erkenne dann jedoch weit oben die Positionslichter eines Frachters. Das war knapp – ein Schrecken im Finale. Gegen Mitternacht am 24. März 2010 habe ich 79 Seemeilen auf der Logge und die Tonne Elbe 3 querab.

Mir ist sehr kalt. Seitdem M die Elbe hinauffährt, ist der Wind eingeschlafen, und wir motoren die letzten Meilen bis Cuxhaven. Der elektrische Pinnenpilot steuert M, ich stehe an Deck und tanze wild zu den Schlagern der NDR-1-Nacht aus dem Radio. Ein Wärmetanz, der nur spärlich funktioniert. Um 5 Uhr 05 schlingen sich die Leinen um die Poller des Amerikahafens in Cuxhaven. Landstromverbindung hergestellt, Heizung an, fest im Schlafsack eingerollt. Es fällt der Skipper nach drei Sekunden in einen Tiefschlaf.

30 Seemeilen sind es von hier noch bis nach Glückstadt, dem Zielhafen. Ein kleines Empfangskomitee hat sich dort angesagt, um mich willkommen zu heißen. Wegen der günstigen Strömung bin ich vor den Gästen da. M liegt wieder da, wo sie als Corinthian zu mir gekommen ist. Einzig die vielen Gastlandflaggen, die sich von Deck aus zur Mastspitze ziehen, verraten, dass M eine Menge durchgemacht hat.

Epilog

Mit dem Hochseesegeln habe ich nach dieser Reise nicht abgeschlossen, sondern gerade erst angefangen. Es ist eine bezaubernde Welt fernab des Festlandes und mit einem allgegenwärtigen Blau, welches einfach glücklich macht. Auch werde ich gern weiter einhand segeln. Warum allein? Eine gute Frage, die mir häufig gestellt wurde. Die Frage nach dem »Wer kann das?« wurde auch schon gestellt, die Frage nach dem Personenkreis, der sich für einen solchen Sport eignet. Natürlich betrete ich hier kein Neuland, wenn ich hierzu ein paar Überlegungen anstelle. Zunächst die Meinungen anderer, allen voran Bobby Schenk. Meinem Informationsstand nach ist er noch nicht nennenswert durch Einhandsegeln aufgefallen.

In seinem Buch »Blauwassersegeln«, welches mir in der sechsten Auflage vorliegt, schreibt er über Einhandsegler: »Es ist ein weit verbreiteter Irrtum, dass es sich dabei um Eigenbrötler handelt, die die Einsamkeit lieben – ganz im Gegenteil! Viele von ihnen sind ausgesprochen gesellige Typen, die im Hafen oft Freunde haben oder zumindest Anschluss suchen. Warum segeln sie dann allein? Die Antwort ist einfach und wurde mir von vielen Einhandseglern bestätigt: Sie finden keinen Mitsegler, der ihren Ansprüchen genügt.«

Meines Erachtens ist diese Aussage zu pauschal. Ich segle gern allein. Mir macht das Spaß. Auch habe ich den Ausführungen von anderen Einhandseglern keine solchen Kommentare entnehmen können. Die Suche nach einer sportlichen Herausforderung kann auch ein Grund sein, sich allein auf See zu trauen.

Wilfried Erdmann ist einer der bekanntesten deutschen Einhandsegler, einer der bedeutendsten und auch einer der schreibfreudigsten. Zu seinen Werken gehört ein Buch, welches den Namen »Segeln mit Wilfried Erdmann« trägt. Darin stellt er die Frage, wer für das Einhandsegeln geeignet sei, und führt hierzu aus, dass allgemein angenommen würde, dass Einhandsegler starke Menschen mit enormem Willen und Durchhaltevermögen sein müssten. Quatsch, sagt er. Ebenso, dass Einhandsegeln ein Terrain sei für Verzweifelte, Verlorene, generell für Außenseiter der Gesellschaft. Auch Unsinn. (...)

Kurzum: Einhand könne jeder segeln, der eine Yacht führen kann. Aber: Gern einhand zu segeln und es als Aufgabe zu betrachten, dazu gehöre eine gewisse charakterliche Disposition. Wer schon im Stau an der Supermarktkasse hibbelig ist, würde schwerlich auf See die innere Ruhe und Freude am Alleinsein mitbringen.

Ich werde an Supermarktkassen hibbelig – und zwar sofort. Vielleicht ist es anmaßend, wenn ich Herrn Erdmann zu widersprechen wage. Aber ich glaube nicht, dass es möglich ist, jemanden anhand seiner Landeigenschaften dahingehend einzuteilen, ob er für das Einhandsegeln geeignet ist oder nicht. Vielmehr glaube ich, dass man es einfach ausprobieren muss und dann feststellt, dass man es mag – oder eben nicht.

Nach meiner Rückkehr liegt M in Glückstadt, ich bin in Hamburg, versuche wieder Fuß zu fassen in meinem alten Leben.

»Das dauert so eine Woche, dann bin ich wieder im Tritt«, habe ich immer gesagt. Doch der Einstieg fällt schwerer. Acht Monate lang habe ich gemacht, was ich wollte, musste mich nach niemandem richten, kannte nur meine Pläne. Nun hat das Leben wieder einen Kalender, es gibt wieder Anzüge und Krawatten, wieder Meetings und Deadlines. Damit kann ich umgehen, das konnte ich ja auch vor der Reise, doch dieses Leben unter Segeln baute eine Abwehrhaltung auf. Es dauerte mehrere Monate, bis ich auch mit dem Gefühl wieder an Land angekommen war.

»M, dich kaufe ich nur für diese Reise, danach wirst du wieder verkauft« – das habe ich auch immer gesagt. Bei dem Plan wollte ich auch bleiben. Drei Monate nach der Reise hat M einen neuen Eigner gefunden. Doch als es dann darum ging, sie bereit zu machen für die Übergabe, war die Trennung schwieriger, als ich gedacht hatte. Als Verräter habe ich mich gefühlt. Dieses Boot hat dich sicher über die Weltmeere gebracht, und nun soll es das gewesen sein? Jedes Buch an Bord hat seine Bedeutung, jede mitgebrachte Muschel ist in meinem Kopf mit einem Bild des Fundortes assoziiert. Das M-Logo an der Kajütwand hat der 14-jährige Holländer auf Porto Santo gemalt, der Korken der Champagnerflasche klemmt an einem Holzbrett – »Taufe der Segelyacht M« steht darunter. Jeder Gegenstand, den ich in die Umzugskartons staue, hat seine Geschichte. Ein kleiner Metallbus liegt neben den Büchern im Schapp. Es ist eine Dose zur Aufbewahrung für Kaugummis, die Oma mir schenkte: »Wenn du keine Lust mehr hast, setzt du dich in den Bus und kommst nach Hause.« Ich habe noch immer Lust. Stück für Stück packe ich meine Erinnerungen in die Kartons, zuletzt den Trans-Ocean-Stander und die Heckflagge, verlade sie in mein Auto. Beim letzten Blick zurück sehe ich im Hafen nicht mehr meine M, sondern einfach nur ein Stahlboot.

»Das muss man sich vorstellen wie ein neues Haus. Es ist kalt, feucht und leer – bis du deine persönlichen Dinge und deine Wärme hineinträgst. Dann bekommt es eine Seele.« (Julia Frisch)

»Hat dich die Reise verändert? Siehst du die Welt nun anders?« Auch das wurde ich gefragt. Ich glaube nicht, dass mich die Reise verändert hat, aber konkret können das nur die anderen beantworten. Jedoch kann ich an mir selbst beobachten, dass ich einen schärferen Blick für die Natur habe. Ich nehme nun beispielsweise die Wolken bewusster wahr, die über meinem Kopf hinwegziehen, und finde beim Blick auf das Meer noch mehr Ruhe, als ich es vorher tat. Ich hatte das Glück, die Chance, die Zeit, in den vergangenen Monaten einige schwarze Flecken auf meiner Atlantikseekarte mit Farbe zu füllen. Nun ist der Moment gekommen, die Weltkarte zur Hand zu nehmen, einen großen Tuschkasten zu wählen und die dunklen Stellen bunt zu übermalen.

Anhang

Die Yacht

M ist eine im Jahre 1982 in den Niederlanden bei der Yachtwerft Hinderloopen gebaute Yacht vom Typ Koopmans 32. Sie ist ein Einzelbau, hat aber verschiedene Schwester- und Halbschwesterschiffe, über die mir leider keine Informationen vorliegen. Ihr Vor-Dirk-Leben verbrachte sie im Wesentlichen mit Wochenend- und Urlaubstörns auf dem Ijsselmeer, lag zuletzt einige Zeit im Hafen und wurde weder gepflegt noch gesegelt.

Beschreibung, Daten und Ausstattung

Stahlknickspanter mit Finnkiel, Skegruder und Pinnensteuerung. Länge: 9,60 m, Breite 2,95 m, Tiefgang: 2,00 m, Verdrängung: 6 t (geschätzt). Motor: 2-Zylinder-BUKH aus dem Jahre 1979, 20 PS. Dieseltank: 90 l, Wassertank: 180 l mit elektrischer Pumpe.

Besegelung: Sluptakelung, Großsegel mit zwei Reffstufen, Genua 1, Genua 2, Arbeitsfock, Sturmfock und Parasailor 2.0 (67 m²).

Windselbststeuerungsanlage: vom Typ »Windpilot Pacific«.

Stromerzeugung: Lichtmaschine am Dieselmotor und Windgenerator AirX.

Navigation: Radar, UKW-Funk, passiver Radarreflektor Typ Echomaxx, Kartenplotter mit digitalen Seekarten Typ C-MAP NT+, Laptop mit digitalen Seekarten, GPS (3).

Sicherheitsausrüstung: Automatik-Schwimmwesten mit Lifeline, Rettungsinsel für vier Personen, Dingi mit Außenbordmotor (2,3 PS), GPS-Seenotfunkboje (EPIRB), Seenotsignalmittel, Feuerlöscher (2), Lenzpumpen (1 elektrisch, 1 mechanisch). Ankergeschirr: 16 kg Bügelanker mit 80 ft 10-mm-feuerverzinkter Kette, 50 m 18-mm-Bleiankerleine, 14 kg Plattenanker, 8 kg Bruce-Anker.

Wetterbekleidung: 3 Satz Hochseeölzeug, Funktionsunterwäsche, Fleecekleidung. Nicht an Bord: Kühlschrank, Heizung, Crew.

Kosten

Bei der Budgetierung der Kosten habe ich mich an dem Grundsatz orientiert, dass die Kosten einer Reise zu drei gleichen Teilen auf die Verpflegung, auf die Bootspflege und auf Ich-möchte-was-Erleben entfallen sollen. Das monatliche Verpflegungsbudget habe ich auf rund 200 Euro geschätzt. Das sich hieraus ergebende notwendige Budget in Höhe von 600 Euro konnte ich auf 1000 Euro aufrunden. Mit diesem Wert bin ich während der Reise sehr gut ausgekommen, obgleich die Kosten für den Rücktransport auf dem Frachter in der Berechnung nicht enthalten sind. Wesentliche Kosten entstanden durch die Ausrüstung, die ich in M investiert habe.

Der Kauf der Yacht war über eine Bank fremdfinanziert. Als Sicherheit (Zinssatzoptimierung) diente ein Bausparvertrag, den ich für diesen Zweck abgeschlossen und nach der Reise wieder aufgelöst habe. Die Kosten für die Yacht ließen sich somit auf die monatliche Zinsbelastung reduzieren, Tilgungszahlungen fielen nicht an, da es sich um ein endfälliges Darlehen handelte.

Die Kosten der Reise insgesamt beliefen sich auf rund 20 000 Euro.

Wiki

Gefahren

Hast du eine Idee, hast du Kritiker. Ich habe die Erfahrung gemacht, dass es für viele Menschen einfacher ist, ein Vorhaben zu kritisieren, als eines zu honorieren. Kaum jemand meinte: »Dirk, tolle Idee! Denk nur an die Weite des Meeres, die tollen Orte und Länder, die du besuchen wirst, das Naturerlebnis, an welches du dich immer erinnern wirst.« Solche Sätze waren selten. Im Wesentlichen schien das Bedenkenäußern weitverbreitet zu sein. Deshalb möchte ich mich zu den am meisten befürchteten Gefahren äußern (keine geordnete Reihenfolge):

Container rammen und sinken

Klar, kann passieren. Tagtäglich fallen Container von Ozeanriesen über Bord. Teils weil sie schlecht gelascht wurden, teils weil sie in schwerer See aus irgendwelchen anderen Gründen über Bord gehen. Vielleicht landet der ein oder andere Container auch absichtlich im Bach. Wer weiß? Angeblich dauert es zwischen ein paar Minuten bis 48 Stunden, bis ein Container sinkt; das hängt natürlich von der darin enthaltenen Ware ab. Ich selbst habe noch nie einen treibenden Container gesehen. Berichten zufolge treiben die Container kaum sichtbar fast unter der Wasseroberfläche. Wie sollte ich so ein Ding je ausmachen? In der Dunkelheit, bei aufgewühlter See, im Schlaf? Unmöglich – man kann seine Blicke nicht überall haben. Mit einem Stahlschiff war ich auf der sicheren Seite und hätte so einen Zusammenstoß eventuell mit einer Beule im Rumpf überstehen können. Außerdem: Wie groß ist die Wahrscheinlichkeit, einen Container zu rammen? Ein großer Standardcontainer ist nur knapp länger als M. Dieser müsste in einem Zeitfenster von maximal 48 Stunden vor meiner Passage ins Wasser gefallen sein und genau in der 2,95 Meter breiten Schneise liegen, die M für die Durchfahrt benötigt. Ergebnis: ein vernachlässigbar geringes Risiko.

Wal rammen und sinken

Bei dieser Risikoeinschätzung kann ich ähnlich argumentieren wie bei der Containergefahr. Ich glaube, dass mir der Wal sogar etwas leid tun würde, wenn er einen Stahlrumpf abbekäme. Interessanterweise wird öfter von Walkollisionen als von Containertreffern berichtet, während des OSTAR 2009 soll ein Segler mit einem Wal auf Tuchfühlung gegangen sein: keine Schäden.

Piraterie

Vor dem Beginn meiner Hochsee-Geschichte häuften sich gerade Meldungen von Piratenübergriffen auf Seeschiffe am Horn von Afrika – eine wirklich ernst zu nehmende Gefahr. Meine Reiseroute führte nicht in diese Gewässer, und auch im nordöstlichen Atlantik ist ein Piratenangriff relativ unwahrscheinlich. In der Karibik sieht das schon anders aus.

»Du musst unbedingt eine Waffe mit an Bord nehmen. Ein Bekannter von mir war erst kürzlich in der Karibik und sagte, es wäre unerlässlich, bewaffnet zu sein«, meinte ein Freund meiner Eltern.

Ich hatte zwar schon einmal mit einem Luftgewehr geschossen, aber meine Treffsicherheit ließ stark zu wünschen übrig. Wie sollte ich dann in einem schaukelnden Boot mit sehr viel Adrenalin im Blut auf einen Piraten (einen Menschen) anlegen und auch noch treffen? Und ist es nicht die bessere Strategie, sich kooperativ in eine Ecke zu kauern, den Piraten im Zweifel lieber zu zeigen, wo ich mein Geld habe, und zu hoffen, dass sie schnell wieder gehen? Werden Räuber ein 32 Fuß langes Stahlboot überfallen, wenn in derselben Bucht auch ein nagelneues Luxusspielzeug liegt? Dort gibt es sicher mehr zu holen. Zudem sind M und ich ein recht friedliches Team, und ich bin bisher sogar von jeglicher Schlägerei verschont geblieben.

Sinken allgemein
Eine Horrorvorstellung. Aus welchen Gründen auch immer ein Boot sinken sollte. Im Rahmen meiner Reisevorbereitungen habe ich gelernt, dass die bessere Rettungsinsel ein sinkendes Schiff ist – man also bis zum letzten Moment an Bord bleiben sollte.

Ich war meines Erachtens gut gerüstet: Neben einer Seenotfunk-boje (EPIRB), einem Satellitentelefon und ausreichend Seenotsignal-mitteln hatte ich auch eine Rettungsinsel dabei. Immer wenn ich wäh-rend der Atlantiküberquerung aus dem Schlaf gerissen wurde, zählte ich sofort alle Dinge auf, die mit in die Insel müssten. Dies waren (vorausgesetzt Zeit und Nerven reichen aus, um alles zusammenzu-sammeln): so viel Wasser und Essen wie möglich, EPIRB, Papiere und Geld, Seenotsignalmittel, Satellitentelefon, Laptop, Fotoarchiv auf DVDs, Foto- und Videokamera für die Dokumentation, Logbuch, Zettel und Stifte, Zahnbürste.

Zusammenstöße mit anderen Schiffen
Folgende Geschichte ist mir einmal zu Ohren gekommen: In mittel-schwerem Wetter auf dem Pazifischen Ozean wich die Nacht gerade dem Tag, mit dem ersten Sonnenlicht entdeckte die Mannschaft eines Frachters den Mast eines Segelbootes auf dem Vordeck. Keiner wusste, wie dieser dorthin gekommen war, niemand hatte etwas bemerkt, niemand hatte einen Notruf gehört. Wie löste man dieses Problem? Man warf den Mast über Bord. Den Wahrheitsgehalt dieser Geschichte möchte ich nicht beurteilen. Fest steht: Moderne Frachter sind schnell

und groß. Um einen Zusammenstoß zu vermeiden, kann man eigentlich nur seiner Wachepflicht nachkommen, Radar und AIS verwenden und sein Boot mit einem guten Radarreflektor ausstatten. Bis auf das AIS war M mit allen Dingen bestückt, auch mit einem wachegehenden Skipper – es sei denn, dieser hat geschlafen.

Verdursten und verhungern
Bis zum Ende meiner Reise habe ich nie ein längeres Seestück zurückgelegt, ohne sicherzustellen, dass genug Wasser an Bord war, mindestens drei Liter pro Tag. In der Tat war Wasser meine größte Sorge, die ich aber durch ausreichende Vorräte stets im Griff hatte. Verhungern? Eher unwahrscheinlich. So weit war ich nicht von der Zivilisation entfernt. Eine Angel war an Bord.

Verletzungen
Sich auf einem im Atlantikschwell rollenden Segelboot zu verletzen ist noch einfacher als im Haushalt. Für den Fall der Fälle hatte ich eine gut ausgestattete Bordapotheke und auch genug Schmerzmittel, um mich für die Dauer von vier Wochen auf einen ordentlichen Drogentrip zu setzen. Blinddarm oder Zahnschmerzen, Knochenbruch oder Platzwunde sind sicher keine Diagnosen, die man sich auf See stellen möchte. In meinem Logbuch stehen zwei Telefonnummern, die ebenfalls im Satellitentelefon gespeichert waren: die Nummern der Seenotleitung (MRCC) in Bremen und von MEDICO in Cuxhaven. Letztere gehört zum sogenannten TMAS (Telemedical Maritime Assistance Service), der eine funkärztliche Beratung rund um die Uhr anbietet. Von einer Freundin, die Ärztin ist, habe ich mir zudem beibringen lassen, wie man eine Wunde zu nähen hat.

Glücklicherweise bin ich von allen Schwierigkeiten verschont geblieben. In seltenen Momenten schwarzen Humors betrauere ich jedoch manchmal das Fehlen einer Narbe am Arm. Wie toll wäre es, die Geschichte an der Bar der hübschen Brünetten neben mir zu erzählen: »Die Narbe kommt von einer Platzwunde, die ich mir zugezogen habe, als ich alleine über den Atlantik gesegelt bin. Da kein Arzt in der Nähe war, musste ich mir die Wunde selber nähen. Keine große Sache.«

Einsamkeit

Wird man da nicht verrückt? Was macht man den ganzen Tag allein? Sind da wenigstens Leute, mit denen man über Funk reden kann? Verzweifelt man nicht an der Einsamkeit? Nein, tut man nicht. Grundsätzlich würde ich mir eine gewisse Geselligkeit attestieren. Aber auf See habe ich nichts vermisst, keine Gesellschaft, keine Kommunikation. Ich halte Einsamkeit für ein relatives Gefühl. Angenommen, man hat an einem Freitagabend Lust, eine Runde um die Häuser zu ziehen. Person A ist krank, Person B geht mit der Freundin in die Oper, Person C ist auf Heimatbesuch, und Person D muss noch arbeiten wie immer. Zudem gibt das Fernsehprogramm nichts her – ein Abend für die Tonne. Dann weiß ich manchmal nichts mit mir anzufangen, fühle mich allein, eventuell einsam. Aber auf See ist von vornherein niemand, mit dem ich etwas unternehmen könnte. Also gibt es auch keinen Grund, sich einsam zu fühlen – genauer nachzulesen in »Psychologie – ein Standardwerk« von Prof. Dr. Dr. h.c. mult. Dirk Mennewisch, Egoverlag, 2011.

Über Bord fallen

Über Bord zu fallen, ist für mich die einzige wirklich ernst zu nehmende Gefahr, der ein Einhandsegler ausgesetzt ist. Das Boot segelt unter Autopilot. Fällt der Skipper ins Wasser, kann er nur dem Boot hinterhergucken. Anders gesagt: Fällt er ins Wasser, ist er tot. Wilfried Erdmann beschreibt, dass er regelmäßig eine knapp 30 Meter lange Leine hinter dem Boot herschleppt. Sollte er über Bord gehen, würde er sich an dieser Schnur wieder an Bord ziehen. Legt man eine Geschwindigkeit von fünf Knoten zugrunde, sind die 30 Meter in etwas über elf Sekunden an ihm vorbeigerauscht. Kann er das schaffen? In elf Sekunden: über Bord fallen, sich in der aufgewühlten See orientieren und in voller Montur nach der vorbeiziehenden Leine greifen? Ohne es ausprobiert zu haben und ohne respektlos gegen einen so erfahrenen Segler sein zu wollen, wage ich dies zu bezweifeln. Ich habe jedenfalls keine solche Leine nachgeschleppt, mich aber ab einem gewissen Seegang immer (!) mit Lifebelt und Lifeline gesichert, sobald ich das Cockpit verließ. Dazu gesellte sich ein totaler Verzicht auf berauschende Mittel wie Alkohol.

Seekrankheit

Das Unwohlsein auf See war bei mir noch nie ein Thema. Anfangs, insbesondere auf dem Seestück nach Norwegen, musste ich Tätigkeiten – wie beispielsweise kopfüber in den Vorräten zu wühlen – immer mal wieder unterbrechen, um etwas frische Luft zu schnappen. Wirklich seekrank war ich aber nie.

Formalitäten

Papierkram, einklarieren, ausklarieren, Stempel hier, Stempel da: Meiner Erfahrung nach sind insbesondere die karibischen Staaten Freunde von Formularen und Formalitäten. Der Inselhopper in diesen Regionen wird nicht drumrumkommen, sich mit diesen Verfahren auseinanderzusetzen. In den kleinen Inselstaaten ist der Mensch in Uniform und Staatsdienst noch wer, und daher wird auch erwartet, dass Fremde den entsprechenden Respekt aufbringen. »Natürlich«, »gerne«, »bitte«, »danke« und »Sir« sollte man schon sagen. Hat man dazu einen witzigen und/oder ungewöhnlichen Bootsnamen sowie viel Geduld, ist der ganze Spuk schnell überstanden. Wer Baldrian an Bord hat, kann auch davon etwas einnehmen.

Geld

Mit dem US-Dollar und dem Euro kann man alles erreichen. In fast jedem Ort gibt es Geldautomaten, und Kreditkarten werden weitläufig akzeptiert.

Internet

Kontakt halten zu Freunden, einen Blog pflegen, Bilder hochladen oder bei Facebook nach dem aktuellen Tagesgeschehen sehen: Auf See konnte ich gut auf die digitale Kommunikation verzichten, aber an Land nahm und nehme ich die Vorzüge gern in Anspruch. Eine drahtlose Internetverbindung ist inzwischen in vielen Marinas Standard. Falls dies einmal nicht der Fall sein sollte, bieten sich in umliegenden Kaffeeläden oder Fast-Food-Restaurants kostenlose Zugänge. Sehr zu empfehlen ist eine externe WLAN-Antenne auf dem Mast, die auch weiter entfernte Signale einfängt – so kann man auch vor Anker liegend im Internet surfen.

Flaggenmast

Seit vielen Jahren – und das entspricht vollständig fantasiefreien Tatsachen – gelüstete es meinen Vater und mich nach einem Flaggenmast im Garten. Wir sind mit diesem Vorhaben stets auf energischen Widerstand bei meiner Mutter gestoßen.

»Ein Flaggenmast kommt nicht in den Garten, euch geht es wohl zu gut!«

Und wir beide wussten, dass man diesbezüglich besser einen Kampf gegen Windmühlen aufnehmen könnte. Aber wenn der Sohn eine Seereise macht, ist das etwas anderes. Wir bekamen die temporäre Erlaubnis, für die Dauer meines Törns einen Flaggenmast im Garten aufzustellen. Mein Vater kaufte die Flaggenbestände einzelner Onlineshops leer und dachte sich ein – wie ich finde – schönes Ritual für den Flaggenmast aus. Frühmorgens wollte er die deutsche Flagge setzen und direkt darunter die Flagge des Landes, in dem ich mich gerade aufhielt. Während meines Stopps auf der Isle of Man flatterte also die schwarz-rot-goldene Nationale direkt über der roten Flagge mit dem Dreibein des Inselstaates. Jeden Abend nahm er den Stoff wieder vom Mast. An Tagen, die ich auf See verbrachte, wehte unter der Deutschlandflagge der 1,90 Meter lange Stander meines Segelvereins Trans-Ocean. Diese Flaggenkombination wehte während längerer Seestücke auch nachts. Mein Vater hatte seine Freude daran, schickte mir ein Foto von jeder neuen Fahnenkonstellation. In der Nachbarschaft hat sich angeblich ein 13-jähriger Junge aus der Bibliothek ein Flaggenbuch ausgeliehen, um die Flaggen den Ländern zuzuordnen. Mich hat das sehr gefreut.

Herzlichen Dank ...

... möchte ich all denen sagen, die mich bei dieser Reise – von den ersten Gedanken bis zum fertigen Buch – unterstützt haben und bei denen, die immer da sind.

Ein besonderer Dank gilt meinen Eltern, Wilfried und Gudrun Mennewisch, die stets zu mir halten, und Oma, Margot Ziesemer, die M und mir durch die erfolgreiche Taufe Glück gebracht hat.

Ich bin sehr dankbar für die Unterstützung durch die weiteren Mitglieder meiner Familie, meiner Freunde und vieler Bekannter.

Die hier beschriebene Reise wäre auch ohne die materiellen und/oder monetären Beiträge verschiedener Firmen nicht in dieser Form möglich gewesen. Ich danke der Ernst & Young GmbH Wirtschaftsprüfungsgesellschaft, Sixty Deutschland GmbH (Murphy & Nye), Sevenstar Yacht Transport b.v., ISTEC AG, FreudenHaus Eyewear GmbH, Platimo SAS, Jeppesen Sanderson, Inc., SmartSatCom GmbH, TEUFELBERGER Ges.m.b.H., Yachticon A. Nagel GmbH, HanseNautic GmbH, Brillen-Mohr GmbH, tk pharma trade GmbH und Herm. Sprenger GmbH Metallwarenfabrik.

Fragen? Anregungen? Kritik? Mehr Bilder?

Mehr Informationen: www.meinesee.com
                        dirk@meinesee.com